Annette Jensen

Holy Shit
Der Wert unserer Hinterlassenschaften

mit einer Erzählung aus der Zukunft
von Sina Kamala Kaufmann

orange●press

Annette Jensen
Holy Shit. Der Wert unserer Hinterlassenschaften
Berlin: orange-press 2024

Korrektorat: Silke Leibner / Silbenschliff
Gesamtherstellung: POZKAL

Die Arbeit der Autorin wurde unterstützt durch die Hans Sauer-Stiftung
und Riff freie Medien gGmbH.

Wo auf Inhalte im Internet verwiesen wird, sind URLs ab einer bestimmten Länge abgekürzt wiedergegeben; der Kurzlink führt auf eine Unterseite der davor angegebenen Homepage.
Der Verlag ist nicht verantwortlich für die auf den Websites verfügbaren Inhalte, auch nicht für die Richtigkeit, Vollständigkeit oder Aktualität der Informationen.

ISBN: 978-3-936086-85-0 | www.orange-press.com

Der Film HOLY SHIT von Ruben Abruña ist eine Produktion von
THURNFILM (thurnfilm.de) und Peacock Film (peacock.ch)

Trailer und Kinokalender: holyshit-derfilm.de

Inhalt

Für Sophie und Pablo, Julia und Max

Vorwort

Das Buch *Holy Shit* erscheint zusammen mit dem gleichnamigen Film von Rubén Abruña.* Beide haben dasselbe Anliegen: vor Augen zu führen, dass wir mit unseren Ausscheidungen täglich etwas produzieren, das nichts Schlechtes ist – sondern von großem Wert.

Die Art und Weise, wie wir heute mit unseren Hinterlassenschaften umgehen, ist eine Erfindung des 19. und frühen 20. Jahrhunderts. Sie braucht ein grundlegendes Update. Denn sie hat fatale, weitreichende Auswirkungen.

In der ersten Hälfte des Buchs geht es darum, welche das sind, wie sie miteinander zusammenhängen und wie wir an den Punkt gekommen sind, an dem wir heute stehen.

Das Problem soll jedoch nicht nur benannt, sondern auch gelöst werden. Deshalb handelt die zweite Hälfte des Buchs von Menschen und Projekten, die zeigen, wie es besser gehen kann.

Zum Schluss entführt eine kurze Erzählung ins Jahr 2039 und eröffnet einen anderen Blick auf das Thema, als es die rein sachlich-faktische Auseinandersetzung kann.

Zur Schreibweise: Sternchen und Doppelpunkte im Wort werden von Vorleseprogrammen für blinde und schlecht sehende Menschen nicht so interpretiert, wie sie gedacht sind. Weil Geschlechtergerechtigkeit ebenso wichtig ist wie Barrierefreiheit, haben wir uns entschieden, im Text stattdessen abwechselnd die weibliche und die männliche Form zu verwenden; diverse Personen sind ausdrücklich mitgemeint und finden sich darin hoffentlich wieder.

* Trailer und Kinotermine: *holyshit-derfilm.de*

Kapitel 1 | **Scheiße einst und jetzt**

In Japan erfahren Kackhaufen seit einiger Zeit liebevolle Aufmerksamkeit: Unmissverständlich gestaltete braune Kissen mit appliziertem Grinsen laden zum Kuscheln ein; ebenso breit lächelnde Poop-Emojis werden unter Handynachrichten gesetzt, um Glück zu wünschen. Popkulturell hat der Ende der 1990er-Jahre erstmals auf einem japanischen Handy aufgetauchte fröhliche Scheißhaufen seitdem weltweit Karriere gemacht. In Tokio gibt es sogar ein Kacke-Museum, passend geformte Süßigkeiten und ein Restaurant, in dem »Mama no unchi« auf der Speisekarte steht – »Mamas Scheiße«.[1] Tatsächlich handelt es sich um klein geschnittenes Rindfleisch.

Die Bilderbücher, in denen ein gewisser Professor Poo Grundschulkindern das komplexe japanische Zeichensystem nahebringt, sind Riesenerfolge. Sein gelber Kopf erinnert nur im ersten Moment an Homer Simpson und wird dann als stilisierter Kackhaufen mit Brille und Schnurrbart erkennbar. Offenbar finden die Jungen und Mädchen ihn super. Da ist es nur konsequent, dass Professor Poo in einer Broschüre der japanischen Steuerbehörde Kindern den Sinn der Mehrwertsteuer erklärt: »Was haben Scheiße und Steuern gemeinsam? Sie sind Dünger – beide werden zum Wachsen verwendet.«[2]

Bei uns sieht das anders aus. Schon das Wort ist unaussprechlich. Es gibt Diktierprogramme, die ******* schreiben, wenn jemand es sagt, auch Amazons Sprachassistentin Alexa verwandelt es in einen Piepton. Eltern versuchen, ihren Kindern den schlimmen Ausdruck zu verbieten, und der Nachwuchs weiß genau, dass sich damit bestens provozieren lässt.

»Viele können sich über eine Flasche Wein mehr als fünf Minuten unterhalten, aber was mit dem Inhalt passiert, nachdem sie ihn getrunken haben, blenden sie aus. Das ist ein sehr befremdliches menschliches Verhalten. Essen und trinken, pissen und scheißen ist ein Gesamtprozess«, findet dagegen Jack Sim aus Singapur. Nach einigen Jahrzehnten als sehr erfolgreicher Unternehmer wollte er etwas Sinnvolles tun, erklärt er, und gründete die Welttoilettenorganisation. Sein Anliegen: »Wir sollten uns wohlfühlen mit und in unserem Körper – und wenn wir keine Chance haben, zur Toilette zu gehen, wenn wir müssen, fühlen wir uns schlecht. Hat man erkannt, was wichtig und richtig ist, dann muss man etwas tun. In meinem Fall ist es, immer über Toiletten zu sprechen.«[3] Er tut es auf sehr unterhaltsame Weise, und inzwischen nutzen viele Medien den von ihm ausgerufenen Welttoilettentag am 19. November für Berichte zum Thema.

Das größte Tabu im Alltag

Fast nichts ist so alltäglich wie der Gang zum Klo. Mehrfach am Tag suchen wir einen Ort auf, an dem allein zu sein selbstverständlich, ja geradezu unabdingbar erscheint. Vor allem beim »großen Geschäft« möchte in der Regel kein Erwachsener eine andere Person dabeihaben. Einzelne, abschließbare Toilettenräume sind normal. Wo die Verriegelung kaputt ist, wechseln wir die Kabine oder rufen panisch »besetzt«, wenn sich die Tür nach innen bewegt. Was wir dort diskret in einer weißen Porzellanschüssel deponieren, ist uns unangenehm, schon die damit verbundenen Gerüche und Geräusche sind uns peinlich.

Obwohl kaum ein Stoff so unvermeidlich und – im Idealfall – selbstverständlich im Alltag aller Menschen vorkommt, egal welcher Altersgruppe, Schicht oder Kultur sie angehören, sind Kot und Urin darum außerhalb der Kloschüssel fast immer unsichtbar.

In den Industrieländern haben wir eine Infrastruktur geschaffen, die unsere scheinbar wertlosen und völlig überflüssigen Hinterlassenschaften im Untergrund verschwinden lässt. »Entsorgung« heißt jede Form von Abfallbeseitigung seit etwa fünfzig Jahren in der Verwaltungssprache. Das Wort spiegelt wider, dass der Staat seine Bürgerinnen und Bürger hier von einer emotionalen Belastung und Beunruhigung befreit – aus der Nase, aus dem Sinn.

Die Beschäftigung mit Kot gilt für Menschen, die nicht – wie etwa Pflegende, Ärzte oder Abwasseringeneurinnen – beruflich damit zu tun haben, als unangebracht.

Nur im Alter von zwei bis drei Jahren scheint die Kackwurst interessant und von Bedeutung zu sein. Sigmund Freud interpretiert sie im psychischen Erleben des Kleinkindes als Stolz auf etwas Selbstproduziertes. Zugleich ist damit die Erfahrung von Autonomie verbunden: Auf dem Töpfchen lässt sich das »A-a« zurückhalten – oder den Eltern zum Geschenk machen. Welche Erfahrungen ein Kind in der analen Phase mit dieser Kontrollmöglichkeit macht, prägt aus Sicht des Psychoanalytikers unter anderem das spätere Verhältnis zu Besitz und legt die Basis für eine Entwicklung Richtung Geiz oder Großzügigkeit.[4]

Zwar gibt es zum Thema Kacke inzwischen einige Kinderbücher, etwa den Klassiker *Vom kleinen Maulwurf, der wissen wollte, wer ihm auf den Kopf gemacht hat* oder *Detektiv Parzival Po*, der mit seinem Po-Gesicht Kinder zum Mit-Ermitteln einlädt. Das besonders explizite Bilderbuch *Die Kackwurst-Fabrik*, erschienen 2022, ist sogar zu einem Bestseller geworden. Das lässt auf eine gewisse Offenheit auch bei Erwachsenen schließen; sie sind es ja, die die Bücher kaufen. Wer jedoch jenseits des Kleinkindalters ohne medizinischen Anlass über seinen Stuhlgang spricht, verletzt die Grenzen des Anstands.

Nur in der Kunst gehört Grenzüberschreitung dazu: Ausgestellt kann etwas so Selbstverständliches wie Kot zur sehenswerten Sensation werden.

KACK-KUNST

Künstlerscheiße (1961): So heißen neunzig kleine Konservendosen, in denen sich jeweils 30 Gramm Scheiße des italienischen Konzeptkünstlers Piero Manzoni befinden sollen. Bei Sotheby's wurde eine für 132.000 Euro versteigert. Was tatsächlich in den Dosen ist, bleibt Gegenstand von Spekulationen.

Shit Head (1997): Der britische Künstler Marc Quinn hat aus eigenem Kot einen Kopf mit seinen Gesichtszügen produziert.

Cloaca (2000): Maschine vom belgischen Künstler Wim Delvoye, die den menschlichen Verdauungsvorgang simuliert und nach entsprechender Fütterung Exkremente produziert, die von menschlichen angeblich nicht zu unterscheiden sind.[5] Luftdicht in Folie eingeschweißt und in einem durchsichtigen Quader verpackt, können diese erworben werden.

Im Alltag jedoch wird der Gang zur Toilette nach wie vor mit diskreten Umschreibungen kaschiert: die Hände waschen, mal für kleine Mädchen müssen, sich frisch machen oder, etwas antiquierter, sich die Nase pudern. »Unser westliches Verständnis von Zivilisation ist [...] untrennbar mit dem Verschwinden der Scheiße gekoppelt, ja, ihre [...] Unsichtbarkeit ist geradezu ein Gradmesser für die Entwicklungsstufe eines Landes. Eine funktionstüchtige unterirdische Schwemmkanalisation, individuelle und von innen verriegelbare Toiletten: Solche sanitären Annehmlichkeiten gelten geradezu als Merkmal der modernen Industrienationen, ihr Fehlen wird unweigerlich als Zeichen eines niederen zivilisatorischen Standards gewertet«, schreibt der Literaturwissenschaftler Florian Werner.[6]
Die Schamgefühle hinsichtlich der Harn- und Kotentleerung sind über Generationen durch Gesetze, Gebote und Verbote, durch Erziehung und Selbsterziehung so mächtig und stark geworden, dass wir sie als normal und angeboren erleben.[7] Die braune Masse ruft Ekelgefühle hervor. Sie stinkt und gilt vielfach sogar als gefährlich. Schließlich besteht Kot zum erheblichen Teil aus Bakterien, Viren und anderen Mikroorganismen. Und damit assoziieren wir in erster Linie Krankheitserreger. Diese möglichst schnell loszuwerden und durch ein unterirdisches Kanalsystem abzutransportieren, erscheint insofern als hygienisch geboten und Ausdruck einer Entwicklungsstufe, die die ganze Welt erreichen sollte. Dass wir dafür wertvolles Trinkwasser nutzen, scheint uns ganz normal.[8]

Der Siegeszug der Wasserklosetts

Die erste Spültoilette der Neuzeit erfindet der englische Dichter Sir John Harington 1596. Per Trittmechanismus wird eine Sogwirkung ausgelöst, die Inhalt und Wasserschwall in eine Grube befördert. Auf einem der ersten Exemplare lässt sich Königin Elisabeth I. von England nieder, es wird in Schloss Richmond eingebaut. Doch ohne Kanalisation macht ein WC wenig Sinn: Der Auffangbehälter darunter ist sehr rasch voll.

Außerdem ist die Beschaffung der dafür nötigen Wassermengen vor der Einführung von Trinkwasserleitungen in die Häuser äußerst mühsam. Bis ins 19. Jahrhundert müssen die Menschen es aus Brunnen fördern und in die Wohnungen schleppen – und die Eimer mit dem Abwasser später wieder nach unten transportieren, wenn sie es nicht einfach aus dem Fenster kippen können. Diese Plackerei ist meist Aufgabe von Frauen, Kindern und Dienstboten.[9]

Erst als es Leitungen für die Wasserzufuhr und Rohrleitungen auch für das Abwasser gibt, halten »Wasserclosetts« Einzug in die Wohnungen wohlhabender Leute. Das eigene WC setzt sich als Zeichen von Wohlstand und Modernität durch. In Berliner Mietskasernen dagegen teilen sich lange Zeit mehrere Parteien eine Toilette auf halber Treppe. Als die Mauer 1989 fällt, hat ein Drittel der Wohnungen in den Ostberliner Altbauvierteln immer noch Außenklos im Treppenhaus. Anfang des neuen Jahrtausends sind dann auch in Ostdeutschland so gut wie alle Wohnungen mit eigener Toilette ausgestattet.[10]

INTELLIGENTE LUXUSTOILETTEN

Nirgendwo ist die Toilettentechnik weiter entwickelt als in Japan. Durch eine Vielzahl von Knöpfen kann die Besucherin Beheizung der Klobrille, Musik und eine Parfümwolke wählen. Auch eine Bidet-Funktion mit anschließendem Föhn ist verfügbar. Darüber hinaus lassen sich Toiletten mit medizinischen Funktionen ausstatten, sodass die Nutzenden ihren Blutzuckerspiegel, eine mögliche Schwangerschaft oder andere Parameter gleich auf ihrem Smartphone erfahren. Die Universität Stanford, USA, entwickelt derweil Techniken, um konventionelle Toiletten für medizinische Analysen aufzurüsten. Der Urin lässt sich dabei anhand von zehn Biomarkern untersuchen, der Kot wird fotografiert und mit einer Datenbank abgeglichen. Um die Nutzenden nicht zu verwechseln, fotografiert die Toilette zur Identifizierung den Anus.[11]

In anderen Weltgegenden sieht es völlig anders aus. Zwar haben die Vereinten Nationen 2015 beschlossen, dass bis 2030 alle Menschen Zugang zu Trinkwasser und Sanitäreinrichtungen haben sollen. Doch Anfang 2023 liegt dieses Ziel noch in weiter Ferne: 3,4 Milliarden – fast der Hälfte aller Menschen – steht keine Toilette zu Verfügung.[12]

Scheißen im Altertum

Wann haben die Menschen eigentlich begonnen, »sanitäre Einrichtungen« anzulegen? Spülklosetts sind keine Erfindung der Moderne. Die ersten gab es schon vor über 5.000 Jahren im Zweistromland, der Kulturlandschaft zwischen Euphrat und Tigris. Ihr Inhalt wurde durch Rohrleitungen nach draußen abtransportiert und versickerte dann irgendwo.

Das Bedürfnis nach Komfort beim Verrichten der »Notdurft« besteht offenbar schon lange. Das Tabu dagegen ist noch gar nicht so alt. Das lässt sich etwa an der Toilettenkultur der Römer ablesen. Die in ihren Ortschaften verteilten öffentlichen Bedürfnisanstalten fungieren als Treffpunkte, die offenbar ohne Scham gemeinsam benutzt werden, auf erstaunlich dicht nebeneinander liegenden Plätzen und ohne Trennwände dazwischen. In größeren Städten gibt es regelrechte Prachtlatrinen, mit namentlich gekennzeichneten Sitzplätzen. Ihre Inhaber, lokale Kaufleute, wickeln dort parallel verschiedene Arten von Geschäften ab.[13] Die öffentliche Bedürfnisanstalt in der Römerstadt Thamugadi, dem heutigen Timgad in Algerien, wurde aufgrund der kunstvollen Ausstattung der Toiletten, unter anderem mit Armlehnen in Form von Delphinen, zum UNESCO-Weltkulturerbe erklärt.

Das ist kein Einzelfall. Im Irak fanden Archäologen sechs nebeneinanderliegende Sitzklosetts im über 4.000 Jahre alten Palastgebäude von Tell Asmar.[14] Auch am Hof von König Olaf I. gab es vor gut tausend Jahren eine Gemeinschaftstoilette mit 22 Sitzen.[15] Und aus verschiedenen Zeitaltern existieren Darstellungen und Berichte, dass Diener mit Vasen oder Kisten bei Festgelagen herumliefen und die Hinterlassenschaften der Gäste einsammelten.

Abbildungen aus dem Mittelalter belegen, dass die Menschen ihre Notdurft auch damals ohne große Heimlichkeit verrichten. Der Abort befindet sich außerhalb des Wohnhauses und ist nicht mehr als ein Loch in der Erde, über dem oft ein sogenannter Donnerbalken zum Sitzen angebracht ist. In Burgen und besseren städtischen Bürgerhäusern sind Erker eingebaut, durch die die Fäkalien direkt nach unten in Gräben fallen.

Selbst in theologischen Abhandlungen taucht in dieser Zeit das Wort »scheißen« auf. Ohne Zweifel stinkt es an mittelalterlichen Orten – doch die Menschen schenken Gerüchen wesentlich weniger Aufmerksamkeit als in der Neuzeit.

Erst im 18. Jahrhundert steigen Sensibilität und Wachsamkeit gegenüber den Unannehmlichkeiten der physischen Umgebung.[16] Noch 1697 veröffentlicht der Universalgelehrte Christian Franz Paullini den 700 Seiten dicken Wälzer *Die heilsame Dreckapotheke*. Urin und Fäzes, wie Kot in medizinischer Fachsprache heißt, werden darin in allen möglichen Verarbeitungs- und Darreichungsformen, als Tinktur, Pulver, Salbe oder Gurgelwasser, gegen Krankheiten und Beschwerden empfohlen. Auch werden Fäkalgerüchen in früheren Zeiten immer wieder hygienisierende Wirkung zugeschrieben. So lassen die Londoner Behörden im 17. Jahrhundert die Senkgruben öffnen, weil sie annehmen, dass die daraus aufsteigenden Dämpfe die Pest bezwingen könnten.[17]

Kein Tabu sind zu seiner Zeit auch die Ausscheidungen und die damit verbundenen Körperteile des absolutistischen Herrschers Ludwig XIV., auch als Sonnenkönig bekannt. Die halbe Welt ist informiert, als ihm eine Fistel vom Anus entfernt wird. Und weil der sich als König von Gottes Gnaden inszenierende Mann im fortgeschrittenen Alter an Verstopfung leidet, empfängt er seine Günstlinge häufig auf einer Kot-Kiste sitzend, dem sogenannten Leibstuhl mit eingebautem Nachttopf. Die anschließende Überprüfung des königlichen Stuhls gilt als Privileg und ist nur Männern mit einer ausgezeichneten Ahnengalerie vorbehalten.[18]

UNGENIERTES GENIE

In Wolfgang Amadeus Mozarts Briefwechseln sind fäkal-anale Anspielungen keine Seltenheit. Bei seinem Kanon *Bona nox!* hat er sie sogar im Liedtext untergebracht: »Gute Nacht, gute Nacht / Scheiß ins Bett, dass' kracht / Gute Nacht, schlaf fei g'sund / Und reck' den Arsch zum Mund« Allerdings kennt heute kaum jemand die ursprüngliche Fassung des vierstimmigen Kanons, weil sie mehrfach zensiert und umgeschrieben wurde.

Der Wert unserer Hinterlassenschaften

Im alten Rom wird versucht, feste und flüssige Fäkalien zu trennen, denn: Zum Waschen ihrer Gewänder nutzen die Römerinnen keine Seife, sondern Urin. Der verwandelt sich in den extra dafür aufgestellten Amphoren nach ein paar Tagen in Ammoniak und ist als solcher gut geeignet, um Flecken und Schmiere zu entfernen. Wäscher, die die Kleidung in großen Bottichen reinigen, erhalten ihn dafür von den öffentlichen Bedürfnisanstalten geliefert.

BERÜHMTE WORTE

Als Kaiser Vespasian eine Urinsteuer einführt, stößt das nicht nur bei den Wäschern auf Kritik, sondern auch bei seinem Sohn Titus. Der findet es anrüchig, für einen Rohstoff abzukassieren, den die Leute einfach abliefern. Daraufhin soll der Herrscher ihm eine Münze unter die Nase gehalten und mit dem berühmten Satz gekontert haben: »Geld stinkt nicht«.

Auch in der europäischen Wollweberei ist diese Praxis lange Zeit verbreitet. Zu dem Zweck wird der Urin bei den Haushalten eingesammelt und für die Manufakturen an zentraler Stelle gelagert. Noch Anfang des 20. Jahrhunderts stehen hinter einigen Tuchfabriken »Pissfässer« für die Arbeiterschaft. Gerber nutzen ebenfalls abgestandenen Urin, um Leder zu beizen und weich zu machen.

Außerdem werden Urin und Kot über Jahrhunderte ganz selbstverständlich als Düngemittel verwendet. In der Regel wird dabei nicht zwischen menschlicher und tierischer Herkunft differenziert. Beides ist wertvoll und bei den Landwirten entsprechend begehrt. Im Sprichwort »Der Teufel scheißt immer auf den größten Haufen« spiegelt sich der Neid auf den reichsten Bauern, zu erkennen am größten Misthaufen vorm Haus. Der zeigte schließlich, dass es auf dem Hof viele Tiere und damit auch viel Dünger gibt. Erst mit der Urbanisierung geht diese Wertschätzung nach und nach verloren.

In den Städten wächst zu Beginn der Neuzeit der gesellschaftliche Druck, nicht mehr im Blickfeld von anderen zu »defäkieren«, sich also der Fäkalien zu entledigen. In der Renaissance tauchen die ersten Schamwände zwischen den gemeinschaftlich genutzten Aborten auf. Später werden die Klosetts durch Türen abgetrennt oder mit einem Häuschen umbaut. Im 19. Jahrhundert werden viele von innen abschließbar und ins Innere der Wohnung verlegt. Auf dem Land finden diese Entwicklungen mit großer Verzögerung statt.

Siegeszug des Schamhaftigkeit

Auch im öffentlichen Raum spiegelt sich wider, dass die Körperausscheidungen zunehmend zu einer intimen Angelegenheit werden. Ungeniertes Urinieren empfinden Menschen seit Ende des 19. Jahrhunderts als ungehörig. Das liegt nicht einmal so sehr am Geruch der Hinterlassenschaften, sondern vor allem an der Handlung selbst. Der Körper muss dafür entblößt werden – und selbst wenn sich jemand abwendet, zeigt der ganze Bewegungsablauf, was er oder sie tut, wie die Industriedesignerin Bettina Möllring ausführt, die das tabuisierte Thema erstmals wissenschaftlich untersucht hat.[19]
Während Frauen auf die sich zunehmend durchsetzenden Anstandsregeln meist mit Selbstkontrolle reagieren, sind die weiterhin öffentlich urinierenden Männer zunehmend Anlass für Beschwerden. Städte wie Paris und Berlin richten deshalb Pissoirs ein. Deren Architektur und Platzierung schirmen die Nutzer immer stärker ab, um Zeitgenossinnen den unerwünschten Anblick zu ersparen. Erst Jahrzehnte später werden öffentliche Bedürfnisanstalten auch für Frauen eingerichtet.[20] Anders als bei den Pissoirs wird hier häufig eine Gebühr verlangt – und gezahlt, um bei der Verrichtung unbeobachtet zu sein.
Mit dem Schamgefühl nimmt das Potenzial zu, »schmutzige« Wörter als Beleidigungen einzusetzen. So »avanciert der Ausdruck Scheiße im Neuhochdeutschen zum wohl populärsten deutschsprachigen Schimpfwort. Selbst Menschen, die sonst kein Deutsch sprechen, sind häufig mit ihm vertraut: Neben Autobahn, Bratwurst und Wienerschnitzel ist Scheiße das vielleicht bekannteste Wort der deutschen Sprache«, so Florian Werner.[21]
Der Umgang mit Fäkalien ist offenbar keine menschheitsgeschichtliche Konstante. Vielmehr sind die damit verbundenen Gefühle und

Wahrnehmungen kulturell bedingt – und wandelbar. Die Empfindung von Scham beim Toilettengang ist eine relativ junge Entwicklung und auch keineswegs weltweit verbreitet.

Die Stadt und der Kot

Die in den Städten des Mittelalters und der frühen Neuzeit genutzten Aborte liegen außerhalb der Häuser und werden oft gemeinschaftlich von mehreren Familien genutzt. Wer nicht jedes Mal den weiten Weg vor die Tür gehen will, nutzt einen Nachttopf mit Deckel, der zu einem passend erscheinenden Zeitpunkt einfach aus dem Fenster geleert wird. Von dort landet der Inhalt in sogenannten Ehgräben oder Reulen zwischen den Häusern – oder auch direkt auf der Straße.

NICHT NUR GUTES KOMMT VON OBEN

In Paris soll dem Auskippen des Nachttopfs der Ausruf »Prenez-garde à l'eau!« vorausgegangen sein – »Achtung, Wasser!« Daraus wurde in England die phonetische Abwandlung »Gardy loo!« Ein Wiener Reiseführer aus dem Jahr 1827 riet angeblich dazu, bei nächtlichen Spaziergängen in den Straßen regelmäßig »man geht« zu rufen; als Warnung an Anwohnerinnen, die einem sonst vielleicht gerade in diesem Moment ihre Hinterlassenschaften vor die Füße oder gar auf den Kopf kippen könnten.[22]

Etwas entfernt von den Hausausgängen gibt es sogenannte Gossen, rund einen halben Meter breite, bis zu 60 Zentimeter tiefe Rinnsteine. Von dort aus versickern die Abwässer, oder der Regen schwemmt sie irgendwann in einen Fluss. Manchmal bedecken die Anwohnerinnen die Straßen mit Stroh, um nicht im Morast stecken zu bleiben. Was mit dem Rest passiert, der liegen bleibt? Bauern werden oft verpflichtet, auf dem Rückweg aus der Stadt eine Fuhre Straßenmist mitzunehmen.[23]

Im Jahr 1641 regelt die Berliner Bauordnung dann den Umgang mit den Senkgruben in Hinterhöfen. Die müssen »mindestens 20 Werkschuhe« – etwa sechs Meter – vom Brunnen des Nachbarn entfernt

liegen.[24] Tatsächlich verfügt damals fast jedes Berliner Haus über eine eigene Stelle zum Trinkwasserschöpfen; in anderen Städten sind die Wege zu einem Brunnen oder zum Fluss oft wesentlich weiter.
Die Entleerung der Gruben übernehmen in Großstädten wie Wien und Berlin später sogenannte Mistbauern, eine Art erste Müllabfuhr.[25] Sie verlieren dabei allerdings oft Teile der Ladung, sodass Hinterhöfe und Straßen verdreckt bleiben. Lagerplätze am Rand der Siedlungen lassen sich in der Anfangszeit noch ohne Probleme finden. Wenn Bauern in die Stadt kommen, um ihre Erzeugnisse zu verkaufen, nehmen sie auf dem Rückweg gerne eine Wagenladung menschlichen Dung mit zurück.
Die Lage spitzt sich jedoch zu, als die Städte und ihre Bevölkerung im Zuge der Industrialisierung rasch wachsen. Die Einwohnerschaft von Paris produziert im Jahr 1834 über 100.000 Kubikmeter Exkremente.[26] Schon einige Jahrzehnte zuvor ist für die zunehmenden Mengen nordöstlich der Stadt, in Montfaucon, eine zentrale Deponie für Fäkalien und Tierkadaver eingerichtet worden. Die *gadouards*, die gegen eine Gebühr die Leerung der Senkgruben übernehmen, karren die Fäkalien zu nachtschlafender Zeit dorthin.
Und findige Unternehmer entdecken, wie sich aus Scheiße und Urin Geld machen lässt. Sie lassen die Fäkalien aufwendig eindicken und zu einem geruchlosen Trockendünger verarbeiten. Die in Quader-, Würfel- oder Pulverform erhältliche »Poudrette« ist bei Bauern so begehrt, dass sie dafür bezahlen. Denn sie haben zwischenzeitlich die Erfahrung gemacht, dass ihre Äcker auslaugen. Erst später finden Wissenschaftler heraus, dass bei Transport und Verarbeitung der fäkalen Hinterlassenschaften ein Großteil des darin enthaltenen, wertvollen Stickstoffs verloren geht.[27]
In den ersten Jahrzehnten des 19. Jahrhunderts wächst Montfaucon zu einem zehn Hektar großen Lagerplatz an. Über dem Gelände hängt ein infernalischer Gestank. Das Deponiesystem ist durchaus ausgeklügelt: Die Kloinhalte werden in zwei Reihen terrassenförmig angelegter, offener Gruben abgeschüttet. Während sich in den oberen Becken die Feststoffe absetzen, fließen die Flüssigkeiten nach und nach in die 15 Meter tiefer gelegenen Bassins. Dort verdunsten

oder versickern sie. Als das Ganze irgendwann überzulaufen droht, wird ein Kanal gebaut, durch den sich ein Teil der Scheiße ab 1826 etwas oberhalb von Paris in die Seine ergießt.[28]

Mitte des 19. Jahrhunderts ahnen immer mehr Zeitgenossen, dass es dauerhaft so nicht weitergehen kann. Die bisherige Infrastruktur der Städte ist dem Zustrom an Menschen nicht gewachsen, das Elend in den engen Wohnquartieren unübersehbar. Doch das Wissen um die Bedeutung der Exkremente für die Landwirtschaft ist noch präsent. Der Bauingenieur Adolphe August Mille schreibt: »Jeder stinkende Geruch deutet auf eine Gefährdung der öffentlichen Gesundheit in den Städten und auf eine Einbuße an Düngemitteln auf dem Land hin.«[29]

Wegen Beschwerden über den Geruch entwickelt eine Kommission im Auftrag der Regierung ein Konzept für Tonnen mit integriertem Sieb. Die Idee ist, damit Fest- und Flüssigstoffe zu trennen und den Kot zu Dünger verarbeiten zu können. Doch damals wie heute werden Vorschläge von Kommissionen dann doch gerne ignoriert. Erst über dreißig Jahre später wird die Idee der Getrenntsammlung aufgegriffen. Bis zur Jahrhundertwende sind etwa ein Drittel der Häuser in Paris mit Behältern am Ende der Fallrohre ausgestattet, in denen sich der Kot sammelt. Der Urin dagegen wird durch Mischwasserkanäle für Regen- und sonstige Abwässer abgeleitet und gelangt so auf Rieselfelder außerhalb der Stadt.[30]

Das Ende des Nährstoffkreislaufs

In Wien gibt es bereits Mitte des 18. Jahrhunderts eine Schwemmkanalisation, London folgt ein gutes Jahrhundert später. Auf diese Weise werden die Toiletteninhalte mithilfe von Regenwasser und dem Abwasser aus Haushalten und Betrieben aus der Stadt transportiert. In Paris dagegen wehren sich die Poudrette-Fabrikanten gegen die Zerstörung ihres Geschäftsmodells, das inzwischen in einigen anderen europäischen Städten kopiert wird. Auch Victor Hugo kritisiert die Kanalisation als Geldvernichtungsanlage, die wertvollen Dünger einfach wegspüle.[31] Der Widerstand hat keinen Erfolg: 1884 verpflichtet ein Gesetz alle Hausbesitzer, die Toiletteninhalte über die Kanalisation entsorgen zu lassen – gegen Bezahlung. Ältere Gebäude müssen dafür entsprechend nachgerüstet werden. Immer mehr Häuser werden an die Wasserversorgung angeschlossen, und zunehmend werden WCs installiert. Weil die menschlichen Hinterlassenschaften nun extrem stark verdünnt werden, verlieren die Poudrette-Fabrikanten ihren Rohstoff.

LITERARISCHER NACHRUF

Victor Hugo (in *Die Elenden*, 1862): »Der stinkende, unterirdisch abfließende Schlamm, den das Pflaster verbirgt, wißt ihr, was das ist? Das ist die blühende Wiese, grünes Gras, das ist Quendel, Thymian und Salbei, das ist Wild und Vieh, das ist zufriedenes Brüllen der großen Ochsen am Abend, das ist duftendes Heu, goldgelbes Getreide und Brot auf eurem Tisch, das ist heißes Blut in euren Adern, ist Gesundheit, Freude und Leben. So will es die geheimnisvolle Schöpfung, die auf Erden Transformation und im Himmel Transfiguration ist.«[32]

Auch in Berlin gibt es heftige Diskussionen über die Schwemmkanalisation. Die Gegner äußern Befürchtungen, sie wirke sich negativ auf die Landwirtschaft aus, und legen Berechnungen vor, wonach die Fäkalien der Stadt auf einen volkswirtschaftlichen Wert von fast 1,7 Millionen Taler pro Jahr zu beziffern seien.[33] Sehr differenziert erörtert ein zeitgenössischer Autor den Nährstoffbedarf von Ackerpflanzen und plädiert für die Einrichtung von Fabriken, die Mist und menschliches Dungmaterial mit weiteren Stoffen anreichern, um eine optimale Pflanzenversorgung zu erreichen.[34]

Nichtsdestotrotz beschließt 1873 die Berliner Stadtverordnetenversammlung den Bau einer Schwemmkanalisation. Die Umstellung auf das neue System findet langsam statt, 1892 sind in Deutschland erst 3,2 Prozent der Städte damit ausgestattet. In kleineren Kommunen bleibt die Sammlung der Fäkalien mit anschließender landwirtschaftlicher Nutzung noch länger erhalten.[35]

Mit alledem verbunden ist ein Wahrnehmungswandel. Fäkalien gelten nach und nach nicht mehr als Wertstoff, mit dem sich Einnahmen erzielen lassen. Sie werden zu etwas Ekelhaftem und Peinlichem,

wovon die neue Infrastruktur die Haushalte befreit. Dass diese »Entsorgung« jetzt Geld kostet, anstatt welches einzubringen, wird schon bald als selbstverständlich und angemessen empfunden.
Parallel dazu distanziert sich die Stadtbevölkerung nicht nur räumlich, sondern auch im Bewusstsein immer stärker von der Landwirtschaft. Das Wissen um die Entstehung von Lebensmitteln schwindet, und auch der Zusammenhang zwischen den Ausscheidungen und der Fruchtbarkeit des Bodens gerät aus dem Blick. Exkremente sind in Europa jetzt nur noch überflüssiges Material, das es möglichst rasch loszuwerden gilt.

Die Cholera als Kipppunkt

Im 19. Jahrhundert fegt die Cholera mehrfach durch Europa. Schon das Gerücht, dass sie in einer Stadt angekommen ist, löst Panik aus. Der Tod tritt rasend schnell ein. Aus den Kranken fließt wässriger Stuhl, häufig müssen sie heftig erbrechen. Sie haben Muskelkrämpfe, ihre Haut wird blau, die Gesichtszüge spitz. Binnen weniger Stunden verlieren manche bis zu 20 Liter Flüssigkeit – und es gibt kein Medikament, das sie retten könnte. Rund die Hälfte der Infizierten stirbt an Nierenversagen und Dehydrierung.
London wird zwischen 1831 und 1854 von drei Cholera-Epidemien heimgesucht. Die hygienischen Verhältnisse in der Stadt sind katastrophal. In der ersten Hälfte des 19. Jahrhunderts hat sich die Bevölkerung der Metropole mehr als verdoppelt. Während bei den Vermögenden die ersten Spültoiletten installiert werden, laufen in den Elendsvierteln die Sickergruben über, weil dort immer mehr Menschen auf engstem Raum zusammenleben. Auch das Blut der innerstädtischen Schlachtereien fließt auf die Straßen. Durch die Ableitungen fürs Regenwasser erreicht ein Großteil des Unrats so irgendwann die Themse oder versickert einfach irgendwo im Untergrund.
Als Ursache der Cholera werden zunächst sogenannte Miasmen ausgemacht: üble, aus dem Boden aufsteigende Dämpfe, die die Kranken eingeatmet hätten und anschließend selbst ausdünsteten. Die von dem griechischen Arzt Hippokrates aufgestellte These ist noch im 19. Jahrhundert weit verbreitet.

Auch der britische Beamte Edwin Chadwick geht von dieser Theorie aus. Schon länger vermutet er, dass viele Krankheiten aus den Bedingungen resultieren, unter denen die Armen in Großbritannien leben. Verbessern lassen sich die Zustände seiner Meinung nach nicht nur durch eine umfassende medizinische Versorgung, sondern auch durch den Bau einer Kanalisation. Sie soll Londons Bewohnerschaft vor den »täglichen Belästigungen durch widerlichen Anblick, durch fließendes Blut in den Straßen, durch Unrat, widerwärtigen Geruch und Lärm« schützen.[36] Chadwick verweist auf Wien und einige englische Industriestädte, die ihre Abwässer bereits unterirdisch ableiten, als Vorbilder.

In Angriff genommen wird das Projekt allerdings erst, als *The Great Stink* London heimsucht und auch die Abgeordneten das Problem nicht mehr verdrängen können: Im heißen Sommer 1858 führt die Themse nur noch wenig Wasser. Ein bestialischer Gestank wabert durch die Gänge des ehrwürdigen, neogotischen Parlamentsgebäudes, das wenige Jahre zuvor direkt neben dem Fluss errichtet worden ist. Die Volksvertreter bekommen kaum noch Luft und beschließen, London von den »bösartigen Ausdünstungen« zu befreien. In einer heute unvorstellbaren Geschwindigkeit entsteht in nur acht Jahren das damals modernste Abwassersystem der Welt und wird danach zum Vorbild für viele andere. Im gleichen Zug treffen die Politiker eine weitere Entscheidung, die später in fast allen anderen europäischen Städten umgesetzt werden wird: Die Abwässer aus Häusern, Fabriken und Straßen sollen durch die gleichen Rohre abtransportiert werden. Wo die Rohre enden, ergießen sich Fäkalien, Schlachtabfälle und sonstiger Dreck völlig ungeklärt flussabwärts in die Themse.

Die von den Parlamentariern getroffene Entscheidung ist folgenreich. In den darauffolgenden Jahrzehnten muss das installierte System immer wieder nachgebessert werden, immer aufwendigere Klärtechnik wird nötig – bis heute. Und es unterbricht endgültig den Nährstoffkreislauf: Die menschlichen Ausscheidungen kehren nicht mehr als Dünger auf die Felder zurück. Stattdessen werden sie – und mit ihnen große Mengen Stickstoff, Phosphor und Kali –

über das Abwasser in die Flüsse geleitet, wo sie das Algenwachstum fördern. In der Landwirtschaft hingegen müssen die nun fehlenden Nährstoffe anderswoher beschafft werden. So entsteht die Agroindustrie, die heute zu den mächtigsten Branchen der Welt zählt.

Pioniere der Forschung

Dass es nicht die Dämpfe aus den Sickergruben sind, die die Cholera bringen, sondern verseuchtes Trinkwasser, findet der Arzt John Snow 1854 heraus. Als die dritte Epidemie London erreicht, beginnt er systematisch zu recherchieren. Snow fällt auf, dass die Todesraten in den Stadtvierteln sehr unterschiedlich hoch sind. Allerdings gibt es in den Elendsquartieren nicht überdurchschnittlich viele Opfer, wie die Miasmen-Theorie nahelegen würde. Die Arbeiter einer Brauerei überleben sogar alle.

Mithilfe einer Karte mit Kreuzmarkierungen verschafft sich Snow einen Überblick über die Häufungen. Bald fällt ihm auf, dass die Opferzahlen in den Vierteln, wo die Firma Southwark & Vauxhall die Wasserpumpen aufgestellt hat, viel höher liegen als dort, wo das Unternehmen Lambeth dafür zuständig ist, und zwar im Verhältnis 9:1. Das ist die heiße Spur. Früher haben beide Betriebe ihr Wasser aus der Themse mitten in der Stadt bezogen, inzwischen kommt das Lambethsche Wasser aus einer ländlichen Region. Snow recherchiert intensiv, befragt viele Nachbarschaften. Als er seiner Sache sicher ist, konfrontiert er die Londoner Gesundheitsbehörde mit seiner Erkenntnis: Nicht üble Dämpfe lösen die Cholera aus, sondern verseuchtes Trinkwasser. Er erreicht, dass der Griff einer Pumpe in Soho, von wo extrem viele Opfer ihr Trinkwasser bezogen haben, abmontiert wird. Die Neuinfektionen in dem Viertel sinken danach rasch. Trotzdem dauert es noch einige Jahrzehnte, bis die Miasmentheorie in Europa ad acta gelegt wird.

In Deutschland dominiert der bayerische Hofbeamte Max von Pettenkofer die Debatte. Er gilt als Koryphäe in punkto Hygiene, polemisiert gegen die »Anhänger des Trinkwasserglaubens« und plädiert für eine einfache Ableitung der Fäkalien in die Flüsse nach Londoner Vorbild.[37] Das alles ist kein ausschließlich wissenschaftlicher Streit.

Auch männliche Eitelkeiten spielen eine Rolle – und, wie so oft, handfeste wirtschaftliche Interessen. Überseehändler verteidigen die Theorie der üblen Dämpfe als Auslöser der Cholera, um zu verhindern, dass Quarantänevorschriften den Transport und die Anlandung ihrer Waren behindern. Die Stadtverwaltungen verlassen sich auf die Autorität des bayerischen Hygieneprofessors.
Der italienische Mediziner Filippo Pacini beschreibt schon 1854 das Bakterium, das Cholera auslöst. Doch so gut wie niemand nimmt seine Entdeckung zur Kenntnis, ihm fehlt das wissenschaftliche Umfeld und die öffentliche Aufmerksamkeit. Erst Robert Koch gewinnt die öffentliche Aufmerksamkeit, als er 1883 schließlich den Zusammenhang zwischen dem kommaförmigen Erreger und der Entstehung der Krankheit beschreibt: Von Cholera-Kranken ausgeschieden, verbreitet er sich über mit Fäkalien verschmutztes Trinkwasser.
Er kann die Erkenntnis nun auch in politische Handlung umsetzen. Als in Hamburg 1892 erneut eine Cholera-Epidemie ausbricht, ruft die Hansestadt den Bakteriologen zu Hilfe. Koch besucht die dunklen, stickigen Gängeviertel, in denen die Hafenarbeiter und ihre Familien unter katastrophalen hygienischen Bedingungen leben, und ist entsetzt. Er mahnt zu einer Sofortmaßnahme: Das Wasser, das aus der Elbe entnommen wird, muss vor dem Verzehr unbedingt abgekocht werden. Öffentliche Abkochstationen werden eingerichtet, und mit Tank- und Brauereiwagen wird unverseuchtes Wasser verteilt. 1893 schließlich, zehn Jahre nach Kochs Nachweis des Infektionswegs, installiert die Stadt eine Filtrieranlage für das Elbewasser. Bis endlich das Grundwasserwerk in Billbrook ans Netz geht, vergehen jedoch noch weitere zwölf Jahre. Die Finanzierung des prachtvollen neuen Rathauses hat zunächst höhere Priorität.
Robert Koch revolutioniert die Forschung und das Wissen über Infektionskrankheiten. Bereits Ende des 19. Jahrhunderts werden erste Impfstoffe gegen Cholera entwickelt. Später kommen Antibiotika für Tuberkulose, Diphtherie und schwere Durchfallerkrankungen hinzu. In Mitteleuropa sterben heute nur noch drei Prozent der Menschen an Infektionskrankheiten, im 19. Jahrhundert sind es ungefähr die Hälfte. Besiegt ist die Cholera trotzdem nicht.

Im Herbst 2022 registrierte die Weltgesundheitsorganisation (WHO) Epidemien in 29 Ländern – deutlich mehr als in den Vorjahren. Klimabedingte Überschwemmungen wie in Pakistan und Mosambik führten zu Ausbrüchen. Auch in libanesischen Flüchtlingslagern und Armenvierteln, wo der Zugang zu sauberem Wasser und anständige sanitäre Einrichtungen fehlen, haben sich wieder viele Menschen infiziert. Und die WHO impft nur noch mit der halben empfohlenen Menge gegen Cholera, weil ihr das Geld für einen ausreichenden Schutz in den betroffenen Regionen fehlt.[38]

Rieselfelder – fruchtbar und voller Schwermetalle

Berlin und einige andere Städte gehen eine Weile einen anderen Weg bei der Entsorgung des Abwassers. Der Arzt und Seuchenexperte Rudolf Virchow glaubt nicht an die angeblichen Selbstheilungskräfte von Flüssen, wodurch der eingeleitete Dreck einfach aufgelöst würde. Auch der Berliner Stadtbaurat James Hobrecht hält die Verunreinigung der Gewässer für den wunden Punkt des Prinzips Kanalisation und entwickelt einen Plan, das Schmutzwasser auf Felder außerhalb der Stadt zu leiten, wo Vegetation und der sandige Boden rund um Berlin als Filter wirken sollen. Ein wissenschaftliches Gremium für das preußische Medizinalwesen erklärt die Einleitung von ungereinigtem Abwasser in die Spree aufgrund ihrer geringen Fließgeschwindigkeit für unzulässig.[39]

Das alles geschieht in den letzten Jahrzehnten des 19. Jahrhunderts. Berlin kauft in großem Umfang Ländereien in der Umgebung und wird durch diese Stadtgüter zum größten Landbesitzer Brandenburgs. Mithilfe von zwölf Entwässerungsanlagen wird von da an das Schmutzwasser aus Haushalten und Industrieanlagen auf die Rieselfelder gepumpt. Auch rund um Paris werden nach dem Bau der Kanalisation 5.000 Hektar Rieselfelder eingerichtet.[40]

Um 1900 arbeiten etwa zweitausend Frauen und Männer auf den Berliner Stadtgütern. Einige sind spezialisiert auf Gemüseanbau, produzieren Kartoffeln, Rüben, Möhren, Bohnen und Erbsen, die sie selbst in den Berliner Markthallen oder an Konservenfabriken verkaufen. Andere bauen Obst an, produzieren Saatgut, halten Vieh oder betreiben Fischzucht. Aufgrund der üppigen Nährstoffversorgung kann mehrfach im Jahr Gras gemäht werden, um die eigenen Tiere zu füttern oder um es an andere als frisches Heu zu verkaufen. Allerdings sind viele Berlinerinnen misstrauisch. Dass das Gemüse so offensichtlich auf ihren Fäkalien angebaut wird, ist ihnen nicht geheuer. Mehrfach werden Kommissionen beauftragt, die Waren auf verräterische Spuren von Geschmack und Geruch zu testen – ohne beunruhigende Ergebnisse.[41] Auch das Abwasser wird regelmäßig auf Choleraerreger hin untersucht.

Von den den 1920er-Jahren an nehmen die Ernteeträge jedoch deutlich ab, von »Rieselmüdigkeit« der Felder ist die Rede. Das Problem: Die unterzubringenden Abwasserfrachten steuern den Zufluss, nicht der Bedarf der Landwirtschaft. Dadurch verschlicken die Felder, der Boden verdichtet sich. Und noch ein anderes Problem wird lange Zeit ignoriert: Die Lebensmittel sind mit vielfältigen Schadstoffen belastet, weil zusätzlich zu den häuslichen Abwässern auch Schwermetalle aus der Industrie und Straßenunrat über die Gullys auf die Rieselfelder gelangen. »Die Berieselung ist die einzige Form, in der eine größere Stadt die Garantie hat, dass sie ihre Unreinigkeiten inklusive des Straßen- und Hauswassers auf eine vollkommen sichere Weise unterbringen kann«, hatte Virchow behauptet.[42] Kritiker waren von oben herab, mit der Autorität des großen Wissenschaftlers lächerlich gemacht worden, ihre Befürchtungen beruhten »zum großen Theile auf der Disposition der Menschen, sich selbst aufzuregen und zu ängstigen«.[43]

Dass einige Stoffe giftig genug sind, um sich mit gutem Grund davor zu »ängstigen«, wird erst spät erkannt. Indem sie sich mit der Zeit anreichern, belasten sie nicht nur die Gesundheit, sondern auch dauerhaft die Böden. Noch heute gibt es Flächen, die für Jahrzehnte als hochgradig belastet gelten. 1993 wurde das letzte Abwasserrohr zu einem Rieselfeld vor den Toren Berlins geschlossen.[44]

Was lernen wir daraus?

Erstens: Der britische Beamte Edwin Chadwick hatte Recht, als er einen starken Zusammenhang zwischen Krankheit und Armut vermutete. Den gibt es auch heute noch. Allerdings leitete Chadwick daraus fälschlicherweise auch seine Forderung nach einer Kanalisation ab, weil er annahm, dass der Fäkalgestank in den Elendsvierteln die Cholera verursacht. Tatsächlich waren es die Keime im Trinkwasser, die die tödliche Krankheit auslösten und Arme und Reiche gleichermaßen trafen. Die neue Infrastruktur führte trotzdem dazu, dass anschließend nie mehr eine Cholera-Epidemie in London auftrat. Schließlich wurde der Inhalt der Latrinen in die untere Themse verfrachtet, wo die Tide alles ins Meer hinauszog. Dadurch wurde das Trinkwasser in der Innenstadt sauberer. Manche Lösungen funktionieren auch, wenn sie auf falschen Annahmen basieren.

Zweitens: Die Zeit muss reif sein, damit wissenschaftliche Erkenntnisse wirken können. Als in Italien die tatsächliche Ursache der Cholera entdeckt wurde, blieb das erst einmal ohne Einfluss. Auch der Londoner Arzt Snow, der die Bedeutung des Trinkwassers für die Ausbreitung der Cholera in London nachwies, konnte das dominierende Miasmen-Weltbild nicht über den Haufen werfen. Erst Jahrzehnte später gab es das akademische und politische Umfeld, in dem sich der Bakteriologe Robert Koch öffentliches Gehör und politische Unterstützung verschaffen konnte.

Drittens: Die Einsicht, dass Fäkalien nicht ins Trinkwasser gelangen dürfen, ist bahnbrechend und hat viele Menschenleben gerettet. Zugleich hat die Fokussierung auf einzelne pathogene Keime den Leumund von Bakterien an sich ruiniert. Das Wissen um die Verbreitungswege der Cholera hat die Vorstellung geweckt, es handle sich bei Kot grundsätzlich um gefährliche Materie. In jüngster Zeit, seit uns neue Untersuchungswerkzeuge zur Verfügung stehen, hat sich herausgestellt, dass das ein Irrglaube mit fatalen Folgen ist.

Und viertens: Die Konzentration auf einen einzigen Lösungsweg, zumal unter dem Druck eines akuten und gravierenden Problems wie dem einer Epidemie, kann in eine Sackgasse führen. So lag der Fokus Ende des 19. Jahrhunderts ganz darauf, die Fäkalien aus den Städten zu schaffen. Die Folge war der rasche Bau eines Ableitungssystems, bei dem Kot und Urin mit Einleitungen aus Gewerbe, Industrie und Gullys vermischt werden und danach in Flüsse und

letztlich ins Meer gelangen. Die damit verbundenen Gefahren werden lange Zeit ignoriert, weil sie nicht sofort erkennbar sind oder die geeigneten Untersuchungsmethoden noch fehlen.
Seitdem werden Lösungen gesucht für die komplexen Probleme, die sich durch die Anfangsentscheidungen beim Bau von Kanalisationen ergeben.

Die Mehrheit der Menschen lebt im 21. Jahrhundert in Städten. In Deutschland sind es derzeit 77 Prozent, Tendenz steigend. Die Städte ziehen heute gigantische Mengen Stickstoff und Phosphor in Form von Getreide, Gemüse und tierischen Produkten vom Land ab, liefern jedoch nichts landwirtschaftlich Verwertbares dorthin zurück. Stattdessen wandern die Lebensmittel durch Münder, Mägen und Därme ins Klo. Damit verschwinden die Nährstoffe in der Kanalisation.
Im 19. Jahrhundert schlägt die Menschheit eine Richtung ein, die sie zunehmend in Konfrontation zur Natur bringt. Nicht nur die Fabriken, sondern auch die Landwirtschaft ist bald industriell organisiert. Die natürliche Vielfalt von Pflanzen und Tieren stellt sich in dieser Logik als Hindernis dar, das es aus dem Weg zu räumen gilt. Für planmäßige, effiziente Produktion mit dem Ziel, möglichst billig möglichst viel Ware herzustellen, braucht es vereinheitlichtes Rohmaterial. Darum werden die zahlreichen, an die jeweiligen Umweltbedingungen gut angepassten Pflanzen- und Tierarten reduziert, die davor in der Landwirtschaft selbstverständlich waren.
Übrig bleiben ausschließlich auf das Endprodukt ausgerichtete Sorten, die maximale Erträge versprechen – mithilfe von Kunstdünger, Pestiziden, Antibiotika und anderen Techniken, die weit in die natürliche Welt eingreifen. Saatgut wird im Labor konstruiert, Anbauflächen mit riesigen Maschinen bearbeitet, Schweine am Fließband geschlachtet. All das erscheint heute als ganz normal.
Aus dieser Haltung gegenüber der Natur entstehen jedoch Kollateralschäden, die inzwischen das Überleben der Menschheit gefährden. Um die Risiken einzuschätzen, hat der heutige Leiter des Potsdam-Instituts für Klimafolgenforschung, Johan Rockström, 2009 zusammen mit 28 renommierten internationalen Wissenschaftlerinnen und Experten ein Modell entwickelt: die planetaren Belastungsgrenzen. Es berechnet, bis zu welchem Punkt die natürlichen Systeme der Erde die menschlichen Einflüsse ausgleichen können, ohne dass es zu abrupten und irreversiblen Veränderungen kommt. Seither wurde das Modell mehrfach aktualisiert, zuletzt im September 2023.[1]

Die Klimaerhitzung erfährt seit einigen Jahren zunehmend Aufmerksamkeit. Auch vom Verlust der Biodiversität ist jetzt öfter die Rede. Die völlig aus dem Gleichgewicht geratenen Phosphor- und Stickstoff-Kreisläufe dagegen, im Modell erfasst unter der etwas sperrigen Bezeichnung »Biogeochemische Flüsse«, werden in der öffentlichen Diskussion so gut wie gar nicht thematisiert. Dabei sieht die Forschung die planetaren Grenzen hier sogar noch gravierender überschritten als bei der Belastung der Atmosphäre durch klimaschädliche Gase. Liegt das Thema im toten Winkel, weil es mit dem intimen Akt zu tun hat, den wir auf dem Klo verrichten?

Die globalen Probleme, denen wir gegenüberstehen, lassen sich nicht isoliert lösen. Die gestörten Stickstoff- und Phosphor-Kreisläufe, die Klimaerwärmung, Artensterben, Wassermangel – das alles hängt miteinander zusammen. Wir brauchen darum nicht nur eine Energiewende. Ebenso dringend notwendig ist eine Sanitär- und Nährstoffwende.

Auch wenn wir von heute an kein Flugzeug mehr besteigen, auf den 30.000-Liter-Swimming-Pool verzichten und stattdessen im Passivhaus Energie sparen würden: Wie wir aktuell Lebensmittel erzeugen, essen und sie – transformiert in »dunkle Materie« – mit einem Schwall Trinkwasser verschwinden lassen, trägt wesentlich zur Zerstörung unserer Lebensgrundlagen bei. Wir können uns nicht länger leisten, das zu ignorieren.

Bevor wir uns mit der Frage befassen, wie wir aus dem Schlamassel herauskommen können, und uns ansehen, wo bereits eifrig an der Sanitär- und Nährstoffwende gearbeitet wird, brauchen wir eine Bestandsaufnahme und ein besseres Verständnis der Zusammenhänge. Los geht's.

Kapitel 3 | Unser verkanntes Organ

Lea verträgt keine Eier. Evrim darf keine Nüsse essen. Bei Luzie sind Weizenprodukte tabu, Javier ist laktoseintolerant. So etwas müssen Eltern, Erzieherinnen und Kita-Köche heute im Kopf haben. Um zu vermeiden, dass die Kinder Ausschlag, Atemnot, Blähungen, Durchfall, Bauchschmerzen oder womöglich Schlimmeres bekommen, sind verschiedenste Lebensmittel-Unverträglichkeiten zu beachten.

Als Sabine, Thomas, Birgit und Peter Anfang der 1960er-Jahre in die Grundschule gehen, gibt es noch wesentlich weniger Allergien. Und in Herthas, Rudolfs und Gertruds Kindheit ein halbes Jahrhundert davor kommen solche Abwehrreaktionen gegenüber an sich ungefährlichen Stoffen wie Weizen oder Pollen fast nicht vor.

Laut einer Schweizer Erhebung aus dem Jahr 1926 litt damals ungefähr 1 Prozent der Bevölkerung an Heuschnupfen, heute sind etwa 20 Prozent betroffen.[1] Überall, wo sich der westliche Lebensstil ausbreitet, nehmen Allergien, chronische Darmentzündungen, Schuppenflechte und andere Krankheiten zu, die auf Überreaktionen des Immunsystems beruhen.[2]

Unser inneres Ökosystem

Zwar ist schon lange bekannt, dass nicht nur in unserer Umwelt, sondern auch im menschlichen Körper Bakterien, Viren und andere Kleinstlebewesen existieren. Doch bis zum Beginn des 21. Jahrhunderts unterstellten Mediziner ihnen vor allem, Krankheitserreger oder im besten Fall irrelevant zu sein. Weder ihre Vielfalt und Menge noch ihre Funktionen sind bekannt.

Die erschließen sich erst seit Kurzem. In den vergangenen zehn Jahren sind die Erkenntnisse auf diesem Gebiet geradezu explodiert, ausgelöst von neuen Techniken zur DNA-Sequenzierung. Mit ihnen lassen sich die Erbinformationen von Organismen rasend schnell und mit viel geringerem Aufwand als früher untersuchen. Auf diese Weise ist inzwischen klar geworden, dass das aus vielen Milliarden Lebewesen bestehende System namens Mikrobiom äußerst komplex und für die menschliche Gesundheit überaus wichtig ist.

Die winzigen Mitbewohner halten sich vor allem in unserem Verdauungstrakt auf, der sich vom Mund über Speiseröhre und Magen, Zwölffinger-, Dünn- und Dickdarm bis zum After erstreckt. Im Grunde handelt es sich um einen Schlauch, der unseren Körper durchzieht. Im Lauf unseres Lebens nehmen wir im Schnitt 30 Tonnen feste Stoffe und 50.000 Liter Flüssigkeiten zu uns. Alle Nahrung und Getränke werden mithilfe der Zähne sowie von körpereigenen Säuren, Enzymen und vor allem von den Mikroorganismen im Verdauungstrakt zerkleinert und chemisch erschlossen. Die Mundhöhle ist ein Hotspot des Mikrobioms, mit Abstand am wuseligsten aber ist es im Dickdarm. 99 Prozent der mikrobiotischen Lebewesen befinden sich dort, wo unser Kot entsteht. Nach aktuellem medizinischem Verständnis liegt hier ein wichtiger Schlüssel, um die Zunahme von Allergien, Diabetes, Asthma, Autoimmunkrankheiten, Depressionen und chronischen Darmentzündungen zu erklären. Grund genug, um sich die Vorgänge an diesem Ort näher anzuschauen.

Eine Führung durch die Kackwurstproduktion

Bevor die Nahrung den Dickdarm erreicht, hat sie schon einige Stationen im Körper hinter sich. Im Mund zermahlen die Zähne Brötchen und Brokkoli, Wurst und Tofu, Kuchen und Pizza. Das Ganze wird hier außerdem mit Speichelflüssigkeit angereichert. Kokken, Bazillen, Spirillen, aber auch Pilze, Viren und Protozoen besiedeln jedes Plätzchen dieses feuchten Lebensraums. Wenn alles gut läuft, herrscht hier trotz großer Dynamik ein Gleichgewicht, das sich durch Regelkreisläufe ständig neu herstellt. Wie komplex das Ganze funktioniert, ist noch nicht vollständig verstanden.

Speichelfluss ist nicht nur ein Zeichen für Appetit, sondern sorgt auch dafür, dass alles gut durch die Speiseröhre in den Magen rutschen kann. Dort erwartet die weiter oben vorzerkleinerten Teile ein von der Schleimhaut abgesondertes, aggressives Säurebad. Ein paar Stunden verweilt der Essensbrei hier und wird dabei durch für uns nicht wahrnehmbare Bewegungen der dreischichtigen Magenwand immer wieder durcheinander gemischt. Gleichzeitig greifen Enzyme die Strukturen der verschiedenen Bestandteile an. Manche zerlegen Eiweiße, andere Kohlenhydrate. Der Pförtner am Ausgang des Magens lässt nur passieren, was einen kleineren Durchmesser als einen Millimeter hat.

Als Nächstes geht es in den drei bis fünf Meter langen Dünndarm. Er ist vielfach eingefaltet und windet sich durch unseren Unterleib. Um ihn vor gefährlichen Stoffen oder Keimen zu schützen, ist er vollständig mit einer Schleimschicht ausgekleidet. Im ersten Abschnitt werden Sekrete aus der Bauchspeicheldrüse sowie Gallensaft zugesetzt, um Fette zu zersetzen. Auf den folgenden Metern geht es dann darum, die nützlichen Stoffe aus der Nahrung in den Körper aufzunehmen. Die Wand des Dünndarms besteht aus einem dichten Teppich millimetergroßer Zotten, an denen jeweils tausende dünner Fäden hängen, Mikrovilli genannt. Die Gesamtheit aller Falten und Ausstülpungen würde, könnte man sie auslegen, etwa 200 Quadratmeter bedecken – ein ganzer Tennisplatz.

Die Mikrovilli nehmen Nährstoffmoleküle auf und überführen sie ins Blut. Wie leicht ihnen das gelingt, hängt davon ab, was der Mensch zu sich genommen hat. Kohlenhydrate aus Weißmehl oder raffiniertem Zucker, von der Industrie gerne als Füllstoff für hochverarbeitete Lebensmittel eingesetzt, verstoffwechselt der obere Teil des Dünndarms und verschiebt die Nährstoffe dann gleich in den Fettspeicher. Nährstoffe aus komplexerer Nahrung wie Obst, Gemüse, Vollkornbrot oder Hackfrüchte können dagegen erst weiter unten im Dünndarm aufgeschlossen werden. »Deshalb hinterlässt leicht verdauliches Fast Food kein so bleibendes Sättigungsgefühl wie naturbelassene Nahrung, macht sich aber auf der Waage stärker bemerkbar. Ebenso sättigen auch kalorienreiche Zuckerlimonaden kaum, obwohl sie den Körper mit Kalorien überschwemmen«, so Richard Lucius, emeritierter Biologieprofessor aus Berlin.[3]

Die Passage durch den Dünndarm verläuft vergleichsweise schnell. Nach drei bis acht Stunden – je nach Zusammensetzung – erreicht der Nahrungsbrei den Dickdarm, und ein vegetativ funktionierender Schließmuskel verhindert, dass er von dort zurückfließen kann.

Im Dickdarm geht es sehr gemütlich zu. Etwa im Halbstundentakt zieht sich der rund sechs Zentimeter weite Schlauch zusammen, knetet den Inhalt und schiebt ihn gemächlich vorwärts. Das Wasser gelangt durch die Schleimhaut größtenteils in den Körper, die Reststoffe dicken immer mehr ein. Ein bis zwei Tage dauert es, bis der Kot »fertig« ist und den Körper in Richtung Kloschüssel verlässt.

Der Dickdarm als Lebensraum

Etwa 40 Billionen Mikroorganismen und vielleicht sogar noch viel mehr kommunizieren, kooperieren und konkurrieren in unserem Darm. Und nicht nur das: Auch unser Gehirn ist in das überaus komplexe Netzwerk involviert. Viel umfangreicher als alle anderen Organe ist unser Verdauungstrakt mit Nervenzellen bestückt.
Gut ein Kilogramm wiegen die kernlosen Einzeller bei einem durchschnittlichen Erwachsenen. Die meisten Bakterienarten sind friedlich und erbringen für den menschlichen Körper vielfältige Dienste, wenn sie ihnen zuträgliche Nahrung erhalten. Eine Win-win-Situation: Wir bieten den Kleinstlebewesen ein Zuhause und Futter – sie sorgen dafür, dass unser Körper mehr Bestandteile der Nahrung zur Energieversorgung nutzen kann. Und zusätzlich helfen sie noch, krankmachende Keime abzuwehren.[4]
Denn natürlich gibt es auch Bakterien, Viren und Pilze, die uns gefährlich werden können, insbesondere, wenn sie in überproportionaler Menge auftreten. Mit einem kleinen Trupp pathogener Mikroorganismen, der uns durchquert, oder auch einzelnen, die sich in uns ansiedeln, kommt ein gesundes Mikrobiom meist zurecht. Im Grunde führt die Vorstellung, dass bestimmte Arten gut und andere böse sind, jedoch in die Irre.
Bakterien reagieren auf ihre Umgebung und die dort herrschenden Bedingungen, und das wirkt sich entsprechend aus. Auch unsere nützlichen Helfer können anfangen, unsere Darmwand anzuknabbern, und dann Entzündungen verursachen, wenn wir sie darben lassen; schließlich wollen sie nicht verhungern. Genau das droht, wenn wir zu wenig Ballaststoffe zu uns nehmen, wie sie etwa in Obst und Gemüse, Hülsenfrüchten, Samen und Vollkornprodukten stecken. Cellulose, aber auch andere Inhaltsstoffe von pflanzlichen Zellwänden wie Pektin oder Schleimstoffe in Getreidekörnern, können im

Dünndarm nicht verarbeitet werden und landen unverdaut im Dickdarm. Das klingt ungünstig, ist aber ein Segen. Denn dort sind sie das Lieblingsfressen des Mikrobioms. Unter Sauerstoffabschluss fermentiert es die eintreffenden Ballaststoffe, ernährt sich davon und gibt seinem Wirt Mensch auch noch etwas davon ab. Bis zu zehn Prozent der Kalorien, die wir aus der Nahrung beziehen, liefert uns das Mikrobiom im Dickdarm.[5]

Der Körper erkennt bestimmte Kleinstorganismen als Nützlinge und bekämpft sie deshalb nicht. Im Gegenteil: Einige Aufgaben hat er an den Untermieter Mikrobiom übertragen. So ist eine gut aufgestellte Mikroben-Wohngemeinschaft in der Lage, das Immunsystem des Menschen zu beruhigen. Die Bakterien haben seinen Organismus nämlich nicht nur darauf trainiert, auf sie selbst nicht mit Abwehr zu reagieren, sondern auch tolerant gegenüber zum Beispiel Laktose oder Gluten zu sein.[6]

Seit wir jedoch angefangen haben, überproportional viel Fleisch zu essen und die Ernährungsindustrie uns hochverarbeitete Lebensmittel und Fast Food liefert, hat sich die Lebensgrundlage des Mikrobioms im Darm massiv verändert. Neben dieser Art von Ernährung haben manche Medikamente, insbesondere Antibiotika, Verwüstungen angerichtet. Altbekannte, gut auf die Wechselwirkungen mit den Reaktionen unseres Körpers eingespielte Mitbewohner sind verschwunden oder werden von anderen Arten verdrängt, die diese Qualitäten nicht besitzen. Immer mehr Wissenschaftlerinnen gehen heute davon aus, dass sich deshalb Allergien und andere Entzündungskrankheiten so stark ausgebreitet haben.[7] Auch Multiple Sklerose, Arthritis und Diabetes Typ 1 zählen dazu. Immer deutlicher zeigt sich: Ausgerechnet der Körperteil, wo der so stark tabuisierte Stoff entsteht, spielt eine Schlüsselrolle für unsere Gesundheit.

Jede Wohngemeinschaft ist einzigartig

Das Innenleben des Dickdarms ist bei jedem Menschen individuell zusammengesetzt. Manche Wissenschaftler gehen so weit, zu sagen, dass sich Menschen anhand ihres ganz persönlichen Mikrobioms identifizieren ließen wie durch einen Fingerabdruck oder ein DNA-

Profil. Zugleich ähneln sich die Mikrobiome von Bevölkerungsgruppen, die in gemeinsamer Umgebung und auf ähnliche Weise leben. Zentrale Einflussfaktoren für das, was im Dickdarm kreucht und fleucht, sind neben dem, was wir zu uns nehmen, Bewegung und vor allem die Umgebung in der Kindheit.

In den ersten drei Lebensjahren entsteht die Grundausstattung. So kitschig es für manche klingen mag: Wer auf einem Biobauernhof aufwächst, sammelt eine wesentlich größere Vielfalt an Bakterien und anderen Mikroorganismen ein als Kinder in der Stadt. Das Gleiche gilt für eine normale Geburt im Vergleich zum Kaiserschnitt: Das Baby bekommt dabei eine große Menge Bakterien von der Mutter für die Erstbesiedelung von Mund und Darm mit. Und das ist ein Vorteil, kein Nachteil. Was hingegen in den ersten Lebensjahren – zum Beispiel durch Antibiotika – verloren geht, kann oft ein Leben lang nicht wieder angesiedelt werden.

Mit Abstand am diversesten ist heute die Darmbewohnerschaft von Bevölkerungen, die naturnah leben, mit viel Kontakt zu Boden und Tieren; das belegen Studien über Gruppen in der Zentralafrikanischen Republik, Peru und Kamerun.[8] Ob es sich um Sammler und Jäger handelt oder um Menschen, die traditionelle Landwirtschaft und Selbstversorgung betreiben, spielt dabei keine Rolle.

Gutes Futter, gutes Mikrobiom – und umgekehrt

Wer hätte es ahnen können: Der »westliche« Lebensstil hat die Vielfalt in unserem Dickdarm verarmen lassen. Ein Großteil der Lebensmittel, die wir in Supermärkten kaufen, sind mehr oder weniger hoch verarbeitet und enthalten meist große Mengen Zucker als billigen Füll- und Geschmacksstoff. Das reicht von Fertigpizza über Schoko-Frühstücksflocken bis zu Ketchup und Toastbrot. Die Hälfte der Bewohnerschaft Deutschlands entscheidet sich beim Einkauf inzwischen für die schnelle Küche.[9] Vieles müssen wir nur noch kurz in der Mikrowelle aufwärmen oder können es gleich in den Mund schieben.

Weil dadurch nur noch wenig Ballaststoffe im Dickdarm ankommen, sind nützliche Mitbewohner verhungert.[10] Dass wir keimfreies Wasser trinken und Zugang zu Spülklos haben, bewahrt uns vor Krankheiten, und auch Desinfektionsmittel haben einen Nutzen. Sie radieren aber auch nützliche Mikroben aus. Zusammen mit einer wenig vollwertigen Ernährung bewirken diese Hygienepraktiken, dass unsere Darmflora eher den Monokulturen einer industriellen Landwirtschaft ähnelt als einem bunten Naturgarten.

Auch Antibiotika haben ohne Zweifel schon vielen Menschen das Leben gerettet, bedrohen inzwischen aber die Abwehrkräfte der Bevölkerung insgesamt – ähnlich wie Pestizide die Selbstregenerationskräfte der Natur. Die Tatsache, dass viele von uns die meiste Arbeitszeit sitzend in Innenräumen verbringen und ansonsten den Körper vor allem transportieren lassen statt ihn selbst zu bewegen, verstärkt den Effekt noch.

Dieser Lebensstil hat sich inzwischen auf der ganzen Welt verbreitet, mitsamt den unerwünschten Nebenwirkungen wie Übergewicht, Allergien und Darmentzündungen. Laut Berichten der Weltbank leiden rund zwei Milliarden Menschen weltweit an Übergewicht bis hin zu Adipositas. Seit 1995 hat sich die Zahl der Betroffenen verdreifacht. Die volkswirtschaftlichen Kosten sind horrend und werden absehbar weiter steigen. Die Weltbank warnt vor einer »tickenden Zeitbombe«.[11]

Gesundheits-Killer aus der Industrieküche

320 Lebensmittelzusatzstoffe sind in Deutschland erlaubt. Sie sollen Fett streichfähig und Teig locker, Joghurt fruchtiger und Wurst schön rot machen. Andere dienen dazu, die Schaumbildung während der Produktion zu unterdrücken, einen Riegel in Form zu halten oder schlicht das Volumen aufzublasen. Konsistenz und Struktur, Geruch und Geschmack, Farbe und Haltbarkeit – alles versucht die Industrie bei ihren Produkten zu optimieren. Möglichst kostengünstig, versteht sich, und auf eine Art, die einen störungsfreien Herstellungsprozess sicherstellt.

Die meisten dieser Zusatzstoffe wurden vor Jahrzehnten zugelassen, als noch niemand etwas vom Mikrobiom ahnte, geschweige denn von möglichen Wirkungen der Chemikalien auf die Artenvielfalt in unserem Verdauungssystem. Untersucht wurden sie auf Giftigkeit – und direkt giftig sind sie nicht. Wahrscheinlich ist ein Großteil der Substanzen tatsächlich harmlos. Doch in vielen Fällen bleibt es bei der Vermutung, weil ihre Wirkung schlicht nicht vollständig untersucht ist.

Bei einigen Lebensmittelzusatzstoffen gibt es inzwischen deutliche Hinweise, dass sie dem Mikrobiom schaden. Dazu zählen bestimmte Emulgatoren wie Natrium-Carboxymethylcellulose (CMC), kurz E466 genannt. Der Stoff macht Flüssigkeiten zäher, sodass Eis cremiger oder Tortenüberzüge und Tabletten stabiler werden. Häufig setzen die Hersteller die cellulosehaltige Substanz bei kalorienreduzierten Lebensmitteln, Kaugummis, Dipps, Mayonnaisen oder Fertigsaucen ein. Darüber hinaus kommt E466 in der Windel- und Waschpulverindustrie sowie bei Baustoff-, Papier- und Klebstoffherstellern zum Einsatz.[12] Die Europäische Behörde für Lebensmittelsicherheit hatte CMC als unbedenklich eingestuft und deshalb keine Mengenbegrenzung empfohlen.

Aufgrund von Zweifeln an dieser Bewertung hat eine Arbeitsgruppe an der Berliner Charité vor einigen Jahren Mäusen geringe Mengen CMC ins Futter gemischt. Es stellte sich heraus, dass sich dadurch bestimmte Bakterien massiv vermehrten und die Darmschleimhaut der Tiere angriffen.[13] Nach Verabreichung anderer Emulgatoren zeigten Mäuse Verhaltensänderungen: Die weiblichen Nager wurden unsozial, die männlichen ängstlich, einige bekamen eine Vorstufe von Krebs. Zwar sind Mäuse keine Menschen. Eine gewisse Skepsis, dass Emulgatoren harmlos sind, scheint dennoch angebracht.[14] Auch die Kontrollbehörden sind inzwischen aufmerksam geworden und recherchieren. Doch die Lebensmittelindustrie will den Stoff gerne weiterverwenden, und zunächst bleibt E466 unverändert auf dem Markt.

Angstgegner Krankenhauskeime

Antibiotika haben die Aufgabe, krankmachende Bakterien zu vernichten. Dabei erwischen sie in der Regel aber auch viele andere Mikroorganismen. Menschen mit einer dadurch geschwächten Darmflora haben ein erhöhtes Risiko, sich beispielsweise *Clostridioides difficile* einzufangen, besser bekannt unter dem Namen Krankenhauskeime, weil sie verbreitet in Kliniken anzutreffen sind und dort Patientinnen infizieren. Bei einem angegriffenen Mikrobiom haben es die stäbchenförmigen Erreger leicht, sich mithilfe eines Gifts immer mehr Raum im Dickdarm zu verschaffen und andere Mikroorganismen zu verdrängen. Menschen mit einer solchen Infektion leiden an starken Bauchschmerzen und Durchfallattacken. Sie verlieren massiv an Gewicht und trauen sich oft nicht mehr, das Haus zu verlassen: Die Krankheit zwingt sie, immer in der Nähe einer Toilette zu verweilen. Im schlimmsten Fall kann die Krankheit sogar tödlich enden.

Die Zahl der Menschen, die sich mit Krankenhauskeimen infizieren, steigt rasant. Zunächst werden sie meistens mit einem weiteren Antibiotikum behandelt. Doch bei einem Viertel der Patienten zeigt das keine Wirkung. Inzwischen gibt es in Deutschland, Österreich und der Schweiz Kliniken, in denen Betroffene mit einer Therapie namens Fäkale Mikrobiota-Transplantation (FMT) behandelt werden – in den meisten Fällen mit gutem Erfolg. Dabei bekommen die Patientinnen den aufbereiteten Stuhl eines Gesunden. Die Kochsalzlösung wird entweder direkt im Darm platziert, oder die Patienten müssen Kapseln schlucken, was als effektiver gilt.

QUALITÄTSKOT GESUCHT

In Deutschland unterliegen Stuhltransplantationen dem Arzneimittelgesetz. Potenzielle Kot-Spendende dürfen weder Autoimmunkrankheiten noch Lebensmittelallergien haben und im vergangenen halben Jahr weder im Krankenhaus gelegen noch tätowiert worden sein.[15]

Während hierzulande der Stuhl für jede Transplantation vom Krankenhaus präpariert werden muss, gibt es in Hongkong und in den USA schon länger Kot-Banken. Die größte ist die Non-Profit-Organisation OpenBiome, gegründet von Studierenden des Massachusetts Institute of Technology. Sie zahlt Spenderinnen 40 Dollar pro Haufen und verschickt die Präparate an Kliniken im ganzen Land. Schon 64.000 Patienten sind nach Angaben der Firma bis Anfang 2023 behandelt worden.

Dass dabei von einer Transplantation gesprochen wird, passt zu der von einigen Experten geteilten Auffassung, dass es sich beim Mikrobiom sogar um ein eigenes Organ handelt. Anders als bei »echten« Organverpflanzungen oder Stammzelltransplantationen müssen Spenderinnen und Empfänger nicht speziell füreinander ausgesucht werden. Weil keine Abstoßungsreaktionen zu erwarten sind, gibt es auch keinen Anlass, das Immunsystem vorübergehend zu unterdrücken. Vorausgesetzt, der Stuhl wurde vorher ausreichend untersucht und enthält keine Krankheitserreger, sind die meisten Patientinnen wenige Tage nach der Behandlung beschwerdefrei.
Inzwischen erforschen mehrere Institute, ob Stuhltransplantationen auch bei anderen Darmerkrankungen wie Morbus Crohn oder der chronischen Darmentzündung Colitis ulcerosa helfen können. Vermutlich können die Patienten in diesen Fällen jedoch nicht einfach irgendein anderes gesundes Mikrobiom bekommen, das ist dann schon etwas komplizierter.

Kot-Copyright

Beim Projekt Microsetta, initiiert von Wissenschaftlerinnen der University of California, werden Stuhlproben von Leuten aus möglichst vielen Ländern analysiert, um die Mikrobiom-Forschung voranzutreiben.[16] 2018 hatten schon 10.000 Menschen eine Kotspende für die Wissenschaft abgegeben.
Als Zwischenergebnis zeigte die Studie einen direkten Zusammenhang zwischen einer vielfältigen pflanzlichen Ernährung und einem vielfältigen und entsprechend robusten Mikrobiom. Die Forscher freuen sich weiterhin über Einsendungen – *be a citizen scientist!*[17]
Auch andere Forscher aus den USA sammeln in aller Welt Stuhlproben ein, um das Mikrobiom darin zu untersuchen und für neue Medikamente und Therapien nutzbar zu machen. So war 2017 eine Delegation in Südost-Kamerun unterwegs, um Fäzes der BaAka zusammenzutragen. Das Volk lebt traditionell davon, zu jagen, zu fischen und zu sammeln. Viele von ihnen sind jedoch zunehmend auf Lohnarbeit angewiesen, weil ihre Heimat durch Holzeinschlag zerstört wird. Damit verschwinden Tiere und Pflanzen, von denen sie zuvor

gelebt haben – und so wird absehbar auch ihr Mikrobiom verarmen. Nun soll zumindest ihr Kot gesichert werden, bevor viele Bakterien verloren gehen, die für die Menschheit vielleicht noch einmal nützlich sein könnten.[18]

Zwar gehören die Mikrobiom-Muster offiziell weiterhin denjenigen, aus deren Kot sie stammen. Sie haben auch das Recht, die Verwendung zu widerrufen. Doch wie schon früher, wenn sich Industriestaaten einfach selbst irgendwo auf der Welt an Werten bedienten, die ihnen nicht gehörten, dürfte es schwer sein, solche Rechte tatsächlich durchzusetzen. Davon abgesehen finden es viele Menschen wohl eher absurd, ihre Haufen als Privateigentum zu begreifen, das sich »in Wert setzen« lässt.

Scheiße im Tresor

Vieles spricht dafür, dass ein erheblicher Teil der Bakterien, die einst menschliche Därme bevölkerten, ausgestorben ist. Das legt die Zusammensetzung von Koprolithen nahe – versteinerte menschliche Exkremente, die bei archäologischen Ausgrabungen gefunden wurden. Diese uralten Würste können nicht nur viel darüber erzählen, was jemand gegessen hat, der sie hier vor Tausenden von Jahren abgelegt hat. Auch das Mikrobiom seines Darms lässt sich daraus zuweilen noch rekonstruieren. Dabei wurde entdeckt, dass der Dickdarm unserer Vorfahren von wesentlich mehr verschiedenen Bakterien bevölkert war als unserer – ein Überlebensvorteil, wenn sich eine Änderung der verfügbaren Nahrung oder bei den Umweltbedingungen ergab. Etwa 40 Prozent der in Koprolithen enthaltenen Mikroorganismen war den Wissenschaftlern in der Gegenwart noch nie begegnet – offenbar, weil sie ausgestorben sind.[19]

Dem Verschwinden von Kleinstlebewesen aus dem menschlichen Darm wird nicht aus rein archäologischen Gründen Aufmerksamkeit geschenkt. Inzwischen gibt es mehrere Initiativen für Stuhlbanken, um Mikrobiome in die Zukunft zu retten. Vorbild nicht nur für das am weitesten vorangeschrittene Projekt, Microbiota Vault, ist der Saatguttresor auf Spitzbergen. Dort lagern seit 2008 im ewigen Eis Millionen Samenproben von Nutzpflanzen, die im Freiland weitgehend verschwunden sind. Das Saatgutarchiv gilt als überlebenswichtig. Seit weltweit auf den meisten Feldern nur noch ein paar Hochertragssorten wachsen, ist ein Großteil der einst lebendigen, von Bäuerinnen und Bauern in 12.000 Jahren geschaffene Nutzpflanzenvielfalt verschwunden. Außerdem haben die Saatgutkonzerne dafür gesorgt, dass sich die meisten Gemüse- und Getreidesorten heute nicht mehr selbst vermehren und damit auch nicht an sich verändernde Umweltbedingungen anpassen können. Die Pflanzen und die Kundschaft sind abhängig von den Entscheidungen profitorientierter Unternehmen.

Dieses System birgt ein Risiko, zu dem wir bei Geldanlagen niemandem raten würden: Wir setzen alles auf eine Karte: die Hochertragssorten. Sollten sie von Krankheiten heimgesucht werden, drohen Ernteausfälle in ungeheurem Ausmaß. Um danach neue, besser passende Pflanzen züchten zu können, ist der Rückgriff auf alte Sorten unerlässlich.

Auf ähnliche Weise – und aus ganz ähnlichen Gründen – soll nun auch das menschliche Mikrobiom archiviert werden. Der erste internationale Kot-Tresor soll in der Schweiz entstehen, wahrscheinlich in einem Militärbunker in den Alpen. Möglicherweise folgen andere Standorte. Geplant ist, die heute noch existierende Vielfalt menschlicher Darminhalte einzufrieren. Rund 100.000 Proben sollen analysiert, dokumentiert, mit Konservierungsstoffen vermischt und in kleine Röhrchen verpackt werden. Bei 80 Grad Minus lagern sie dann dauerhaft in riesigen Tiefkühltruhen. Beteiligt am Projekt Microbiota Vault sind viele internationale Forschungseinrichtungen, darunter die Universitäten Lausanne und Basel, die ETH Zürich und die Universität Kiel.[20] Die erklärte Vision ist es, eine Voraussetzung für die Entwicklung künftiger Therapien gegen Umwelterkrankungen zu schaffen – mithilfe eines gesunden Darm-Mikrobioms.

Dass zu diesem Zweck insbesondere der »hochwertige« Kot von heute noch relativ naturnah lebenden Bevölkerungen geschützt werden soll, nicht aber die Menschen selbst mit ihrer Umwelt und ihrer Lebensweise, ist geradezu zynisch. »Angenommen wir finden heraus, dass es Bakterien gibt, die Menschen dabei helfen, Übergewicht zu vermeiden – aber sie wären bei uns verschwunden [...]. Vielleicht könnten wir sie der Bevölkerung zurückgeben. Vielleicht würden wir sie kleinen Kindern geben, sodass sie ihr Leben unter Voraussetzungen beginnen können wie ihre Vorfahren«, zitiert das Wissenschaftsmagazin Inverse den US-Mikrobiologen Martin Blaser, Mit-Initiator von Microbiota Vault.[21] Man will also das Mikrobiom von Indigenen für die »moderne« Menschheit retten, bevor auch sie es aufgrund einer aufgezwungenen »modernen« Lebensweise verlieren – oder als Gruppe schlichtweg ausgestorben sind.

Vertreterinnen indigener Bevölkerungen reklamieren, dass ihr Umgang mit der Natur zukunftsfähiger sei als die Lebensweise in hochindustrialisierten Ländern. Sie wehren sich gegen neue Formen des Kolonialismus und wollen nicht benutzt werden als Lieferanten von Ersatzteilen, aus denen große Konzerne Produkte entwickeln und Profit schlagen. Zudem protestieren sie dagegen, dass europäische und nordamerikanische Wissenschaftlerinnen die akademischen Lorbeeren einsammeln und heimische Forscher häufig nicht an den Veröffentlichungen beteiligen.

Sie wollen stattdessen mitbestimmen über die Gesamtausrichtung der Projekte – oder sie am besten gleich selbst lenken, wie beim Native BioData Consortium. Dahinter stehen Wissenschaftler indigener Herkunft aus den USA und Mexiko, die Therapien für ihre eigenen Leute entwickeln möchten und dafür Daten in ihrer Community erheben. Diese bleiben intern und können nicht von anderen Forschungseinrichtungen oder Konzernen genutzt werden. Damit will das Projekt der Gefahr erneuter neokolonialer Aneignung einen Riegel vorschieben.[22]

Neues Weltbild durch neue Technik

Anfang des Jahrtausends verfolgt die Öffentlichkeit mit Spannung das Wettrennen von zwei Forschungsteams zur Entschlüsselung des menschlichen Genoms. Enorme Hoffnungen für eine personalisierte Medizin sind damit verbunden. Als die Projekte 2001 fast zeitgleich fertig werden, ist die Überraschung groß: Die Menschheit ist zu 99,9 Prozent genetisch identisch ausgestattet. Noch erstaunlicher:

Unser Erbgut besteht aus nicht mehr als 22.000 bis 25.000 Genen – deutlich weniger als bei einem Wasserfloh, bei dem knapp über 31.000 Gene gefunden werden.

Darauf folgt ein Quantensprung der Erkenntnis, ermöglicht durch die sich rasend schnell entwickelnde DNA-Sequenzierungstechnik. Bald kann nicht nur das gesamte Erbgut eines Lebewesens binnen weniger Stunden und zu geringen Kosten bestimmt werden. Auch für die Erforschung des Mikrobioms ist die neue Technik bahnbrechend. Nun ist es nicht mehr nötig, die winzigen Mikroorganismen in einer Nährlösung außerhalb des menschlichen Körpers zu vermehren, um sie untersuchen zu können – eine Methode, die nicht nur aufwendig ist, sondern oft auch nicht funktioniert, weil viele Darmbewohner keinen Sauerstoff vertragen.

Stattdessen können Computer die Mikroorganismen nun anhand ihrer Gensequenzen identifizieren. Als Probe wird dafür lediglich ein Stück Kot oder ein bisschen Spucke gebraucht. Und welch eine Überraschung: Die Bewohnerschaft des menschlichen Darms verfügt über fast zehn Millionen nicht redundante Gene. Das sind 400-mal so viele wie beim Menschen selbst.[23] Unsere Komplexität fußt offenbar nicht in erster Linie auf unserer eigenen genetischen Ausstattung, sondern basiert in großem Umfang auf dem Zusammenspiel mit unserem Mikrobiom. Inzwischen gehen Wissenschaftlerinnen davon aus, dass über 10.000 Bakterienarten im und auf dem Menschen siedeln; außer in unserem Dickdarm noch im Mund, im Genitalbereich und auf der Haut.[24]

Wie funktioniert die Sequenzierung?

Theda Bartolomaeus nutzt DNA-Sequenzierung täglich für ihre Arbeit. Die junge Wissenschaftlerin arbeitet am Experimental and Clinical Research Center (ECRC) in Berlin-Buch, einer gemeinsamen Einrichtung des Max-Delbrück-Centrums für Molekulare Medizin und der Charité. Bartolomaeus gehört zu einem Forschungsteam, das sich mit dem Zusammenspiel von Mensch und Mikrobiom beschäftigt und herausfinden will, unter welchen Umständen bestimmte Krankheiten entstehen.

Dafür untersucht die studierte Lebensmittelchemikerin Stuhlproben. Ein Drittel der festen Bestandteile sind tote oder noch lebende Bakterien, die Auskunft darüber geben können, was im Darm los ist – vorausgesetzt, der Kot wird möglichst schnell konserviert, nachdem er den Menschen verlassen hat. Ansonsten besteht die Gefahr, dass Organismen aus der Umgebung die Probe verändern oder die noch lebenden Bakterien sich rasend schnell vermehren und zu falschen Ergebnissen führen.

Die 31-Jährige hat sich für ihre Masterarbeit damit beschäftigt, wie Wissenschaftlerinnen an ihren Untersuchungsgegenstand herankommen können. Im Prinzip wäre es am günstigsten, wenn die Forscher sofort ein Löffelchen aus der Mitte des Haufens entnehmen und den Kot dann mit Trockeneis auf 80 Grad minus herunterkühlen könnten. Doch in der Praxis ist das nicht umsetzbar. Auch mit dem Ansatz, ihre Kotproben in der eigenen Kühltruhe zwischenzulagern, können sich viele Leute nicht anfreunden. Deshalb bekommen die Probanden das Labor jetzt mit nach Hause, in Form eines kleinen Röhrchens mit Flüssigkeit, das sie schütteln sollen, nachdem sie ein Bröckchen aus der Mitte des Kots eingefüllt haben. Die Flüssigkeit tötet alle Organismen und erhält zugleich ihre genetische Substanz. So trifft die Kotprobe beim ECRC ein.

Danach gilt es, die DNA der Bakterien zu isolieren. Sie sollen schließlich nicht mit Pflanzenresten aus der Nahrung oder abgestorbenen menschlichen Zellen verwechselt werden, die ebenfalls Bestandteil der Exkremente sind. Zum Glück haben alle Bakterien eine bestimmte Sorte Gene, die sich von denen in Zellkernen unterscheiden. Um an das Erbgut der Bakterien zu kommen, füllt Bartolomaeus die Flüssigkeit aus dem Probenbehälter eines Patienten mit einer Pipette in ein anderes, mit winzigen Steinen gefülltes Röhrchen. Danach stellt sie dieses in einen laut brummenden Homogenisierer. Anschließend rotiert das Gefäß noch eine Minute lang in einer Zentrifuge.

»Die Steine zerstören die Membran der Bakterien, aber ihre DNA ist stabil und bleibt erhalten«, erklärt die Biologin. Rund zehn Minuten und weitere Arbeitsschritte später ist die durchsichtige Flüssigkeit bereit, um an ein Sequenzierungslabor geschickt zu werden. Ein winziger Tropfen davon wird dort auf ein Messgerät aufgebracht, und der Computer gleicht die Gensequenzen mit einer Datenbank ab. Für circa 30 Euro bekommt das ECRC eine Datei mit den gefundenen Bakterien geliefert.

Manche Arten sind nur einmal vertreten, andere mehrere tausend Mal. Allerdings enthält die Liste auch etliche Fragezeichen. In diesen Fällen kann der Computer lediglich die Bakterienfamilie herausfinden – oder die DNA gar nicht zuordnen. »Es gibt noch ziemlich viele Lücken. Was nicht in der Datenbank hinterlegt ist, kann nicht identifiziert werden«, so Bartolomaeus. »Die Evolution bei Bakterien ist extrem schnell, das Mikrobiom verändert sich dauernd. Essen, Bewegung, aber auch Klimawandel oder der Boden haben Einfluss. Selbst wenn wir alles identifizieren könnten, hätten wir immer nur eine Momentaufnahme«, fasst die junge Forscherin zusammen.

Dennoch führen die neuen Sequenzierungsmethoden zu enormen Kenntnissprüngen, die den Kopf schwirren lassen. Denn plötzlich ist klar, dass Mikroorganismen Fähigkeiten haben, die man ihnen nicht zugetraut hätte. So können beispielsweise zwei Arten gemeinsam Moleküle mit völlig neuen Fähigkeiten erzeugen, was die Forscherinnen bei der getrennten Betrachtung der beiden Spezies nicht erwartet hatten. Und um die Sache noch komplexer zu machen: Bakterien sind in der Lage, ihre Gene nicht nur an ihre »Nachkommen« weiterzugeben, sondern auch mit anderen auszutauschen – wodurch der Begriff »Art« fließend wird.

Außerdem können genetisch identische Organismen unter anderen Umweltbedingungen spontan ihre Form wechseln oder sich anders verhalten.[25] All das kann in rasendem Tempo geschehen, denn eine Bakteriengeneration lebt bei manchen Arten nur 20 Minuten.

Dass das Mikrobiom jedes Menschen individuell ist, erschwert in diesem Zusammenhang den Erkenntnisgewinn. »Wie sollen Mediziner da wissen, was gut oder schlecht ist? Für die Forschung sind solche Einzigartigkeiten problematisch […] Wir wollen Muster erkennen«, schreibt Giulia Enders in ihrem Bestseller *Darm mit Charme*.[26] Und wenn ein Muster entdeckt wurde, hilft es manchmal dennoch nicht weiter. So gehören beispielsweise EHEC zur Familie der massenhaft im Darm vorkommenden Bakterien Escherichia coli, ihre Unterschiede sind verschwindend gering. Nur dass diese harmlose Darmbewohner sind und EHEC ein Toxin bildender, der bei den Gesundheitsbehörden als Krankheitserreger gemeldet werden muss, weil er starken Durchfall und Blutungen auslösen kann.[27]

The big picture – ein Blick aus der Vogelperspektive

Was und wie wir heute essen und was in unserem Darm los ist, hat also Auswirkungen – und Ursachen. Immer weniger Menschen kochen. Sie haben es nicht gelernt oder im Alltag keine Zeit dafür. Fast Food ist sowohl Ursache als auch Folge davon; damit verknüpft sind so unterschiedliche Bereiche wie Bildung, Gesundheit, Landwirtschaft, Transport und Logistik, Welthandel, Rechtssystem und Forschung – um nur einige zu nennen.

Zu verstehen ist unsere heutige Esskultur und die damit einhergehende Verarmung unseres Mikrobioms nicht ohne die wirtschaftlichen Strukturen. Konzerne wie Nestlé, McDonalds oder Aldi sind durch Konzentrationsprozesse entstanden, die für den Kapitalismus charakteristisch sind: Die Großen schlucken die Kleinen. Das zwingt Lieferanten, große, homogene Mengen zu produzieren und dafür entsprechende Land- und Verarbeitungsmaschinen anzuschaffen. Ingenieure müssen die Techniken dafür entwickeln, Biologen das passende Saatgut, Chemiker Pestizide. Das wiederum bleibt nicht ohne Auswirkungen auf die akademische Ausbildung und die Vergabe von Forschungsgeldern.

Gesetzliche Grenzwerte, welche Mengen eines Stoffs pro Hektar Ackerfläche oder pro Kubikmeter Trinkwasser als ungefährlich gelten, sind nicht naturgegeben, sondern werden definiert und hin und wieder auch geändert. Für unser Gesundheits- und Sozialversicherungssystem ist Fast Food ebenfalls hoch bedeutsam: Aufwand und Kosten für die Behandlung von Adipositas, Herz-Kreislauf-Erkrankungen und Allergien sind exorbitant gestiegen. Für Influencer und andere Multiplikatoren, die sich dafür bezahlen lassen, dass sie Werbung machen für Energy-Drinks und Tiefkühlpizza, haben sich durch *convenience food*, »bequemes Essen«, neue Einnahmequellen aufgetan. Auch Blogs zum selber Tortenbacken, Gemüse fermentieren oder Brot backen können sehr erfolgreich sein; nennenswert Geld fließt aber erst, wenn Marken ins Spiel kommen.

Und jetzt?

Wer anfängt darüber nachzudenken, kommt vom Hölzchen aufs Stöckchen. Was war nochmal die Ausgangsfrage? Ach ja, wie unsere heutige Esskultur entstanden ist und was sie mit der Verarmung des Mikrobioms in unserem Darm zu tun hat – und wie gegengesteuert werden könnte.

Was wir wissen, ist, was ein gut funktionierendes Mikrobiom braucht und was es schädigt. Was wir nicht wissen und wahrscheinlich nie wissen werden, ist, wie die Rolle jeder einzelne Art und ein Großteil der Abläufe im Detail aussehen. Doch das ist auch gar nicht nötig, um Krankheiten vorzubeugen und viele hoffentlich auch heilen zu können. Wir erinnern uns: Prinzipiell ist nicht die individuelle Leistung oder Zerstörungskraft einzelner Mikroorganismen entscheidend, sondern ihr Zusammenspiel. Eine große Diversität hält das System in Balance und ermöglicht Auswege, wenn Probleme oder Umweltveränderungen auftauchen. In der Wirtschaft würde man sagen: breit aufgestellt sein.

Und was heißt das nun konkret? Wie können wir dafür sorgen, dass nicht immer mehr Menschen an Allergien und Darmentzündungen leiden? Die Antwort ist eigentlich simpel: Viel ballststoffreiche Nahrung, Naturkontakt und Bewegung insbesondere in den ersten Lebensjahren. Dadurch löst sich das Problem zwar nicht sofort. Zu viel Vielfalt ist verloren gegangen, und die Vergangenheit lässt sich nicht mehr ändern. Aber die Zukunft ist gestaltbar.

Auch wenn wir die Gruppendynamik in unserem Dickdarm nicht wirklich verstehen, können wir dafür sorgen, dass es unseren Mitbewohnern im Darm so gut wie möglich geht und künftige Generationen wieder bessere Startbedingungen haben. Wäre doch eine gute Nachricht, wenn die Kinder von Lea, Evrim, Luzie und Javier wieder ohne Probleme Nüsse, Eier und Weizenbrot essen könnten.

Kapitel 4 | **Trinkwasser fürs Klo**

Einmal Pipi und dann abziehen – und schon fließen mindestens drei Liter des in Deutschland am häufigsten kontrollierten Lebensmittels in den Untergrund. Nichts, was wir trinken oder essen, wird so stark überwacht wie Trinkwasser. Wasserwerke müssen 53 chemische, physikalische und mikrobiologische Parameter beachten und sehr niedrige Grenzwerte einhalten, egal, welches Rohwasser ihnen zur Verfügung steht.

Der größte Teil ist Grundwasser, aber auch aus Quellen, Talsperren und Brunnen in unmittelbarer Nähe von Flüssen oder Seen wird Wasser geschöpft. Lediglich 1,2 Prozent stammen heute aus Oberflächengewässern.[1] Die Auflagen für das, was aus dem Wasserhahn kommen darf, sind sogar deutlich strenger als für das, was für Geld flaschenweise im Supermarkt verkauft wird. Dabei ist das Wasser aus der Leitung nicht nur extrem viel billiger, sondern auch umweltfreundlicher: Kein umständlicher Transport, kein Aufwand für Recycling, keine Müllberge aus Plastikflaschen.

Doch zurück zur Kloschüssel. Mit jedem Besuch der Toilette wird frisches Trinkwasser in Abwasser verwandelt. Bei älteren Toiletten rauschen 9 bis zu 14 Liter durchs WC-Becken, neuere Modelle kommen mit 6 bis 9 Litern aus. »In Abhängigkeit vom Spülgut kann die Wassermenge sogar auf 3 Liter reduziert werden«, umschreibt das Bundesumweltministerium in typischer Vermeidung konkreter Worte, worum es sich beim »Spülgut« handelt.[2]

Im Schnitt gehen so pro Tag und Kopf bzw. Po fast 35 Liter Trinkwasser fürs WC drauf. Das ist nicht nur angesichts der zunehmenden Trockenheit ein Problem. Vor allem die biologische Klärstufe braucht viel Strom. Durch Trinkwasserversorgung und Abwasseraufbereitung entstehen jährlich 3,4 Millionen Tonnen klimaschädliches CO_2.[3]

Parallel geht damit potenzieller Dünger verloren – insbesondere Urin enthält Kalium, Phosphor und Stickstoff. Auch im Kot sind Nährstoffe enthalten, dazu noch eine Menge Kohlenstoff. Daraus könnte Humus werden. Doch so wie wir die Dinge heute organisiert haben, gehen die meisten Wertstoffe für immer verloren.

Verfolgen wir die Reise unserer Nahrung deshalb weiter. Wo landen unsere Hinterlassenschaften, nachdem sie den menschlichen Körper verlassen und wir die Spültaste gedrückt haben? Bereits mit mehreren Litern Wasser verdünnt, entschwinden Urin und Kot durchs Fallrohr und von dort ins öffentliche Kanalnetz.

Das ist in Deutschland heute zusammengerechnet etwa 600.000 Kilometer lang und muss außer 5,1 Milliarden Kubikmetern Schmutzwasser alles Mögliche transportieren: Neben Exkrementen und entsprechend viel Klopapier sind das Hautpartikel, Seifen und Salben sowie Haushaltschemikalien, Waschmittel und Speisefett. Aber auch Slipeinlagen, Tampons, Feuchttücher und Zahnseide landen darin; alles Dinge, die eigentlich nicht hinein sollen. Das Gleiche gilt für Farbreste und Medikamente, Katzenstreu und Zigarettenkippen, Rasierklingen und Putzlappen, Nagellackentferner, Motoröl und Desinfektionsmittel. Selbst gefährliche Schadstoffe wie Dioxine, PCB, Blei und Quecksilber sind im Abwasser zu finden. Und wo es noch Mischkanalisationen gibt, kommt Straßendreck dazu und damit große Mengen Mikroplastik, die insbesondere durch Reifenabrieb entstehen.[4] Solche Kanalisationen können bei Starkregen, den es aufgrund der Erderwärmung immer häufiger gibt, auch überlaufen. Dann ergießt sich der ganze Dreck auf die Straßen und droht in Keller und Flüsse zu gelangen.

Form und Durchmesser der Kanalquerschnitte, Beschichtung der Rohre, Mindestgefälle, Wandschubspannung je nach Durchmesser – alles ist heute durch vielfältige Vorgaben und Normen genauestens geregelt, damit das Abwasser nicht zu schnell fließt und nicht zu langsam und Feststoffe nicht irgendwo liegen bleiben und das System verstopfen. Knapp 130 Liter Wasser verbraucht jede Person in Deutschland im Durchschnitt am Tag – und die gelangen nach dem Duschen, Kacken und Pinkeln, Geschirr-, Auto- oder Wäschewaschen in die Kanalisation.[5]

Kläranlagen – der ewige Reparaturbetrieb

Über kurz oder manchmal auch sehr lang erreicht das Abwasser ein Klärwerk. Die ersten Kläranlagen entstehen Ende des 19. Jahrhunderts, wieder in England. Dort hat man bald nach dem Bau von Kanalisationen festgestellt, dass es mit der Selbstreinigungskraft von Flüssen doch nicht so weit her ist wie zunächst angenommen. Weil das Trinkwasser am Unterlauf von Flüssen immer dreckiger wird, verabschiedet das britische Parlament 1876 den Rivers Pollution Prevention Act. Städte in Deutschland ziehen nach, die erste Kläranlage auf dem europäischen Festland entsteht 1882 in Frankfurt-Niederrad.

Deutsche Ingenieure tun sich vor allem als Innovatoren auf dem Feld der mechanischen Abwasserreinigung hervor. Sie konstruieren Rechen und Siebe, in denen Müll und tote Tiere hängen bleiben sollen. Nach diesen gelangt das Wasser in einen Sandfang, ein Becken mit geringer Fließgeschwindigkeit, in dem Steine und Sand auf den Grund sinken und entfernt werden können. Anschließend folgt ein Absetzbecken. Hier verweilt das Wasser einige Stunden, sodass sich die darin schwebenden Teilchen nach und nach absetzen. In der Anfangszeit wird der sich daraus ergebende stinkende Schlamm oft in einer Grube oder einem Teich auf dem Kläranlagengelände gelagert oder auf Äcker ausgebracht.

Die erste biologisch arbeitende Kläranlage, die einen Flusslauf nachahmt, indem sie Schadstoffe mithilfe von Bakterien eleminiert, entsteht in Boston und wird noch vor dem ersten Weltkrieg in Essen nachgebaut. Vor allem in England experimentieren Kläranlagenbetreiber schon früh mit chemischen Methoden. Sie schütten Kalk und Eisenerze ins Wasser, um damit Schadstoffe zu binden und mit in die Schlammschicht zu verfrachten.[6]

Lange Zeit halten die meisten Kommunen das Wasser nach einer physikalischen Reinigung für ausreichend sauber und leiten es in die Flüsse ein. Sie übersehen dabei, was mit den großen Mengen stickstoff- und phosphorhaltiger Nährstoffe passiert, die vor allem aus den menschlichen Fäkalien im Abwasser enthalten sind.

Sie sind ein wunderbares Fressen für Bakterien. Um es zu verdauen, verbrauchen die Kleinstlebewesen allerdings viel Sauerstoff aus dem Wasser, wodurch sich die Lebensbedingungen für Flussbewohner verändern. Und Algen vermehren sich rasant durch die großen Düngermengen. Zwar produzieren sie zunächst selbst Sauerstoff. Wenn sie jedoch absterben, werden auch sie von Bakterien zersetzt, und so ersticken viele Fische und andere Wassertiere. Betreiber größerer Kläranlagen sind deshalb seit Mitte der 1990er-Jahre verpflichtet, Stickstoff und Phosphor so weit wie möglich zu eliminieren, bevor sie das Wasser zurück in einen Fluss leiten.

Dafür nutzen sie ein ganzes Arsenal technisch-biologischer Methoden. In einem sogenannten Belebungsbecken, das an einen Whirlpool erinnert, wird immer wieder Sauerstoff hineingepumpt. Hier verwandeln Mikroben düngewirksame Stickstoffverbindungen in Nitrat. Das verarbeiten andere Bakterienarten anschließend so, dass es für Pflanzen nicht mehr nutzbar ist und in die Luft entweicht.

Um die Phosphorverbindungen aus dem Abwasser zu entfernen, kommen andere Mikroorganismen zum Einsatz. Sie sind in der Lage, Phosphat aufzunehmen und in den Klärschlamm zu verfrachten. Weil das noch nicht reicht, braucht es zusätzlich chemische Verfahren. Eisen- oder Aluminiumsalze werden ins Abwasser gekippt, woran sich herumschwimmende Phosphormoleküle andocken und mit absinken.

UNERWARTETE ABHÄNGIGKEITEN

Die Phosphor-Elimination ist nicht nur teuer für Klärwerksbetreiber und damit für die Kundschaft. Ende 2022 gab es auf dem Markt auch für viel Geld nicht genügend Fällmittel zu kaufen. Der Grund dafür lag an einer ganz anderen Stelle im Wirtschaftssystem: Da die Farben- und Lackeindustrie Absatzprobleme bei Titandioxid hatte, stellte sie weniger davon her. Entsprechend verringerte sich die Menge des dabei entstehenden Abfallprodukts, das normalerweise an die Kläranlagenbetreiber verkauft wird. Der Ukrainekries ließ außerdem die Preise für Salzsäure explodieren.

Das Beispiel zeigt, wie komplex und unvorhersehbar die Abhängigkeiten in der heutigen Infrastruktur sind – und dass eine Fortsetzung des Betriebs zu den immer gleichen Bedingungen keineswegs selbstverständlich ist. Die Konsequenz? Einige Bundesländer ließen zu, dass die Klärwerksbetreiber mehr Phosphor in die Gewässer einleiteten als gesetzlich erlaubt.[7]

Medikamente auf Weltreise

Inzwischen gehören somit drei Klärstufen – mechanische, biologische und chemische – zur Ausstattung jeder größeren Kläranlage in Deutschland. Doch selbst wenn alles nach Plan läuft, gelangen trotz des hohen technischen, energetischen und finanziellen Aufwands im Schnitt immer noch fast 20 Prozent des Stickstoffs und 10 Prozent des Phosphors aus Urin und Kot in die Oberflächengewässer.[8] Und nicht nur das. Ein immer vielfältigerer Medikamentencocktail ist dort zu finden: Schmerzmittel, Betablocker, Hormone, Antidepressiva, Blutdrucksenker, Arznei gegen Entzündungen und Osteoporose, Antibiotika, Kontrastmittel für Röntgenaufnahmen – sie alle und noch einige andere mehr werden unterwegs nicht etwa in ihre chemischen Bestandteile zersetzt. Schließlich müssen viele der Substanzen ziemlich stabil sein, um bei ihrer Reise durch den menschlichen Körper das Säurebad im Magen und vielfältige Enzymangriffe überstehen zu können. Oft werden außerdem nur geringe Mengen der Wirkstoffe vom menschlichen Körper aufgenommen und bis zu 90 Prozent unverändert ausgeschieden. Sie landen in der Kloschüssel oder im Waschbecken und somit – extrem verdünnt – im allgemeinen Abwasser.

Wie stark Umwelt und Mitmenschen dadurch belastet werden, ist bisher nicht geklärt. Es gibt kaum Daten zu dem Thema, und wo die Pharmaindustrie selbst forscht, muss sie die Ergebnisse lediglich der Zulassungsbehörde vorlegen. Sogar staatliche Stellen, die für die Gewässerüberwachung zuständig sind, bekommen oft keine Antwort: Geschäfts- und Betriebsgeheimnis.

Die Juristin und Umweltwissenschaftlerin Kim Teppe hat das Problem in ihrer Doktorarbeit aufgearbeitet. Sie berichtet: »Weltweit sind flächendeckend mehr als 770 Arzneimittelwirkstoffe in der Umwelt nachgewiesen. Diese befinden sich hauptsächlich in den Oberflächengewässern, können aber auch im Grund- und Trinkwasser nachgewiesen werden. Gefunden wurden etwa Ibuprofen, Diclofenac (Antirheumatikum) oder Antibiotika. Allein im deutschen Grundwasser konnten 18 verschiedene Antibiotikawirkstoffe nachgewiesen werden. Zu keinem dieser Wirkstoffe liegt eine vollständige Umweltrisikobewertung vor.«[9] Das Ganze ist ein riesiger Feldversuch mit unabsehbaren Folgen. Teppe hat eine Klage vor dem Gerichtshof der Europäischen Union eingereicht.

SALBEN, DIE GEIER TÖTEN

Ende der 1990er-Jahre trat in einigen Regionen Indiens ein unerklärliches Phänomen auf: Neunzig Prozent der Geier starben. Letztlich gab es doch eine Erklärung dafür: Lokale Bauern hatten ihre Kühe mit einem Diclofenac enthaltenden Entzündungshemmer behandelt. Beim Verzehr von Kadavern hatten die Vögel kleinste Mengen des für sie tödlichen Wirkstoffs aufgenommen. Ihre Nieren versagten, sie verendeten qualvoll.

In Deutschland werden jedes Jahr 80 Tonnen Diclofenac als Bestandteil von Schmerzgels, -salben, -sprays oder -zäpfchen verbraucht; die meisten Präparate, zum Beispiel Voltaren, sind frei verkäuflich. Manche Apotheken warnen, Diclofenac könne für die Umwelt schädlich sein und solle daher nicht ins Abwasser gelangen. Für äußerlich angewandte Produkte gilt darum: Reste mit Papier abwischen und im Hausmüll entsorgen, nicht mit Wasser abspülen. Wie das jedoch bei Zäpfchen umsetzbar sein soll, bleibt rätselhaft.

In der Humanmedizin werden in Deutschland gegenwärtig 2.500 verschiedene Wirkstoffe eingesetzt. Für etwa die Hälfte stünde nach den aktuellen Bewertungskriterien eine vertiefte Umweltprüfung an, schreibt das Umweltbundesamt (UBA).[10] Sogar im Trinkwasser seien bereits 30 verschiedene Arten von Medikamentenresten nachgewiesen worden. In Wasserproben im Ablauf von Kläranlagen fanden die beauftragten Labore sogar 149 Arzneiwirkstoffe – fast eine halbe Apotheke.[11] Sogar in Wasserproben aus der Ostsee ließen sich Rückstände zahlreicher Medikamente feststellen.[12]

Nur in Einzelfällen ist bekannt, was die Stoffe in der Natur anrichten. Als gesichert gilt, dass schon geringe Rückstände von Antibabypillen die Bestände von Krallenfröschen dezimieren können. Die Stimme der Männchen bei der Balz wird dadurch leiser, sie stoßen keine typischen Klicklaute mehr aus, die potenzielle Partnerinnen anziehen –

und bleiben deshalb solo.[13] Bei anderen Amphibien kann sogar eine komplette Geschlechtsumwandlung die Folge sein.[14] Ein kanadisches Wissenschaftsteam hat nachgewiesen, dass schon geringe Mengen Verhütungsmittel ganze Ökosysteme zum Umkippen bringen können, wenn durch sie entscheidende Arten als Fresser oder Futter in der Nahrungskette ausfallen.[15]

Auch Psychopharmaka können in Ökosystemen enorme Schäden anrichten. So reichert sich Valium im Hirn von Flussbarschen an, wodurch sie mehr fressen und sich draufgängerischer verhalten. Damit bringen sich die Tiere nicht nur selbst in Gefahr. Mit ihrem größeren Appetit reduzieren sie auch das Zooplankton, das sich von Algen ernährt. Daraufhin breiten sich die Wasserpflanzen stark aus, was im schlimmsten Fall zu massivem Sauerstoffmangel führen und Gewässer ganz umkippen lassen kann. Der gegen Depressionen verordnete Wirkstoff Prozac veranlasst Süßwassermuscheln, die damit in Kontakt kommen, ihre Larven verfrüht zu entlassen – und so weiter. Die Aufzählung von Beispielen ließe sich fortsetzen. Auf längere Sicht besteht die Gefahr, dass für den Menschen bestimmte Medikamente ganze Populationen von Wasserlebewesen auslöschen, so die Warnung von Ökotoxikologinnen und Evolutionsbiologen.[16]

Noch mehr Klärwerkstufen!

Die EU-Kommission hat einen Vorschlag für eine neue kommunale Abwasserrichtlinie eingebracht: Bäche, Seen und Flüsse sollen besser vor Schadstoffen geschützt werden. Längst tüfteln Ingenieure an einer vierten Stufe für Kläranlagen, mit der auch Mikroschadstoffe aus dem Abwasser herausgefiltert werden können. Eine ganze Reihe von Techniken bieten sich dafür an: Membran- und Aktivkohlefilter oder die Begasung mit Ozon werden am häufigsten genannt.

Mit einer vom Bundesverband der Energie- und Wasserwirtschaft (BDEW) in Auftrag gegebenen Studie wurden die Kosten dafür ermittelt. 36 Milliarden Euro müssten in Deutschland in den kommenden 30 Jahren investiert werden, so das Ergebnis. Allein für die Entfernung von Diclofenac wären 1,5 Milliarden Euro nötig.[17] Der BDEW verlangt, dass die Pharma- und Kosmetikindustrie für die Kosten aufkommt – schließlich verursacht sie das Problem und verdient gut an den Produkten. Bisher hat sie quasi einen Freibrief zur Verschmutzung und keinerlei Anreiz, in der Produktion etwas zu ändern, kritisiert BDEW-Geschäftsführer Martin Weyand.[18]

Drei Viertel der Klärschlämme werden heutzutage schon verbrannt – ein Entsorgungsweg, der alles andere als naheliegend scheint. Schließlich besteht Klärschlamm zu weit über 90 Prozent aus Wasser und muss erst aufwendig getrocknet werden, bevor er brennt. Doch wo staatliche Vorgaben eine Branche in Bedrängnis bringen und es viel Geld zu verdienen gibt, werden auch Argumente für abwegige Entwicklungen gefunden, und es entstehen neue Geschäftsmodelle. So haben die Energiekonzerne ihre Mitverbrennungskapazitäten in den vergangenen Jahren ausgebaut und kassieren damit gut ab. Pro Tonne zu verbrennendem Schlamm können sie den Klärwerken, die händeringend nach Entsorgungsmöglichkeiten suchen, 120 bis 170 Euro in Rechnung stellen. Auch die Bauern haben den Preis, zu dem sie den Schlamm abzunehmen bereit sind, immer weiter erhöht. Musste etwa der Trinkwasser- und Abwasserverband Oderaue 2017 noch 70.000 Euro für seine Reststoffe einplanen, waren es vier Jahre später bereits 500.000 Euro.[19]

Ein Wettrennen um Entsorgungsmöglichkeiten hat eingesetzt. Manche Abwasserbetriebe müssen ihren Schlamm bereits monatelang zwischenlagern, bis sie einen Abnehmer finden. Und der ist dann auch schon mal Hunderte von Kilometern entfernt. So karren Kolonnen von LKW den Klärschlamm quer durch die Republik.

Gute Geschäfte mit Wasser und Scheiße

Trink- und Abwasser sind Daseinsvorsorge und somit eine Pflichtaufgabe der Kommunen. Das schließt nicht aus, dass Privatunternehmen damit viel Geld verdienen. Zum einen liefern Bauunternehmen, Ingenieurbüros und Anlagenhersteller Pläne, Bagger und Equipment für neue Anlagen und Erweiterungen. Hinzu kommt Bedarf für den laufenden Betrieb, beispielsweise Fällmittel. Zum zweiten können Kommunen die gesamte Aufgabe an Firmen übertragen. Dass der Umgang mit unserer Scheiße ein lukrativer Wirtschaftssektor sein kann, lässt sich gut an Ostdeutschland nach der Wiedervereinigung studieren. Damals werden die neuen Bundesländer zum Eldorado für Baufirmen und die Hersteller von Klärtechnik.

Tatsächlich ist zu dem Zeitpunkt die dortige Infrastruktur in einem schlechten Zustand: Zwei Drittel des Industrie- und knapp die Hälfte des Haushaltsabwassers sind zu DDR-Zeiten überhaupt nicht oder nur mechanisch geklärt worden. Viele Kanäle sind altersschwach und lecken.[20] So überdüngt und vergiftet Schmutzwasser Seen und Bäche, oder es versickert einfach irgendwo im Boden. Die EU verlangt so schnell wie möglich Abhilfe.

50 Milliarden Euro Fördermittel für neue Trink- und Abwassertechnik werden bereitgestellt, zusätzlich nehmen viele Kommunen hohe Kredite auf. Bei den meisten Projekten wird geklotzt und nicht gekleckert. Baufirmen und Ingenieurbüros machen die Pläne, nicht die späteren Betreiber. Und weil sich die Honorare von Beratern und Architektinnen nach den Projektkosten richten, animiert sie das nicht zum Sparen – im Gegenteil.[21] Die Kommunen sind mit den neuen Aufgaben völlig überfordert. Die Seriosität der Planungsbüros ist für sie schwer einzuschätzen, ihre Verbindungen zur Industrie nicht durchschaubar. Kaum jemand denkt an die Folgekosten. So gerät vieles viel zu groß und zu teuer.

Das führt zu Problemen, als der Wasserverbrauch in ganz Deutschland zu Beginn des Jahrtausends zu sinken beginnt. Spülstopptasten am Klo und wassersparende Duschköpfe kommen in Mode, inzwischen dreht in manchen Gebäuden das Waschmaschinenwasser sogar eine zweite Runde zur Toilette. Auch Produktionsbetriebe investieren in verbrauchsarme Technik, insgesamt eine gute und notwendige Entwicklung.

Doch sie hat eine Schattenseite. Am extremsten entwickelt sich die Lage erneut in Ostdeutschland. Nicht nur gehen die Menschen in Sachsen, Thüringen und Mecklenburg im Durchschnitt sparsamer mit Wasser um als Leute in Nordrhein-Westfalen, Bayern oder Hamburg. Die Bevölkerung in vielen ostdeutschen Regionen ist in den vergangenen dreißig Jahren auch massiv geschrumpft. Die sowieso schon überdimensionierten Leitungssysteme erweisen sich endgültig als zu groß – mit ernsthaften Problemen in der Folge. Aufgrund längerer Standzeiten kann sich das Trinkwasser erwärmen und verkeimen. Wenn durch eine Kanalisation zu wenig Schmutzwasser fließt, entstehen Ablagerungen und Faulgase. Das stinkt nicht nur, sondern kann zu Korrosion und Verstopfungen führen. Um das zu verhindern, müssen Betreiber dem dreckigen Wasser sauberes hinterherschicken. Nur Rückbauten und Verkleinerungen der Systeme könnten grundlegend Abhilfe schaffen. Doch Umbauten im Bestand sind teurer als neue Leitungen – und es gibt dafür kaum Fördergelder.[22]

Die steigenden Kosten für immer aufwendigere Technik zum Schutz von Gewässern und Böden müssen auf immer weniger Kubikmeter verbrauchtes Wasser umgelegt werden. Für manche Kläranlagenbetreiber summieren sich die Fixkosten inzwischen auf 85 Prozent.[23] Wenn die Betriebe ihre Gebühren erhöhen, sparen die Leute jedoch umso fleißiger bei ihrem Wasserverbrauch. Daraus entsteht eine teuflische Spirale. Branchenintern wird deshalb diskutiert, Anschlussgrundgebühren einzuführen.[24] Für die sparsame Kundschaft wäre das von Nachteil.

Gut an Wasser und Abwasser verdienen kann auch, wer einen laufenden Betrieb übernimmt. Das Risiko für den Investor ist gering: Schließlich handelt es sich zum einen um eine Pflichtaufgabe der Kommunen und zum zweiten um ein regionales Monopol. Die Kundschaft kann den Anbieter nicht wechseln und ist gezwungen, die verlangten Preise zu zahlen. Vor allem in den 1990er- und frühen 2000er-Jahren versuchen klamme Kommunen, durch den Verkauf der eigenen Betriebe die Stadtkasse zu sanieren.

TEURE PRIVATISIERUNG

1993 privatisiert Rostock als erste deutsche Stadt seine Wasser- und Abwasserversorgung. Die Remondis-Tochter Eurawasser erhält eine Konzession für 25 Jahre. Als der Betrieb nach Ablauf des Vertrags rekommunalisiert wird, senken die Stadtwerke die Gebühren für Abwasser um 14 Prozent, die für Frischwasser sogar um 24 Prozent. So wird klar: Ein Vierteljahrhundert lang hat Eurawasser bei der Bevölkerung und den Gewerbetreibenden kräftig abkassiert.

Anfang des Jahrtausends kassieren Privatfirmen bei über zwei Dritteln der ostdeutschen Wasser- und Abwasserbetriebe mit,[25] und auch in Berlin, Bottrop oder Düsseldorf machen Konzerne wie RWE, EnBW oder die französische Veolia eine Menge Geld. So garantiert ein Geheimvertrag den Investoren in Berlin jährlich acht Prozent Gewinn auf ihr eingesetztes Kapital – finanziert durch eine Kundschaft, die keine Alternative hat.

Ein Großteil der Verträge ist inzwischen ausgelaufen. Bei der Rekommunalisierung zeigte sich häufig, was Kritikerinnen befürchtet hatten: Die Unternehmen hatten die Anlagen auf Verschleiß gefahren. Auch deshalb gibt es in vielen Kanalisationen großen Sanierungsbedarf. Hinzu kommt, dass das Rohrnetz in den vergangenen dreißig Jahren deutlich gewachsen ist, auch wegen der zunehmenden Trennung von Schmutz- und Regenwasser. Viele Städte verabschieden sich zunehmend von Mischkanälen, damit die Kläranlagen bei Starkregen nicht überlaufen.

Das alles ist aufwendig und teuer – und von Vorteil für die Firmen, die in diesen Bereichen tätig sind. Fast 440 Euro kostet es durchschnittlich, einen Kanalmeter zu sanieren. Wo es neue Rohre braucht, sind es sogar 1.600 Euro. Das Netz heute noch einmal zu bauen würde 1.000 Milliarden Euro kosten.[26] Dass sich ärmere Länder solch eine Investition nie leisten können, ist offensichtlich.

Die Branche versucht, die Lage in ihrem Sinn zu dramatisieren. »Die Kanäle stehen kurz vor dem Zusammenbruch«, so die Hauptgeschäftsführerin des Bauindustrieverbands NRW im Jahr 2019. Allein in Nordrhein-Westfalen seien 1,3 Milliarden Euro mehr pro Jahr nötig für Neubau und Sanierung.[27] Ob die Planung solch großer Aufgaben ausgerechnet auf den Einschätzungen derjenigen beruhen sollte, die an den daraus resultierenden Aufträgen interessiert sind, ist eine eigene Frage.

Fest steht: Der im 19. Jahrhundert eingeschlagene Weg hat sich nicht nur als extrem teuer erwiesen, sondern sorgt auch dafür, dass sich die Inhaltsstoffe unseres Schmutzwassers weltweit verteilen. Eine zukunftsfähige Lösung kann nur anders aussehen.

Ob Steak, Joghurt, frische Paprika oder Tütenpudding: In jedem Fall liegt eine Portion Phosphor mit auf unserem Teller. Das Element mit dem Kürzel P steckt in fast allen Lebensmitteln. Es ist für uns und alle anderen Lebewesen existenziell. Ohne Phosphor gibt es keine DNA, keinen Knochen und keinen Zahn. Zusammengerechnet enthalten die Zellen eines erwachsenen Menschen etwa 700 Gramm davon.
Auch Pflanzen benötigen den Stoff für ihr Wachstum sowie zur Samenbildung. Werden Getreide und Gemüse geerntet, verschwinden die darin enthaltenen Nährstoffe vom Acker – darunter auch der Phosphor. Folglich müssen Bäuerinnen und Gärtner nachdüngen, wenn die Ernte nicht immer mickriger ausfallen soll. Seit erst etwa hundert Jahren kommt dafür Kunstdünger zum Einsatz.

Phosphor – ein wertvolles Gut

Im Herbst 2021 stiegen die Düngerpreise bereits deutlich. Und nach dem russischen Überfall auf die Ukraine und den westlichen Sanktionen sprangen sie 2022 steil nach oben. Unter Landwirten herrschte blanke Panik. Die Rohstoffe waren nicht in den gewohnten Mengen oder überhaupt verfügbar. Phosphor kostete plötzlich viermal so viel wie noch kurz davor. Auch die Preise für Stickstoff schossen zeitweise in die Höhe.[1] Ganz neu war die Erfahrung nicht: Schon die Finanz- und Wirtschaftskrise 2008 hatte Preissprünge von bis zu 800 Prozent erzeugt. Aber auch wenn sich danach die Lage wieder beruhigte und Dünger ein paar Jahre lang sogar tendenziell billiger wurde: Eigentlich ist schon lange klar, dass wir langfristig auf eine Mangellage zusteuern.
Wie Kohlenstoff kann Phosphor in Millionen Jahren versteinern und wird heute als Mineral in Bergwerken abgebaut. Deutschland ist, wie die meisten anderen europäischen Länder, vollständig auf Importe angewiesen. Die größten Vorkommen liegen in der völkerrechtswidrig besetzten Westsahara. Ein marokkanisches Staatsunternehmen plündert und exportiert sie – ohne Zustimmung der dort lebenden Sahrauis. Die deutschen Konzerne ThyssenKrupp und Siemens ver-

dienen eifrig mit.[2] Zusammengerechnet befinden sich knapp drei Viertel der Weltvorräte an Phosphor in Gebieten unter marokkanischer Herrschaft. Bedeutende Vorkommen gibt es außerdem in China, Algerien, Syrien, Brasilien, Südafrika und den USA[3]; wobei China und die USA nur für den eigenen Markt produzieren. Eine vor Kurzem in Norwegen entdeckte Reserve lässt viele in der EU erleichtert aufatmen.

Doch auch wenn in der Erdkruste noch erhebliche Mengen an Phosphor eingelagert sind und der Stoff rechnerisch noch für einige hundert Jahre reichen könnte: Das staatliche geologische Institut der USA geht davon aus, dass es spätestens in fünfzig Jahren zu einer deutlichen Verknappung und damit zu einer Gefährdung der Welternährung kommt.[4]

Außerdem verschlechtert sich die Qualität der geschürften Phosphate. Einige Vorkommen sind sogar mit radioaktiven Schwermetallen belastet. Durchschnittlich 167 Tonnen Uran gelangen auf diese Weise jährlich auf deutsche Äcker, schreibt das Umweltbundesamt.[5] Die Ackerpflanzen nehmen die radioaktiven Stoffe nur in sehr geringem Umfang durch ihre Wurzeln auf. Doch für Grund- und Trinkwasser sind sie eine Gefahr.[6]

Kleine Geschichte der Düngemittel

Binnen eines Jahres nimmt ein Mensch etwa sieben Kilo Mineralien auf und scheidet etwa die gleichen Mengen wieder aus. Neben vier Kilogramm Stickstoff, die uns vor allem in Form von Proteinen erreichen und wieder verlassen, handelt es sich dabei vor allem um Kalium, Phosphor und Kalzium.[7] Zusammen mit Tiermist und pflanzlichem Kompost war das früher der einzige Dünger, der der Landwirtschaft zur Verfügung stand.

Schon vor 7.000 Jahren entwickeln Gärtner und Bäuerinnen im Amazonasgebiet eine Methode, mit der sich auch eine große Bevölkerung ernähren lässt. Natürlicherweise ist die Erde in tropischen Regenwäldern nährstoffarm, weil alle lebenswichtigen Substanzen aus abgestorbenen Organismen sofort wieder von Pflanzen und Tieren aufgenommen werden. So enthalten diese Böden wenig Humus und sind deshalb kaum für Ackerbau geeignet. Mit »Terra Preta«, einem Kompost aus Mist und Fäkalien, organischen Abfällen, Tonscherben und Holzkohle, lässt sich das jedoch ändern – und das sogar für Jahrhunderte, wenn nicht Jahrtausende.

WAS IST HUMUS, WAS IST KOMPOST?

Humus ist ein Bestandteil der obersten Bodenschichten, besteht überwiegend aus abgestorbenen Pflanzenteilen und kommt natürlich vor. Er enthält viel Kohlenstoff und bietet Nahrung und Wohnraum für Milliarden von Mikroorganismen. Der im Humus gebundene Kohlenstoff ist der Atmosphäre entzogen und wirkt so der Klimaerwärmung entgegen.

Kompost ist menschengemacht, besteht aus organischen Abfallstoffen und wird mit der Zeit zu Humus. Mit vorhandener Erde auf dem Acker gemischt, vergrößert er die Humusmenge und damit die Fruchtbarkeit des Bodens.

Die Holzkohle wirkt dabei als eine Art Behausung für Mikroorganismen, die sich nicht zersetzt und so die Bodenfruchtbarkeit dauerhaft stabilisiert. Auf diese Weise können vor der Eroberung durch die Europäer sogar Großstädte entstehen, von denen der spanische Konquistador Francisco de Orellana 1542 berichtet.[8] Danach aber gehen die Kenntnisse über die »Schwarze Erde« für Jahrhunderte verloren, bis sie vor Kurzem wiederentdeckt wurden.[9]

Auch in China, Korea und Japan gelingt es bis ins 20. Jahrhundert, die über Tausende von Jahren gepflegte Produktivität der Böden mithilfe von Fäkalien, Kompost, Mulchen, Mischkultur und Gründüngung nicht nur zu erhalten, sondern sogar zu steigern – und das trotz hoher Bevölkerungsdichte. In seinem Bericht von einer Reise 1909 beschreibt der Leiter des US-Landwirtschaftsministeriums, mit welcher Akribie die asiatischen Bauern menschlichen Kot sammeln und damit ihre Felder düngen. Nach seinen Berechnungen genügen in China dadurch 675 Quadratmeter, um einen Menschen zu ernähren.[10]

In Europa experimentieren Bauern Ende des 18. Jahrhunderts mit Gips, Asche, Kalk und Ton, um mehr aus ihren Böden herauszuholen und so die wachsende Bevölkerung versorgen zu können – mit geringem Erfolg. Wenige Jahrzehnte später jedoch werden Entdeckungen gemacht, die die Landwirtschaft fundamental verändern.

Aus der Perspektive der Chemie

Die Entwicklung beginnt mit ein paar Klumpen gelblich-brauner Substanz mit stechendem Geruch. Alexander von Humboldt hat sie 1802 bei seinem Besuch in Lima überreicht bekommen. Es handelt sich um Guano – Kot von Tölpeln, Kormoranen, Möwen und Pelikanen, die zu Millionen auf den drei Chincha-Inseln vor Perus Küste leben. Exkremente und Kadaver der Seevögel türmen sich damals auf dem Granitgestein zu riesigen Bergen, entstanden innerhalb von Hunderten, vielleicht sogar Tausenden von Jahren.
Humboldt erfährt, dass die Inkas Guano schon seit dem 12. Jahrhundert als Dünger genutzt haben.[11] Er übergibt die Proben an deutsche und französische Chemiker, die darin eine hohe Konzentration von Phosphor und Stickstoff feststellen – deutlich mehr als im Mist von Stalltieren. Trotz einiger sehr erfolgreicher Feldversuche mit der Vogelscheiße dauert es noch eine Weile, bis in Europa der Guano-Boom losbricht, weil das Verständnis für die chemischen Zusammenhänge in der Allgemeinheit noch nicht angekommen ist.
Entscheidend zum neuen Weltbild trägt Justus von Liebig bei, der einer breiten Öffentlichkeit den Nährstoffbedarf von Nutzpflanzen erklärt. Der einstige Schul- und Ausbildungsabbrecher eignet sich zunächst autodidaktisch chemische Grundlagenkenntnisse an, später wird er auf Empfehlung von Alexander von Humboldt Professor für Chemie in Gießen. Er erfindet das Chloroform, untersucht mit einem selbst entwickelten Apparat vor allem organische Substanzen – und beginnt irgendwann, sich intensiv mit der Chemie von Pflanzen und Böden zu beschäftigen.[12]
Sein Fazit, veröffentlicht 1840 in seinem grundlegenden Werk *Die Chemie in ihrer Anwendung auf Agricultur und Physiologie:* »Als Princip des Ackerbaues muß angesehen werden, daß der Boden in vollem Maaße wieder erhalten muß, was ihm genommen wird, in welcher Form dieß Wiedergeben geschieht, ob in der Form von Ex-

crementen, oder von Asche oder Knochen, dieß ist wohl ziemlich gleichgültig.«[13] Das Buch wird zum Bestseller und Guano für ein paar Jahrzehnte zum großen Geschäft.

Ab 1841 kommen große Mengen in englischen, französischen und deutschen Häfen an. Händler in Peru und Europa werden durch die Vogelkacke reich. Doch schon bald sind die Felsen auf den Chincha-Inseln weitgehend abgeräumt, die Suche nach dem begehrten Stoff wird auf einsame Inseln in Atlantik und Pazifik ausgedehnt. Die dort ansässigen Bevölkerungen werden brutal ausgebeutet.[14] Auch die in von Liebigs Buch erwähnten Knochen werden genutzt. Um ihrer habhaft zu werden, verkaufen Geschäftemacher in Sachen Dünger nicht nur Tierknochen, sondern lassen auch die Schlachtfelder Europas umgraben, um die Massengräber zu plündern. Allein im Königreich Hannover existieren damals 25 Knochenmühlen.[15]

Als Chemiker denkt Liebig weiter als an die mechanische Aufbereitung von bereits bestehendem organischem Material: »Es wird eine Zeit kommen, wo man den Acker, wo man jede Pflanze, die man darauf erzielen will, mit dem ihr zukommenden Dünger versieht, den man in chemischen Fabriken bereitet.«[16] Seine zu diesem Zweck gegründete Fabrik jedoch geht pleite; auch weil sich seine Annahme, dass Pflanzen den in der Luft in unendlicher Menge vorhandenen Stickstoff direkt aufnehmen könnten, als Irrtum erweist. Die Vision vom chemischen Dünger wird erst ein paar Jahrzehnte später Wirklichkeit, als es gelingt, reaktiven Stickstoff zu isolieren.

Stickstoff benötigen alle Lebewesen, um Eiweiß, Hormone und Enzyme zu bilden. Zwar nehmen wir ihn mit jedem Atemzug auf – doch so, wie er in unsere Lunge hineingeht, kommt er auch wieder heraus. In der Luft schweben Stickstoffatome zu zweit und fest verpartnert durch die Gegend, ihre Beziehung ist extrem stabil. Damit Organismen das chemische Element mit dem Kurznamen N verarbeiten können, benötigen sie es in einer Form, in der es mit anderen Elementen verbunden ist – zum Beispiel mit Wasserstoff zu Ammonium. Das kann sich mit Kohlenstoff und vielen anderen Elementen zusammentun und bildet dann Aminosäuren und Proteine. Sobald Stickstoffatome Single sind, gehen sie locker immer neue Verbindungen ein.

Wie aber kriegt man den reaktionsträgen Stickstoff in der Luft dazu, seine feste Partnerschaft aufzugeben? Manche Bodenbakterien schaffen das in Kooperation mit Pflanzen wie Bohnen, Erbsen oder Klee bei normalen Temperaturen.
Die Alternative dazu wird von zwei deutschen Chemikern gefunden, mit Gewalt und enormem Energieeinsatz. Fritz Haber und Carl Bosch entdecken Anfang des 20. Jahrhunderts, dass sich die Luftstickstoff-Moleküle bei Temperaturen von 400 bis 500 Grad und Druck, wie er in der Natur in einigen tausend Meter Wassertiefe herrscht, auseinanderreißen lassen. Zusammen mit Wasserstoff verwandeln sie sich dann bei einer rasanten Abkühlung auf minus 20 Grad in eine stechend riechende, ätzende, giftige Flüssigkeit: Ammoniak. Daraus lassen sich anschließend neue Verbindungen formen, die als Dünger, aber auch für Putzmittel, Sprengstoff, Flammschutzmittel, die Lebensmittelproduktion und vieles mehr einsetzbar sind.
Haber findet das Produktionsprinzip in seinem Labor in Karlsruhe heraus, danach tüftelt Bosch einige Jahre lang für das Chemieunternehmen BASF daran, wie es sich im industriellen Maßstab umsetzen lässt. 1913 läuft die Produktion in dem kleinen Dorf Oppau nördlich von Ludwigshafen an. Dreißig Tonnen verlassen pro Tag das Werksgelände, die weiße Substanz ist bei Bauern heiß begehrt. Bald schon entstehen weitere Fabriken in Leuna und Bitterfeld.
Die Ammoniaksynthese stellt nicht nur den entscheidenden Durchbruch für die Kunstdüngerproduktion dar, sondern liefert auch Sprengstoff fürs deutsche Militär im Ersten Weltkrieg. Fritz Haber geht sogar noch weiter und entwickelt Chlorgas für Geschosse, obwohl die Haager Landkriegsordnung den Einsatz von Giftgas ächtet. Das hält das Nobelpreis-Komitee nicht davon ab, ihm 1918 für seine Verdienste bei der Entwicklung von Kunstdünger den Nobelpreis für Chemie zu überreichen. Einige Jahre später erhält auch Bosch die Auszeichnung.

Unerwartete Nebenwirkungen

Ab jetzt scheint die Landwirtschaft nicht mehr auf natürliche Stoffe wie Mist, Kompost, Gülle und Fäkalien angewiesen. Mit den Produkten aus der Chemiefabrik können die Erntemengen enorm gesteigert werden. Nach und nach fusionieren Chemie- und Saatgutfirmen, stimmen ihre Produkte aufeinander ab und verkaufen Samen, Dünger und Pestizide oft zusammen, als praktische Paketlösung. Vor allem nach dem Zweiten Weltkrieg geht es steil aufwärts. Schon 1950 kommen weltweit etwa 3,7 Millionen Tonnen Stickstoff auf den Weltmarkt, im Jahr 2019 ist es etwa die 40-fache Menge.

Ab den 1970er-Jahren produziert die Menschheit mittels Ammoniaksynthese größere Mengen an reaktivem Stickstoff als alle natürlichen Prozesse an Land zusammen.[17] Doch die Erntemengen halten nicht Schritt mit der Steigerung des Chemieeinsatzes. Ein immer kleinerer Teil des reaktiven Stickstoffs wird auch von den Pflanzen genutzt und landet auf unseren Tellern; immer mehr dagegen entschwindet in die Luft oder in Richtung Grund- oder Oberflächenwasser.

DIE FATALEN FOLGEN DER »GRÜNEN REVOLUTION«

Kunstdünger gilt lange als segensreiche Erfindung. 1970 erhält der Agrarwissenschaftler Norman Borlaug den Friedensnobelpreis für die »grüne Revolution«. Er spielt eine herausragende Rolle dabei, dass auch die Landwirtschaft im globalen Süden ganz auf Hochertragssorten und die dafür notwendigen Chemikalien umgestellt wird. Zwar reduziert das für kurze Zeit den Hunger weltweit, hat aber fatale Nebenwirkungen. Kleinbauern verschulden sich, um immer neue Saat und die dazu passende Agrochemie kaufen zu können. Überall müssen Familien ihr Land aufgeben und sind gezwungen, auf Plantagen zu arbeiten oder sich irgendwie in einer Stadt durchzuschlagen. In Indien nehmen sich viele Bauern das Leben. Ein Großteil der in Jahrtausenden gezüchteten Nutzpflanzenarten geht unwiderbringlich verloren. Durch die Hochertragslandwirtschaft verlieren die Böden an Humus, ihre natürliche Fruchtbarkeit nimmt ab, Erosion breitet sich aus.

Es wird immer klarer, dass die so praktizierte Art der Landwirtschaft Menschen und Umwelt schädigt. Die Unmengen von biologisch verfügbarem Stickstoff, die mit dem Haber-Bosch-Verfahren erzeugt worden sind, überdüngen nicht nur Felder, sondern auch Wälder, Wiesen, Flüsse, Meere und das Grundwasser. Fast jede dritte Wildpflanzenart in Deutschland ist vom Aussterben bedroht, weil sie mageren Boden braucht und mit dem vielen Ammoniak nicht klar kommt.[18] Und nicht zuletzt: Ein bis drei Prozent des weltweiten Energiebedarfs gehen aktuell auf das Konto der Düngerproduktion nach dem Haber-Bosch-Verfahren. Genauer lässt es sich nicht beziffern, weil die Emissionen unter dem großen Überbegriff »Industrie« verbucht werden.[19]

Betrachtet man den gesamten Prozess, von der Agrochemie-Herstellung über Acker und Stall bis hin zu Fastfood-Fabrik, Ladenregal, Teller und schließlich Mülltonne für die Überproduktion, erweist sich unsere heutige Art der Ernährung als einer der größten Klimakiller. Laut Berechnungen des Weltklimarats IPCC sind 21 bis 37 Prozent aller Treibhausgase darauf zurückzuführen.[20] Ein zentraler Faktor dabei ist der weltweit weiterhin wachsende Hunger nach Fleisch, Milch und Eiern.

Vieh, das zu viel Mist macht

Wer einen Garten hat, kennt die segensreiche Wirkung von Mist: Eine Schippe an den Rhabarber, und er wächst doppelt so gut; das Gleiche gilt für Gurken, Kartoffeln und Lauch. Richtig abgelagert und in der richtigen Dosierung liefern die Exkremente von Pferden, Kühen, Schafen und Hühnern wertvolle Nährstoffe für die Pflanzen. Und nicht nur das, in den organischen Substanzen fühlen sich auch Kleinstlebewesen wohl. Dadurch wird der Boden krümeliger und kann das Wasser besser halten – was wiederum zum Aufbau von fruchtbarem Humus beiträgt.

Doch wie bei allem kann es auch hier des Guten zu viel geben, und dieser Punkt ist inzwischen erreicht: Die Gesamtheit der als Nutztiere gehaltenen Schweine, Kühe, Schafe und Ziegen bringt heute 60 Prozent der aus Säugetieren bestehenden Biomasse auf die Waage. Die menschliche Weltbevölkerung trägt 36 Prozent bei. Nur die restlichen vier Prozent sind Wildtiere wie Giraffen, Robben, Rehe oder Mäuse.[21] Lediglich ein Bruchteil der Massen von Nutztieren betritt jemals eine Weide. Die meisten fristen ihr Dasein in riesigen Ställen. Über ein Drittel der weltweiten Ernteerträge landet inzwischen in Futtertrögen. Weil Äcker und Weideland in Deutschland für das viele Vieh nicht ausreichen, wird ein Großteil des Futters importiert. Hinzu kommt, dass die Tiere riesige Mengen kacken und pissen.

Rein rechnerisch stehen für jeden Menschen weltweit 2.000 Quadratmeter landwirtschaftliche Fläche zur Verfügung, um darauf Nahrung, Futter für Fleisch, Milch und Eier produzierende Tiere sowie Energiepflanzen zu kultivieren. In Europa beanspruchen wir pro Kopf im Durchschnitt 4.000 Quadratmeter, also das Doppelte.[22] Die hohe Nachfrage nach Fleisch und anderen tierischen Produkten ist – neben dem Anbau von Energiepflanzen für Biogasanlagen oder Autosprit – der Hauptgrund für dieses Missverhältnis.

In Brasilien wurden und werden für den Sojaanbau riesige Flächen Regenwald und artenreicher Savanne geopfert. Auch 60 Prozent der weltweiten Maisernten sind Viehfutter.[23] Die Ernte landet auf dem Weltmarkt und ernährt Tiere als Fleisch-, Milch- und Eierlieferanten in Regionen, wo der heimische Futteranbau nicht dafür ausreicht. So gehen Brasilien die im exportierten Futter enthaltenen Nährstoffe verloren. Stattdessen landen Phosphor, Stickstoff und Kalium anderswo in riesigen Mengen in Güllebehältern – nachdem sie die Tierkörper durchquert haben.

In den meisten Ställen müssen Schweine und Rinder heute auf Spaltenböden aus Beton leben, durch die ihre Ausscheidungen nach unten durchfallen. Der harte, oft glitschige Boden ist die Ursache von Klauendeformationen; viele Tiere leiden an Schleimbeutelentzündungen an den Gelenken. Außerdem sind sie den Ausdünstungen ihrer Exkremente ausgeliefert. Diese bleiben oft monatelang unter ihnen im Güllekeller, bis der Zeitpunkt fürs Aufbringen auf ein Feld günstig oder ein betriebsfremder Abnehmer dafür gefunden ist. Durch die sauerstoffarme Lagerung entstehen viele Fäulnisbakterien. Die verursachen nicht nur einen bestialischen Gestank, sondern verhindern später auch, dass Pflanzen die Nährstoffe gut aufnehmen können.[24]

In Abgrenzung zu Mineraldünger aus der Chemiefabrik werden mit Einstreu vermischte Gülle, flüssige Jauche, Hühner- und Stallmist sowie Kompost als Wirtschaftsdünger bezeichnet. Gelangen Tierexkremente in Kombination mit Stroh aufs Land, entschweben wesentlich weniger stickstoffhaltige Gase in die Luft, als wenn dort reine Jauche oder Gülle verteilt werden.[25] Die Emissionen bleiben dennoch beträchtlich. Um sie zu vermindern, verbietet die 2020 verabschiedete Düngeverordnung, die Stoffe auf gefrorene Böden zu verspritzen. Auf unbestellten Feldern sind sie künftig rasch einzuarbeiten. Dagegen gelten auf Grünland erst ab 2025 strengere Regeln. Mindestens bis dahin werden Kühe immer wieder gezwungen sein, Heu zu fressen, das mit ihrer Scheiße verunreinigt ist.

Doch so oder so: Die Düngermengen sind zu groß. In vielen Böden haben sich Stickstoffverbindungen massiv angereichert. Bei Regen werden sie in Richtung Bäche und Flüsse gespült oder sickern nach und nach in tiefere Erdschichten. Im viehreichen Niedersachsen ist das Grundwasser in vielen Gegenden inzwischen so stark nitratbelastet, dass Trinkwasser dort nur noch mithilfe von Filtern gewonnen werden kann. Einige Brunnen mussten deshalb sogar ganz geschlossen werden.

HEXENVERFOLGUNG MIT MISTGABELN

In den Niederlanden mit ihren extrem hohen Tierbeständen gibt es einen hohen Stickstoffüberschuss. Monatelang demonstrierten Bauern, nachdem ein höchstrichterliches Urteil das Ausbringen von Tierscheiße beschränkt hatte. Die niederländische Regierung erarbeitete Reduktionsziele, deren Umsetzung bedeuten würde, dass rund ein Drittel der Landwirte die Tierhaltung aufgeben müsste.[26] Daraufhin entstand 2019 die Protestpartei BoerBurgerBeweging, die sich den Kampf für weiterhin große Güllemengen auf die Fahnen geschrieben hat. Finanzministerin Sigrid Kaag sah sich bei einem Wahlkampfauftritt in der Provinz Overijssel mit einer wütenden Landbewohnerschaft konfrontiert. »Scheiß auf die Hexe«, schallte es ihr im Februar 2023 entgegen.[27] Bei den Provinzwahlen einen Monat später errang die Partei fast überall die meisten Stimmen.

Längst haben sich die meisten landwirtschaftlichen Betriebe auf entweder Tierhaltung oder Pflanzenanbau spezialisiert. Wer keine oder nicht genug eigene Flächen hat, um die Ausscheidungen der Tiere darauf zu verteilen, muss sie anderswo unterbringen. Vor allem von Niedersachsen und Nordrhein-Westfalen aus kutschieren damit beladene LKW oft Hunderte von Kilometern durch die Republik.
Wegen staatlicher Einschränkungen für das Ausbringen von Gülle war sie lange Zeit nicht so beliebt wie Mineraldünger. Viehbetriebe mussten oft 10 bis 20 Euro pro Kubikmeter drauflegen, damit Produzentinnen von Getreide- und Mais bereit waren, ihnen die Tierexkremente abzunehmen. Erst als die Preise für Kunstdünger 2022 in die Höhe schnellten, stieg die Nachfrage rasant an.[28]

Dünger ohne Beipackzettel

Die Luft in den Massenställen ist oft schlecht, und viele Tiere leiden unter Stress. Die auf Höchstleistungen gezüchteten Rassen haben ein schwaches Immunsystem. Antibiotika und Parasitenkiller werden darum oft nicht erst bei konkretem Anlass, sondern vorbeugend verabreicht. Außerdem fördern Antibiotika die Effizienz bei der Futterverwertung, sodass die Tiere schneller schlachtreif werden.[29] In deutschen Ställen werden jährlich über 700 Tonnen Antibiotika eingesetzt; das sind 700.000 Kilogramm. Genau wie wir scheiden die Tiere einen Großteil der Wirkstoffe wieder aus.[30] Neben Nährstoffen enthält Gülle darum Arzneimittelrückstände.
Bevor sie als Dünger ausgebracht wird, wird Gülle nicht umfangreich auf problematische Stoffe untersucht. So versickern die darin enthaltenen Medikamentenrückstände ins Grundwasser oder werden bei Regen in Bäche und Flüsse geschwemmt – und finden den Weg zu Wasserhähnen oder ins Meer.
Inzwischen haben immer mehr Bakterien Resistenzen gegen Antibiotika entwickelt. Die EU-Gesundheitsbehörde ECDC meldete im November 2022, dass jährlich über 35.000 Menschen sterben, weil es keine wirksamen Medikamente gegen ihre Infektionen mehr gibt – Tendenz steigend. Auf vielen Proben von Puten-, Hähnchen- und Schweinefleisch fand die Behörde resistente Salmonellen. Es handelt

sich aber nicht um ein Problem, das nur Fleischkonsumenten betrifft. Auch auf Salat, Gurken, Tomaten, Sprossen und Kartoffeln wurden multiresistente Keime nachgewiesen.

Schlamm drüber

Jahrzehntelang wurde auch recht bedenkenlos Klärschlamm auf die Äcker gekippt. Der enthält einerseits Nährstoffe aus den menschlichen Ausscheidungen und andererseits Medikamentenrückstände sowie Schwermetalle, Nanopartikel und Mikroplastik, die aus Haushaltsabwasser, Gewerbebetrieben und Schmutzwasser von den Straßen in die Kanalisation gelangt sind.

Doch die gesetzlichen Anforderungen werden höher. Viele Bundesländer haben das Ausbringen von Klärschlamm auf Feldern inzwischen verboten. Im Jahr 2000 wurden noch sechzig Prozent des Klärschlamms in Deutschland auf Feldern verteilt, 2019 waren es nur noch zwanzig Prozent.[31] Ab 2029 haben alle großen Kläranlagen in Deutschland diese Möglichkeit nicht mehr, ab 2032 gilt das auch für mittelgroße. Doch wo das Abwasser von weniger als 50.000 Einwohnenden entsorgt wird, darf auch danach noch »bodenbezogen verwertet« werden – obwohl deren Klärschlamm keine geringeren Schadstoffbelastungen aufweist.[32]

Welche Folgen der Nährstoff- und Chemikaliencocktail für Flüsse, Meere und die darin lebenden Wesen hat, wird seit Langem erforscht. Bekannt ist auch, dass wir beim Verzehr von Fischen und Muscheln Plastik mitessen. Über die Auswirkungen auf den Boden wissen wir dagegen noch wenig. Aus Einzelstudien geht hervor, dass Nanoplastik Springschwänze schädigt. Die Sechsfüßler spielen eine wichtige Rolle bei der Humusbildung und damit für die natürliche Fruchtbarkeit des Bodens. Wenn sie die menschengemachten Kleinstpartikel aufnehmen, werden sie nicht so groß und setzen weniger Nachwuchs in die Welt. Auch die Vielfalt der Bodenbakterien nimmt ab.[33]

Über den Boden kommen auch Mikroplastik und Nanopartikel in unsere Kochtöpfe und Schüsseln. Wissenschaftliche Untersuchungen von 2020 weisen Kontaminationen für Äpfel, Karotten, Rüben und

Salat nach.[34] Eine niederländische Pilotstudie belegte kürzlich entsprechende Verunreinigungen von Fleisch und Milch.[35] So haben die winzigen Plastikpartikel den Weg in menschliche Gehirne, Plazentas und in unseren Kot gefunden.[36] Dort scheinen sie inzwischen allgegenwärtig. Ein Forscher der Medizinischen Universität Wien und eine Kollegin vom österreichischen Umweltbundesamt haben den Stuhl von acht Menschen aus verschiedenen Ländern untersucht. Alle Proben enthielten Plastikteilchen, durchschnittlich zwanzig Partikel pro 10 Gramm Fäzes.[37]

Eine Gruppe von einigen tausend Chemikalien wird von der Industrie seit Jahrzehnten eingesetzt, weil sie wasser-, fett- und schmutzabweisend sind: PFAS. Outdoor-Jacken und Teflonpfannen, Zahnseide und Pommesverpackungen, Teppichböden, Backpapier, Kabelummantelungen und noch vieles mehr wird damit hergestellt. Die Stoffe bauen sich nicht ab und werden deshalb als Ewigkeitschemikalien bezeichnet. Inzwischen ist klar: PFAS können Krebs verursachen, Leber und Schilddrüse schädigen, Bluthochdruck, Übergewicht und Stoffwechselkrankheiten auslösen und die Fruchtbarkeit mindern.

EXISTENZBEDROHENDER DÜNGER

Die Behörden hatten den Klärschlamm, den Fred Stone zwischen 1983 und 2004 auf seinen Weiden ausbrachte, als unbedenklichen Dünger eingestuft. Dass er PFAS enthielt, erfuhr der Rinderhalter 2016, nachdem die Molkerei bei Tests die hohe Belastung seiner Milchlieferungen feststellte. Seither ist die Existenz des Bauern im US-Bundesstaat Maine zerstört. Die Behörden versuchten, ihm die Verantwortung zuzuschieben, weil die Ursache zunächst unklar war. Später wollten sie die ganze Sache vertuschen. Inzwischen hat sich jedoch herausgestellt, dass auch viele andere Bauern betroffen sind.[38] Konkrete Verursacher sind nicht auszumachen. Seit Jahren laufen Verhandlungen über staatliche Entschädigungszahlungen.[39] In Deutschland wurden 2017 Grenzwerte für PFAS im Klärschlamm festgelegt. Insbesondere in Baden-Württemberg sind auf landwirtschaftlich genutzten Flächen sehr großflächige PFAS-Kontaminationen gefunden worden.[40]

Ein neuer Markt

Heute landet Klärschlamm überwiegend in Zementwerken oder Müllverbrennungsanlagen. So gelangen die darin enthaltenen Gifte zwar nicht auf landwirtschaftlichen Flächen. Doch das Gleiche gilt auch für die Nährstoffe. Die EU hat vor ein paar Jahren Phosphor auf die Liste der kritischen Rohstoffe gesetzt, die wirtschaftlich bedeutsam sind und knapp zu werden drohen.

Daraufhin hat Deutschland die Klärschlammverordung entsprechend novelliert: Ab 2029 muss Phosphor zurückgewonnen werden. Zehn Jahre steckte das Gesetzeswerk in der Pipeline, zahlreiche Lobbyisten haben mitgeredet. Umfasste die Vorgängerverordnung noch 10 Paragrafen, so ist das Werk nun auf 39 angeschwollen.

Das Ergebnis: Wenn der Klärschlamm im getrockneten Zustand weniger als 20 Gramm Phosphor pro Kilogramm enthält, darf er weiterhin Zement beigemischt oder zusammen mit Müll verbrannt werden. Der Phosphor darin entschwindet dadurch unwiederbringlich in Häuserwänden, im Straßenbau oder auf einer Deponie. Bei höheren Konzentrationen müssen die Klärwerksbetreiber bis Ende 2023 Konzepte vorlegen, wie sie die Vorgaben in Zukunft erfüllen wollen.

Bisher herrscht allerdings nicht einmal Klarheit darüber, wie sich der Phosphorgehalt in Klärschlämmen überhaupt ermitteln lässt. Aus den jeweils 15 Proben, die die Bundesanstalt für Materialforschung und -prüfung mehreren Laboren übergab, lieferten diese signifikant unterschiedliche Ergebnisse.[41] Diese Ungewissheit erleichtert den Betreibern von Klärwerkanlagen nicht gerade die Entscheidung, was für sie die passende Lösung ist. Schließlich ist die Phosphorkonzentration entscheidend dafür, welchen Entsorgungsweg die Behörden akzeptieren.

Nach Schätzungen der Deutschen Phosphor-Plattform, einem Zusammenschluss von Forschungseinrichtungen und Unternehmen, werden demnächst lediglich etwa zehn Prozent des deutschen Bedarfs aus Klärschlämmen zurückgewonnen,[42] andere sind optimistischer. Unter den aktuellen Voraussetzungen stecken theoretisch 40 bis 60 Prozent der in der Landwirtschaft nachgefragten Phosphormengen im Klärschlamm, je nach Berechnungsmodell.[43]

Gegenwärtig herrscht auf dem entstehenden Markt für Phosphorrückgewinnung ein intensives Gerangel. Es wimmelt nur so von Machbarkeitsstudien, Demonstrations- und Pilotanlagen, häufig finanziert mit staatlicher Förderung. Die Europäische Phosphor-Plattform, ein weiteres Netzwerk aus staatlicher Forschung und Industrie, hat einen Katalog mit 53 Verfahren veröffentlicht, die zum Teil aber noch im Experimentierstadium stecken.[44] Im Prinzip gibt es zwei Wege: Entweder gewinnen die Klärwerksbetreiber den begehrten Stoff vor Ort zurück. Oder sie überlassen ihren Schlamm einem Weiterverarbeiter.

Immer wieder wird von Lösungen auf dem eigenen Gelände abgeraten: zu teuer, zu personalintensiv, zu unsicher, ob die nötigen Phosphormengen erzielt werden können. Lobbyisten der großtechnischen Alternative schüren die Unsicherheit und empfehlen Monoverbrennungsanlagen als den »heißen Scheiß«, also Öfen ausschließlich für Klärschlamm. Diese Variante ist absehbar nicht nur mit viel zusätzlichem Verkehr verbunden, sondern auch eine volkswirtschaftlich extrem teure und ökologisch fragwürdige Lösung. Sie verbraucht große Mengen an Energie und Chemikalien, um den Phosphor aus der Asche zu lösen. Darüber hinaus bleiben am Ende gefährliche Abfallstoffe übrig, die entsorgt werden müssen.[45]

Möglicherweise entstehen beim Bau von Monoverbrennungsanlagen gerade immense Überkapazitäten. Vielleicht legen Klärwerke auch erst einmal große Zwischenlager an und warten ab. Sicher ist nur eines: Es geht mal wieder um viel Geld. Aufbringen müssen es die, die Wasser- und Abwassergebühren bezahlen.

In Hamburg hat Remondis, Platzhirsch in Sachen Wasserwirtschaftstechnik, zusammen mit der Stadt die erste Großanlage für Phosphorrecycling errichtet. Die sogenannten Faultanks am Elbufer gegenüber von St. Pauli sehen aus wie riesige, silberne Eier. Zunächst sollen hier jährlich 200.000 Tonnen Klärschlamm getrocknet und dann zu 20.000 Tonnen Asche verbrannt werden. Das erklärte Ziel ist, daraus 7.000 Tonnen Phosphorsäure zu gewinnen, die für die Produktion von Dünger, Gips und neuen Fällmitteln für Kläranlagen eingesetzt werden können. Im Prinzip.

Denn Chemiefirmen werden den recycelten Rohstoff nur kaufen, wenn er nicht mehr kostet als importierter. Angesichts des teuren Verfahrens wird das selbst bei hohen Weltmarktpreisen wohl nur funktionieren, wenn Staat und Steuerzahlerinnen mit Subventionen nachhelfen.

Remondis plant bereits die Vergrößerung der Anlage in Hamburg sowie zwei weitere Werke in Lünen und Kiel. Geht es um die Frage, was der Betrieb am Südufer der Elbe gekostet hat, werden alle Beteiligten schmallippig. Klar ist lediglich, dass das Bundesumweltministerium 20 Prozent Zuschuss spendiert hat.[46] Und neben Remondis versuchen selbstverständlich auch andere Konzerne, wie Veolia aus Frankreich, EnBW und Gelsenwasser, möglichst große Stücke vom neuen Kuchen abzubekommen.

Mit ihrem Vorpreschen verschaffen sich die Hersteller und Betreiber von Monoverbrennungsanlagen gegenüber dezentralen Verfahren einen strategischen Vorteil. Die Kläranlagenbetreiber, die bis Ende 2023 Pläne vorlegen müssen, wie sie ab 2029 den Phosphor zurückgewinnen, stehen unter Druck. Eine startklar bereit stehende Technik scheint die sicherste Option. Je mehr von ihnen sich dafür entscheiden, desto unwahrscheinlicher wird politischer und finanzieller Rückenwind für dezentrale Lösungen. Und auch die grundsätzliche Frage, ob sich Dünger nicht auf ganz andere Weise besser und günstiger erzeugen lässt, spielt dann keine Rolle mehr: Der Hauptweg der Entwicklung wäre erneut vorgezeichnet, als Verlängerung des bisher eingeschlagenen Pfads.

Denkfehler beim Düngen

Unbestritten ist: Der Boden muss zurückbekommen, was durch Ernte entnommen wird. Ansonsten werden die Erträge immer mickriger. »Der Boden hat für die Pflanze eine ähnliche Funktion wie der Darm bei uns. Beides sind biologische Systeme, und darin ähneln sie sich«, erklärt Ralf Bloch von der Hochschule für Nachhaltige Entwicklung in Eberswalde (HNEE). Und so, wie Milliarden von Kleinstlebewesen untereinander und mit dem menschlichen Körper kooperieren, läuft es auch zwischen Pflanzen und Mikrobiom im Boden ab. Während-

bei Menschen der Dickdarm der Hotspot des Geschehens ist, befindet er sich bei Pflanzen im Wurzelwerk und seiner Umgebung, der sogenannten Rhizosphäre.
Der Boden ist mit Abstand der vielfältigste Lebensraum. Nicht nur 25 Prozent, wie bis zum Sommer 2023 angenommen wurde, sondern sogar 59 Prozent aller bekannten Arten sind dort zu finden.[47] Neben Bakterien und Pflanzen tummeln sich dort Pilze, Geißeltierchen, Nematoden, Ameisen, Würmer und viele weitere. Wie beim Menschen macht auch beim Boden die Art und Weise der »Ernährung« einen Unterschied.
Auch wenn in chemisch hergestelltem Mineraldünger und in faserreichem Wirtschaftsdünger wie Stallmist rechnerisch die gleichen Mengen an Phosphor, Stickstoff und Kalium enthalten sind, wirken sie verschieden. So wie die Nährstoffe aus einem zuckerreichen Riegel oder einem Weißmehlbrötchen bei uns bereits im ersten Abschnitt des Dünndarms fast vollständig aufgeschlossen werden und sofort im Fettspeicher landen, läuft es im Prinzip auch ab, wenn Pflanzen mit synthetisch hergestellten Kügelchen gedüngt werden. »Wir schütten ihnen die Nährstoffe quasi direkt ins Maul«, so Bloch. Sie wachsen dann zwar schnell – doch für die mikrobiotische Wohngemeinschaft im Boden und im Inneren der Pflanzen bringen solche Dünger nichts.
Ähnlich wie im menschlichen Dickdarm hungert dann auch hier das Mikrobiom und verarmt mit der Zeit immer weiter. Parallel schwindet der Humusanteil. Der Boden kann nur noch wenig Wasser halten, trocknet schneller aus und ist stärker auf künstliche Bewässerung angewiesen. Reichern sich die im Wasser gelösten Salze in den oberen Bodenschichten an, droht insbesondere in trockenen Regionen Versalzung. Auch Überschwemmungen bei Starkregen werden wahrscheinlicher. Außerdem entweicht, wenn Humus verloren geht, der darin gespeicherte Kohlenstoff in die Atmosphäre und heizt diese weiter auf.
Böden sind extrem vielfältig und in langen Zeiträumen durch Verwitterung, Zersetzung, Mineralisierung und Humusbildung entstanden; Struktur und Wasserdurchlässigkeit unterscheiden sich erheblich. In

der Logik industrieller Agrarökonomie sind diese Unterschiede genau wie andere Standortbedingungen möglichst stark zu nivellieren. Kombipackungen aus Saatgut und Agrochemie sowie künstliche Wasserzufuhr sollen die natürlichen Unterschiede ausgleichen, sodass überall die gleichen Hochertragssorten wachsen können. Das hat Folgen. Solche Böden haben meist nur noch einen Humusanteil von ein bis zwei Prozent und bieten damit Mikroorganismen extrem wenig Lebensraum.

LEBENSGEMEINSCHAFT BODEN

Bereits Anfang des 19. Jahrhunderts beschreibt der in Europa als Begründer der Landwirtschaftslehre geltende Albrecht Thaer die fruchtbare Humusschicht als etwas Ganzheitliches; als System von wechselseitigen Beziehungen. Hundert Jahre später beginnt das Ehepaar Raoul und Annie Francé-Harrar, dieses Zusammenspiel vielfältiger Organismen zu untersuchen, und prägt dafür die Bezeichnung Edaphon (von griechisch *edaphos*, Erdboden).[48] Noch bis vor Kurzem war ein Großteil der darin lebenden Mikroorganismen unbekannt, weil sich nur die wenigsten von ihnen im Labor vermehren und untersuchen lassen. Wie beim menschlichen Mikrobiom hat auch hier erst die DNA-Sequenzierung in Hochdurchsatz-Geschwindigkeit ganz neue Fenster der Erkenntnis aufgestoßen.

Das Julius Kühn-Institut in Quedlinburg erforscht an verschiedenen Standorten in Langzeitversuchen, wie sich das Bodenleben in landwirtschaftlichen Flächen entwickelt. Dabei haben die Forscherinnen in den vergangenen Jahren ständig neue Bakterien entdeckt. Diese verfügen über eine unüberschaubare Vielfalt von Enzymen, mit denen sie organische Substanzen umwandeln und in ihre Bestandteile zerlegen können. Zusammen mit Pilzen und Algen bilden sie Schleimschichten und schützen sich damit vor Umwelteinflüssen wie Austrocknung. Außerdem docken solche Lebensgemeinschaften als sogenannte Biofilme an Pflanzen an. Deren feine Wurzelhaare haben zusammengerechnet eine enorm große Oberfläche und bieten damit viele Kontakt- und Austauschstellen.

Pflanzen scheiden gezielt Stoffe aus, die bestimmte Mikroben, aber etwa auch Mykorrhiza-Pilze anlocken. Die können Kali und Phosphor aus den mineralischen Bestandteilen des Bodens lösen und der Pflanze zur Verfügung stellen. Umgekehrt bekommen die Pilze dafür Kohlenhydrate, die sie nicht selbst herstellen können, weil sie unter der Erde kein Sonnenlicht abbekommen. In und an den oberirdischen Teilen der Pflanze helfen Mikroorganismen, Krankheitserreger und Fressfeinde abzuwehren. Darüber hinaus liefern sie Antistresshormone, die der Pflanze helfen, mit Trockenheit klar zu kommen.

Wie extrem komplex und voller Wechselwirkungen dieses Nahrungsnetzwerk ist, wird immer deutlicher. Dabei sind die ineinandergreifenden Prozesse in der natürlichen Chemie nie auf die Optimierung einzelner Wirkungsgrade ausgelegt. Vielmehr geht es um die Stabilität des Gesamtsystems. Das wird erreicht durch eine hohe Diversität und fein aufeinander abgestimmte Beziehungen. Das macht das System »elastisch« und anpassungsfähig, wenn sich die Umweltbedingungen verändern.[49] »Nirgendwo im Verlauf dieser ineinander verwobenen chemischen Prozesse entsteht auch nur die geringste Menge an Sondermüll. [...] Im Gegenteil: Alles, was auf diese natürliche Weise aufgebaut worden ist, kann [...] wieder in seine Ausgangsbestandteile zerlegt werden. [...] Der Kreislauf ist zu 100 Prozent geschlossen«, beschreibt der Chemiker und Naturfarbenhersteller Hermann Fischer den grundlegenden Unterschied zu den Vorgängen in einer Chemiefabrik.[50]

Was sich unter der Oberfläche eines Ackers abspielt, ist aus all diesen Gründen sehr verschieden. Wo Kunstdünger in Form von Kügelchen oder Pulver ausgebracht wird, müssen Pflanzen sich nicht groß um Nährstoffe bemühen und bilden viel weniger Wurzeln aus. In der Folge werden die so wichtigen Bodenorganismen kaum mitversorgt – und verabschieden sich.[51] Reine Gülle ist der Diversität im Boden ebenfalls nicht zuträglich, wegen der darin häufig enthaltenen Fäulnisbakterien, hoher Antibiotikaladungen und zu viel Stickstoff. Zusätzlich setzen tiefes Pflügen, das Befahren der Äcker mit immer schwereren Maschinen, Monokulturen und Pestizide der Wohngemeinschaft im Boden zu.

So entsteht eine Negativspirale. Mehr als 24 Milliarden Tonnen Boden erodieren weltweit jedes Jahr – das sind mehr als 3 Tonnen je Erdbewohner.[52] Indem Humus und lebendige Vielfalt von den Feldern verschwinden, gehen auch Schlüsselarten verloren. Ganze Ökosysteme können dadurch zusammenbrechen. Das wird allerdings meist erst klar, nachdem es geschehen ist. Aus alledem folgt: Die Ernährungssicherheit ist in akuter Gefahr. Mehrere internationale Studien warnen bereits vor einer »bodenlosen Katastrophe«.[53]

Wie könnte eine Lösung dafür aussehen? Es erstaunt nicht, dass die Flächen von Biobetrieben einen höheren Humusgehalt aufweisen als konventionell bewirtschaftete Äcker.[54] Ebenso wenig verwundert, wie Bayer und andere Agrochemiekonzerne die neuen Techniken der DNA-Sequenzierung für sich nutzen wollen: für die Entwicklung neuer Hightech-Pflanzen, aufgerüstet mit »maßgeschneiderten Bakterien«.[55]

Noch stützen etablierte Strukturen in Wissenschaft, Forschungsförderung und nicht zuletzt die Börsen den Anspruch der großen Konzerne, sie wüssten am besten, wie die wachsende Weltbevölkerung zu ernähren sei. Der Weltagrarbericht, zusammengestellt von 400 internationalen Wissenschaftlerinnen und Experten, ist jedoch bereits 2008 zu einer anderen Einschätzung gekommen: Weiter wie bisher ist keine Option. Mit einer auf Monokulturen und industriellen Techniken basierenden Landwirtschaft kann die Menschheit nicht ernährt werden. Die Böden zu verbessern, Nährstoff- und Wasserkreisläufe zu regenerieren und regional angepasste Pflanzensorten einzusetzen, ist unabdingbar.[56]

Wir stehen am Scheideweg. Der Pfad, der jetzt eingeschlagen wird, entscheidet darüber, ob und was Kinder, Enkel und Urenkel künftig zu essen haben.

Kachel in der Wohnstube eines Amrumer Kapitäns. 1750 ist Kacken offenbar noch kein Tabu, sondern gehört zum Leben dazu.

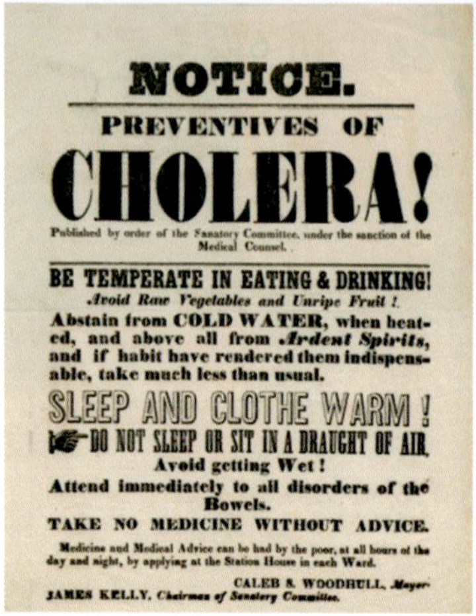

NOTICE.

PREVENTIVES OF

CHOLERA!

Published by order of the Sanatory Committee, under the sanction of the Medical Counsel.

BE TEMPERATE IN EATING & DRINKING!

Avoid Raw Vegetables and Unripe Fruit!

Abstain from COLD WATER, when heated, and above all from *Ardent Spirits*, and if habit have rendered them indispensable, take much less than usual.

SLEEP AND CLOTHE WARM!

DO NOT SLEEP OR SIT IN A DRAUGHT OF AIR.

Avoid getting Wet!

Attend immediately to all disorders of the Bowels.

TAKE NO MEDICINE WITHOUT ADVICE.

Medicine and Medical Advice can be had by the poor, at all hours of the day and night, by applying at the Station House in each Ward.

CALEB S. WOODHULL, *Mayor*.
JAMES KELLY, *Chairman of Sanatory Committee*.

Die Ratschläge zum Schutz vor Cholera auf diesem New Yorker Plakat von 1865 – sich warm anziehen, Zugluft vermeiden, darauf achten, dass die Kleidung nicht nass wird – sind völlig sinnlos.

Seit 1781 mussten alle Fäkalien aus Paris zur zentralen Deponie nach Montfaucon gebracht werden. Sie beanspruchte im 19. Jahrhundert zehn Hektar Fläche. Schlachtabfälle und Feststoffe aus den Toiletten blieben in den oberen Becken liegen, die flüssige Inhalte sickerten in die unteren Bassins oder verdunsteten. Als die Anlage überzulaufen drohte, ließen die Verantwortlichen einen Kanal bauen, der in der Seine endete.

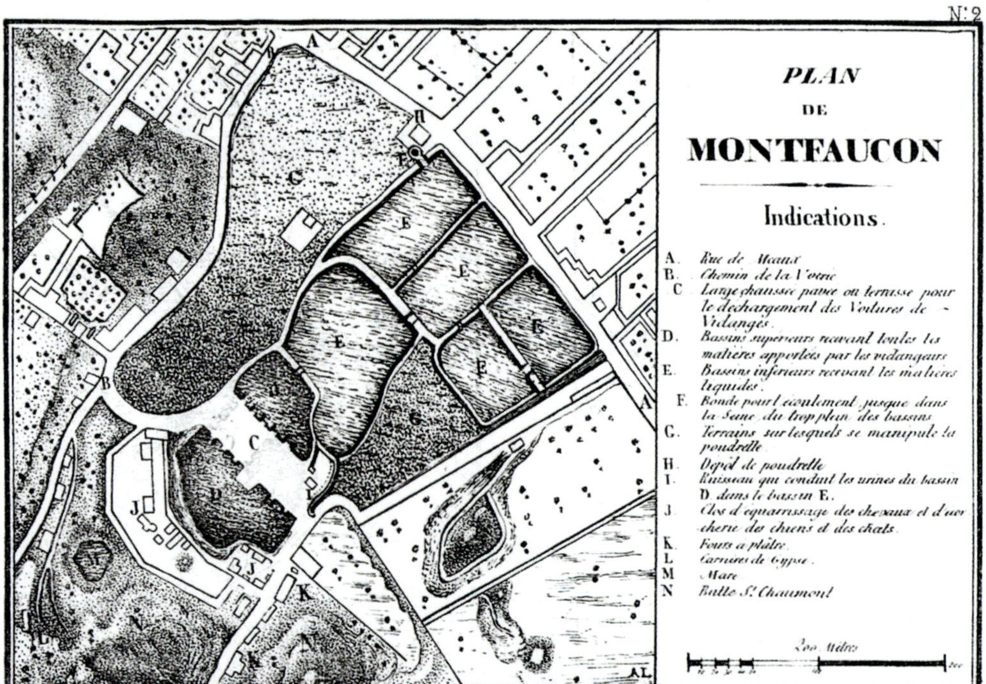

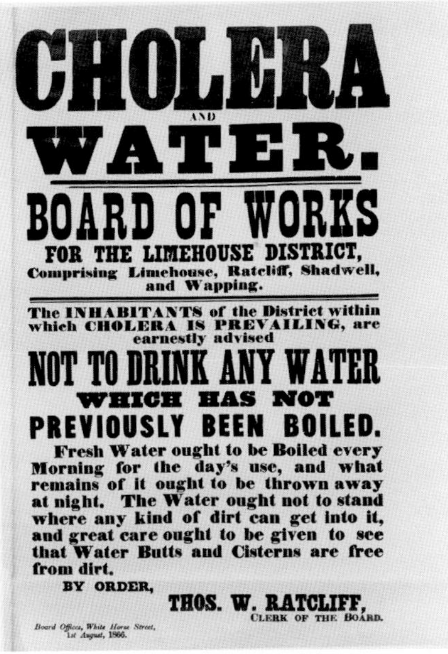

CHOLERA
AND
WATER.

BOARD OF WORKS
FOR THE LIMEHOUSE DISTRICT,
Comprising Limehouse, Ratcliff, Shadwell, and Wapping.

The INHABITANTS of the District within which CHOLERA IS PREVAILING, are earnestly advised

NOT TO DRINK ANY WATER
WHICH HAS NOT
PREVIOUSLY BEEN BOILED.

Fresh Water ought to be Boiled every Morning for the day's use, and what remains of it ought to be thrown away at night. The Water ought not to stand where any kind of dirt can get into it, and great care ought to be given to see that Water Butts and Cisterns are free from dirt.

BY ORDER,

THOS. W. RATCLIFF,
CLERK OF THE BOARD.

Board Offices, White Horse Street, 1st August, 1866.

Fast zur gleichen Zeit fordern mehrere Londoner Stadtbezirke die Bevölkerung auf, Trinkwasser abzukochen – tatsächlich eine wirksame Maßnahme gegen die Verbreitung der tödlichen Cholerabakterien.

Der Londoner Arzt John Snow ging während der Cholera-Epidemie 1854 in seinem Stadtteil Soho von Haus zu Haus und recherchierte, woher die Verstorbenen ihr Wasser bezogen hatten. Mit dem von ihm gezeichneten Plan konnte er die Behörden überzeugen, die Pumpe in der Broad Street stillzulegen – woraufhin die Zahl der Infizierten massiv sank.

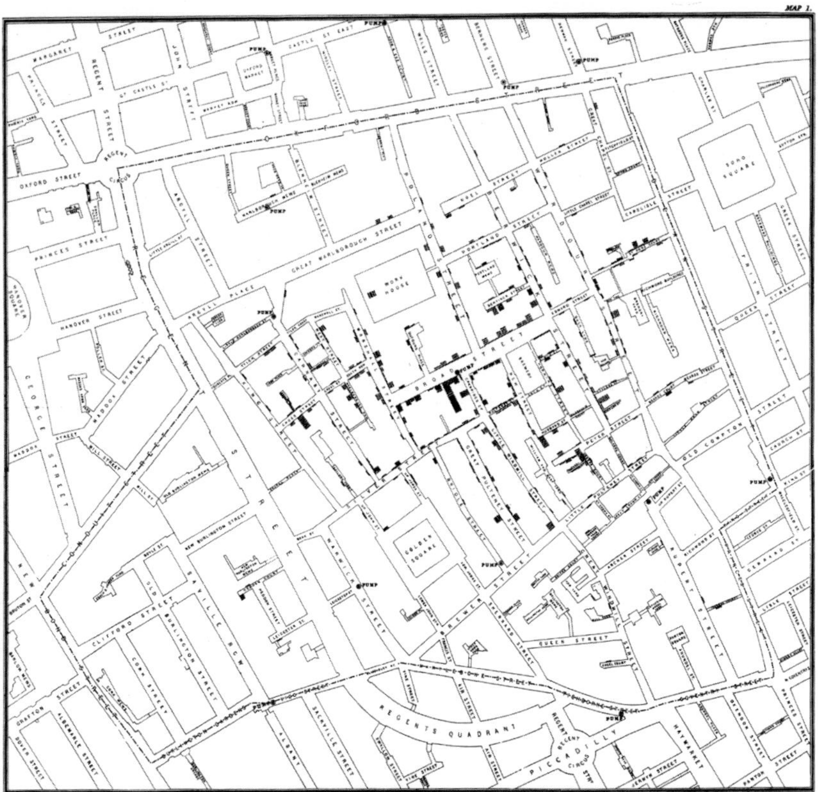

Das 2017 fertiggestellte McCook-Reservoir bei Chicago gehört zu einem riesigen Tunnel- und Flutbecken-Projekt. Es soll verhindern, dass Kanäle und Kläranlagen bei Starkregen überlaufen und die Gewässer verschmutzen. 2020 kam es dennoch erneut zu Überschwemmungen; das System ist den Auswirkungen des Klimawandels nicht gewachsen.

In den Becken des Stickney-Klärwerks in Chicago sollen Trinkwasser, Fäkalien und verschiedenste Gifte, die zuvor in der Kanalisation vermischt wurden, wieder voneinander getrennt werden. Die Kläranlage ist weltweit eine der größten ihrer Art und steht beispielhaft für den Ansatz einer zentralen, technisch und energetisch aufwendigen Abwasserbehandlung.

Trockenklo in einem Slum in Kampala. Der Filmemacher Rubén Abruña hat für den Dokumentarfilm *Holy Shit* zehn Jahre lang recherchiert und vier Kontinente besucht, um einer Frage nachzugehen: Wie geht die Menschheit heute mit ihren Ausscheidungen um, und wo überall wird schon an der Sanitär- und Nährstoffwende gearbeitet?

Die Kanalisation ist der normalerweise unsichtbare Teil des Abwassersystems, in dem das Wasser aus Gullys und privaten und industriellen Abflussrohren zusammenfließt. Rubén Abruña hat sich in Paris ein Bild davon gemacht. Die Anfänge des modernen Kanalsystems unter der französischen Hauptstadt liegen, wie in den meisten europäischen Metropolen, in der zweiten Hälfte des 19. Jahrhunderts. Heute ist es 2.400 Kilometer lang – und kommt bei Extremwetter ebenfalls an seine Grenzen.

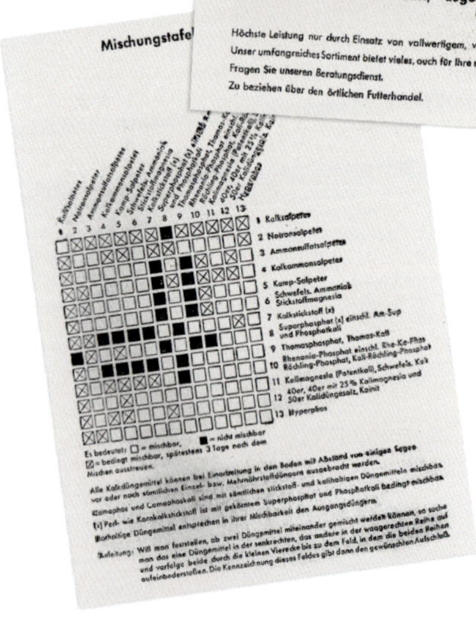

Seiten aus einer Bauernzeitung von 1961: Werbung für verschiedene Phosphordünger in Granulatform, »Kraftfutter« für die Mast von Schweinen, Rindern und Geflügel sowie eine Mischungstafel für die Kombination von Düngern aus chemischer Herstellung. Der Einsatz von Agrochemie in der Landwirtschaft ist selbstverständlich geworden.

Florida ist das Zentrum des Phosphorbergbaus in den USA. Die Vorkommen sind vor zwölf Millionen Jahren aus Tierkadavern entstanden, als es hier ein flaches Meer gab. Der Abbau des Rohstoffs, zum größten Teil für die Herstellung von Kunstdünger, ist mit erheblichem Umweltschäden verbunden. Bei unserer aktuellen Lebens- und Wirtschaftsweise führt der Weg des aus der Erde geförderten Phosphors am Schluss in den Klärschlamm – und von dort in Verbrennungsanlagen anstatt in den Stoffkreislauf.

Benoit Molineaux erntet Salat im Garten seines Hausprojekts in Cressy. Die fruchtbare Erde stammt aus eigener Herstellung.

Das Genossenschaftsgebäude hat keinen Anschluss an die Kanalisation. Ein Schilfbeet reinigt das Dusch- und Spülwasser ohne Energieaufwand.

Wurmkompostbehälter im Keller des Hauses in Cressy. Die festen Ausscheidungen aus den Wohnungen darüber fallen direkt hinein, dann übernehmen die Würmer.

Auch das Haus in der Straße Soubeyran 7, nahe der Genfer Innenstadt, ist unabhängig vom städtischen Abwassersystem. Unter der Gartenterrasse verarbeiten Würmer die mit Stroh bedeckten Toiletteninhalte. Nicht im Bild: Wiederum darunter sickern sämtliche Abwässer des Hauses durch filterndes Gestein. Danach wird das gereinigte Wasser zurück in den Kreislauf geführt.

Wer diese Toilette benutzt, füttert die darunter lebenden Würmer. Der Urin wird durch einen Schlauch abgeleitet, durchläuft einen Filter und kann dann als Dünger für Tomaten und anderes stark zehrendes Gemüse eingesetzt werden. Zu finden sind solche Holzkisten in den Gebäuden der Genossenschaft Equilibre in der Genfer Gemeinde Meyrin.

Françoise Julier-Costes zeigt ihr Klo in Soubeyran 7. Es wird genau wie ein normales Spül-WC benutzt; Männer müssen dafür im Sitzen pinkeln.

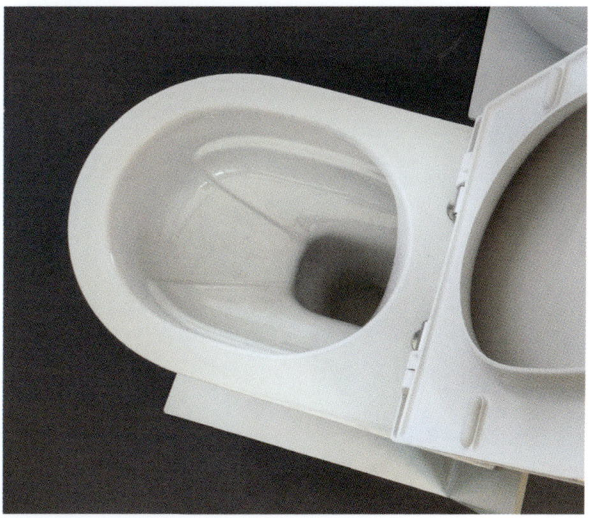

Kloschüssel mit Spezialfähigkeit dank »Teekanneneffekt«: Der Urin fließt ohne zusätzliches Wasser separat ab. Wer nicht darauf achtet, merkt nicht, dass die Schüssel etwas Besonderes ist.

Fred Stones lebt im US-Bundesstaat Maine. Seine Weiden sind mit der Ewigkeitschemikalie PFAS verseucht, seit er sie mit – offiziell unbedenklichem – Klärschlamm gedüngt hat. Die Milch darf er nicht mehr verkaufen, seine Existenz ist zerstört.

Florian Augustin, Gründer der Firma Finizio in Eberswalde, prüft die Qualität des Humusdüngers.

Zwei Monate dauert es, bis aus menschlichen Fäkalien, Grünschnitt und anderen Zuschlagstoffen ein guter Bodenverbesserer entstanden ist.

Der fertige Humusdünger ist frei von Medikamentenrückständen und anderen Schadstoffen – anders als Gülle, die oft Antibiotika und Parasitenkiller enthält.

In Wien stehen bereits hundert kostenlos zu nutzende, von der Stadt finanzierte Klos.

Abwasserlose Toiletten lassen sich einfach dort platzieren, wo sie gerade gebraucht werden. Inzwischen gibt es viele verschiedene, auch barrierefreie und komfortable Alternativen zum blauen Kackschrank aus Plastik.

Auch in der Natur, bei Spielplätzen oder Sportanlagen im Freien sorgen Trockentoiletten ohne Wasser und Chemie dafür, dass nicht der Weg ins Gebüsch (oder in die Dünen) gesucht werden muss.

Innovation »Missoir«, neben einem ebenso abwasserlosen »Pissoir« vor dem Bundesverkehrsministerium in Berlin.

Idyllische Kulisse: Auf 1159 Meter Höhe hat die Dübendorfer Firma Vuna eine Kläranlage installiert, die ohne Energie und Chemie auskommt. Sie reinigt die gesamten Abwässer eines Restaurants inklusive Sanitäranlagen mit Hilfe von Würmern, Mikroorganismen, Pflanzen und Karstgestein.

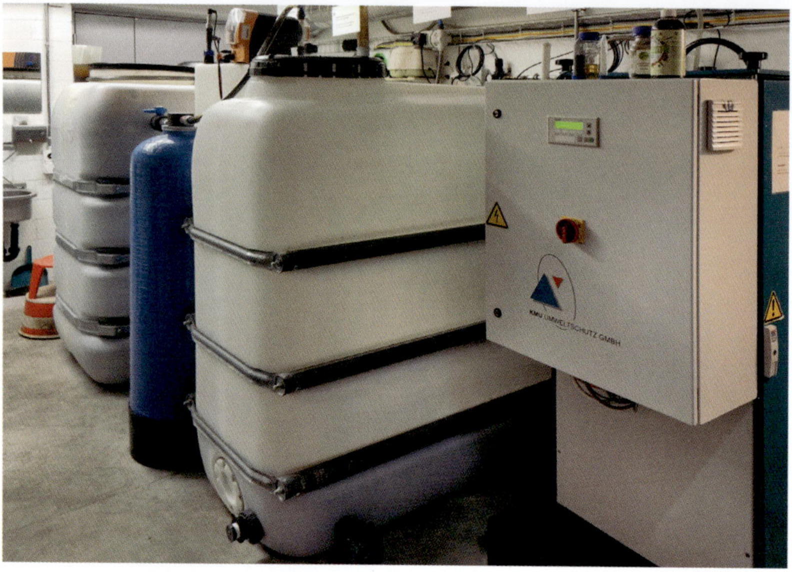

Die Eawag im Schweizer Dübendorf ist ein Zentrum der Forschung für zukunftsfähige urbane Sanitärsysteme sowie für die Herstellung von Urindünger. Die Urinaufbereitungsanlage im Keller des Hauptgebäudes ist beispielhaft dafür.

Anlagen zur Reinigung von Grauwasser lassen sich in Neubauten und bei Strangsanierungen ohne großen Aufwand installieren; hier im Keller eines Berliner Studierenden-Wohnheims.

Grit Bürgow am »Ebbe-und-Flut-Tisch«, auf dem die Pflanzen mit aufbereitetem Wasser wachsen.

Tomaten und Fische lassen sich gut und mit sparsamem Wassereinsatz gemeinsam züchten. Das Leibniz-Institut für Gewässerökologie und Binnenfischerei in Berlin forscht dazu.

Ayumi Matsuzaka, die Gründerin von Dycle, pflanzt mit Kindern Obstbäume auf Erde, die sie aus selbst produzierten und später kompostierten Bio-Windeln und Pflanzenkohle hergestellt hat.

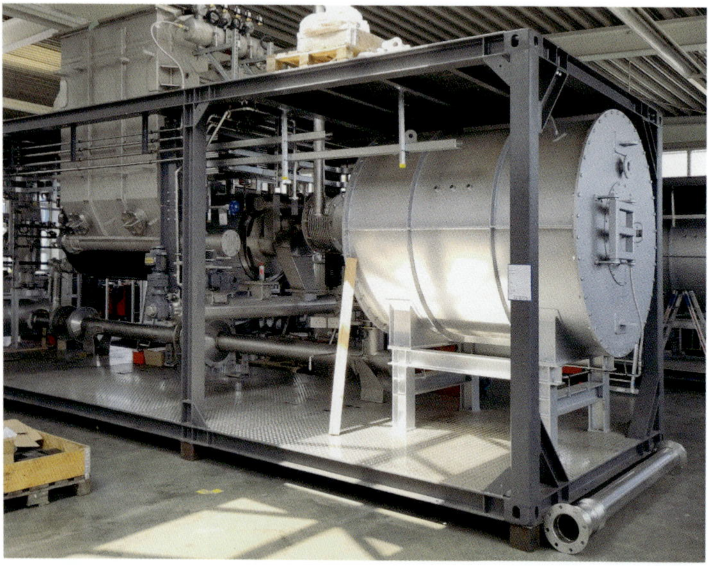

In Form von Biokohle kann klimaschädlicher Kohlenstoff dauerhaft in die Erde gebracht werden, verbessert damit zugleich die Lebensbedingungen von Mikroorganismen im Boden und erhöht dessen Wasserhaltefähigkeit. Die Firma Pyreg stellt Anlagen her, mit denen organische Stoffe verarbeitet werden können – und auch »normaler« Klärschlamm.

Ariane Krause hat zusammen mit Einheimischen in Nordtansania einen geschlossenen Nährstoffkreislauf aufgebaut. Kommen menschliche Ausscheidungen, Erntereste und Küchenabfälle aufbereitet auf die Felder zurück, bleibt die Fruchtbarkeit der Böden dauerhaft erhalten. Im ersten Jahr vervierfachte sich die Maisernte durch den Kompost.

Patrick Mavo lebt in Kampala, Uganda, und hat das »Getto-Forschungslabor« gegründet. Er leistet Aufklärungsarbeit zu Umweltthemen und zeigt den Menschen in der Nachbarschaft, wie sie hygienische, wasserlose Toiletten bauen und die Inhalte aufbereiten können.

Die »Poop Pirates« haben ihre Initiative ebenfalls in einem Slum von Kampala gegründet. Sie sammeln Hinterlassenschaften in ihren Vierteln ein und bringen sie an einen Ort, an dem sie zu Düngerpellets verarbeitet werden. Unterstützt werden sie von der NRO GiveLove, die in Uganda und Kenia den Aufbau sicherer und günstiger Sanitärsysteme und eine Kreislaufwirtschaft vorantreiben will.

Mais-, Kaffee- und Bananenpflanzen, die auf einem landwirtschaftlichen Betrieb in der Nähe von Kampala wachsen. Der Boden, auf dem sie gedeihen, wird mit aufbereiteten menschlichen Hinterlassenschaften gedüngt.

GiveLove hat die Grundschule im kenianischen Ort Wamunyu mit Toiletten ausgestattet. Die Zeichnung des Nährstoffkreislaufs am Gebäude vermittelt den Kindern wie das, was sie dort hinterlassen, direkt mit ihren Lebensgrundlagen zusammenhängt.

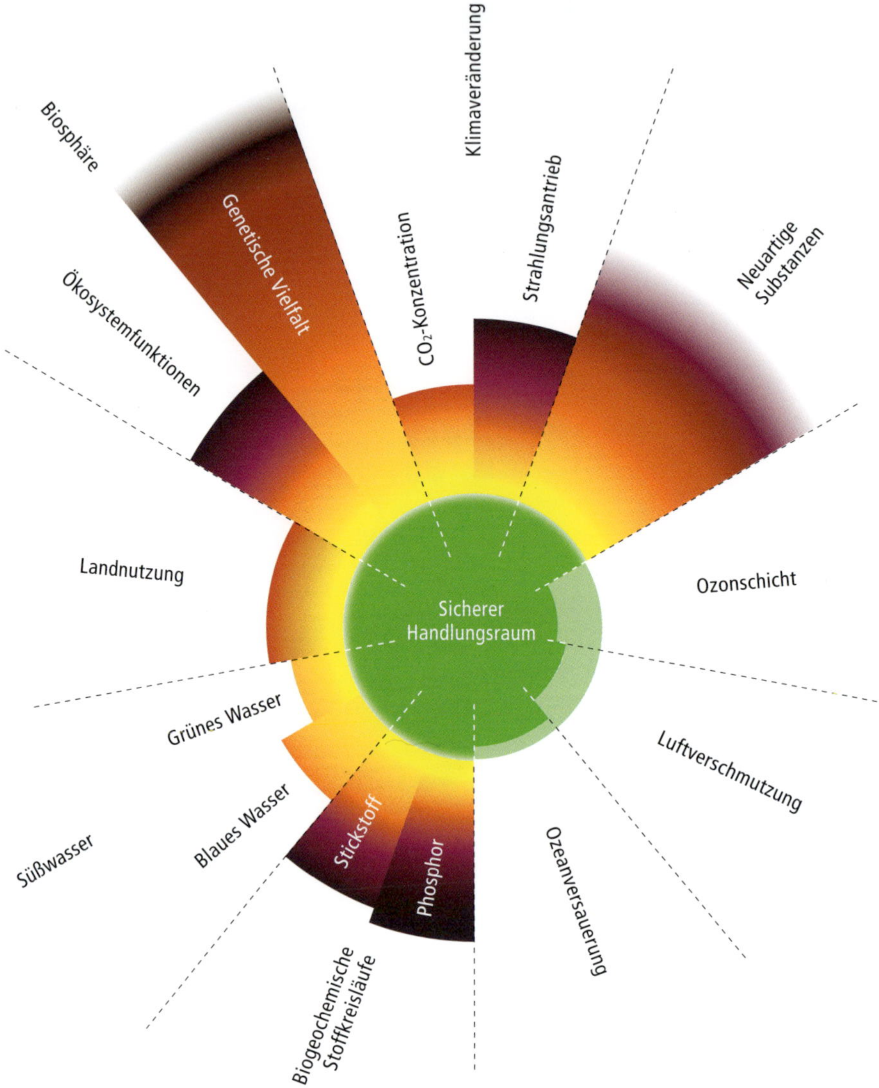

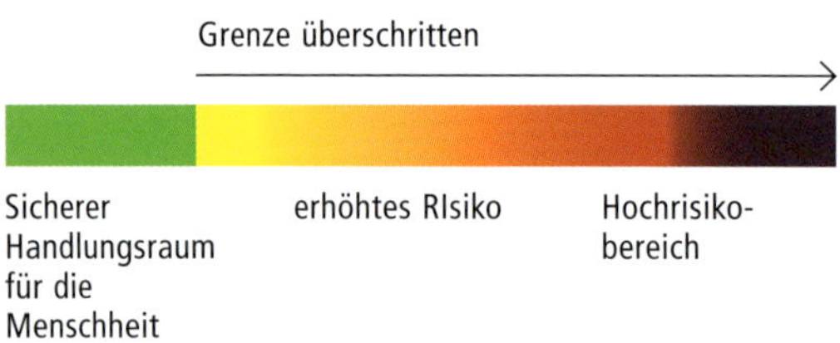

Wir leben über unsere Verhältnisse: Nach Berechnungen von 2023 sind die Belastungsgrenzen der Erde in sechs Bereichen massiv überschritten. Sowohl die gestörten Phosphor- und Stickstoffkreisläufe (in der Grafik ganz unten) als auch die Funktionsfähigkeit der Biosphäre zählen dazu.

angepasste Grafik, ursprünglich von Azote für das Stockholm Resilience Centre auf Basis von der Analyse in Richardson et al. 2023

Die Schwemmkanalisation schuf Abhilfe gegen die katastrophalen hygienischen Verhältnisse, die noch vor 150 Jahren in Europas Städten herrschten. Weil damit auch die Cholera verschwand, gilt sie als eine der größten Errungenschaften der Moderne. Ihre Einführung hatte jedoch Folgen, die nicht beabsichtigt und vielfach auch nicht absehbar waren.

Im 19. Jahrhundert ahnte niemand, dass sich die Erde erhitzen und Wasser in vielen Regionen Europas knapp werden würde. Niemand sah voraus, dass irgendwann ein kaum noch bestimmbarer Chemiecocktail durch die Kanalisationen schwappen würde: Mikroplastik aus Peelingprodukten und Straßenabrieb, Reste von Antibabypillen, Lebensmittelzusatzstoffe und Additive aus Reinigungsmitteln.

Mit immer neuen Techniken und immensem Energieaufwand versuchen die Anlagenbetreiber nun zu trennen, was nicht zusammengehört und erst in den Rohren unterhalb der Stadt aufeinandergetroffen ist. Noch vor dreißig Jahren bauten viele Kommunen im zunehmend trockenen Ostdeutschland überdimensionierte Wasser- und Abwassersysteme. Die müssen nun ständig mit Frischwasser durchgespült werden, damit sich nichts in den Rohren ablagert.

Das Vertrauen, dass Ingenieure für alle Probleme schon geeignete Lösungen finden, hat das Industriezeitalter geprägt. Wenn neue technische Verfahren entwickelt und Anlagen gebaut werden, sind die damit einhergehenden Nebenwirkungen kaum ein Thema. Mit der Zeit werden die Folgen jedoch immer komplexer und großflächiger. Im Hinblick auf die Kanalisation heißt das: Das Ursprungsproblem der mangelnden Hygiene in den Metropolen Europas ist gelöst; doch zugleich sind Kaskaden neuer Gefahren und nicht intendierter Konsequenzen entstanden, die nun ihrerseits durch immer neue Techniken entschärft oder aus der Welt geschafft werden sollen – was nicht gelingt, wenn wir ehrlich sind und die vielen Nebenwirkungen in die Bilanz einbeziehen.

Statt dieser Tatsache ins Auge zu sehen, verfestigen wir die einmal getroffene Entscheidung immer weiter. Infrastruktur und Betrieb werden immer aufwendiger. Ganze Wirtschaftsbranchen entstehen für Detailverbesserungen, darauf zugeschnittene Studien- und Ausbildungsgänge vermitteln die entsprechende Expertise. Auch weil die Schwemmkanalisation so gut als Arbeitbeschaffungsmaßnahme funktioniert, gibt es keine Überlegungen zu grundsätzlichen Alternativen.

Mit der neuen Infrastruktur wandeln sich auch Kultur und Alltagserfahrung. In weiße Porzellanschüsseln zu kacken und das Ganze mit einem Schwung Trinkwasser im Untergrund verschwinden zu lassen, gilt weltweit als Ausdruck von Zivilisation: Abziehen – und sofort vergessen. Dass das nicht zukunftsfähig sein könnte, erscheint undenkbar. Und doch sollten wir dieser Tatsache ins Auge sehen. Es gibt keinen guten Grund, an einem System festzuhalten, das vor hundert Jahren eingeführt wurde und schon damals einen Denkfehler enthielt. Wir können diesen Irrtum jetzt korrigieren – indem wir Wege finden, auch unter modernen Lebensbedingungen mit den natürlichen Stoffströmen und -kreisläufen zu arbeiten anstatt gegen sie.

Zusammendenken, was zusammengehört

Wie und was wir essen und trinken, ist ein zentraler Faktor für unsere Zukunft. Wie wir mit unseren Ausscheidungen umgehen, steht in direktem Zusammenhang damit. Denn die Exkremente bergen nicht nur Gesundheitsgefahren: Jeden Tag verlieren etwa tausend Kinder ihr Leben durch verseuchtes Trinkwasser, wobei Fäkalbakterien eine ausschlaggebende Rolle spielen.[1] Zugleich steckt darin riesiges Potenzial für eine natürliche Düngung. Bingo! Lassen sich womöglich beide Aufgaben auf einmal lösen? Hygienische Verhältnisse und gute, ausreichende Nahrung für alle?

Wo über die Zukunft der Welt beraten wird, scheint das Wissen um diese Zusammenhänge noch nicht angekommen. Vom Umgang mit den Hinterlassenschaften war lange nicht einmal die Rede. »2001 weigerte sich die UN noch, von einem Sanitärproblem zu sprechen; es ging immer nur um sauberes Wasser«, erklärt Jack Sim, warum er damals den Welttoilettenverband gegründet hat.[2] Er wollte das wichtige Thema endlich auf die Tagesordnung bringen.

2015 wurde dann schon mehr Klartext gesprochen. Die Vereinten Nationen verabschiedeten 17 Ziele für eine nachhaltige Entwicklung (SDG). Dazu zählt, dass es bis zum Jahr 2030 für alle Menschen sauberes Wasser und Sanitäreinrichtungen geben soll. Außerdem hat sich die Weltgemeinschaft vorgenommen, den Hunger auf der Erde zu beenden. Dass die beiden großen Aufgaben direkt miteinander zusammenhängen, wird allerdings immer noch nicht thematisiert. Auch Förderprogramme und Hilfsprojekte konzentrieren sich entweder auf den einen oder den anderen Aspekt. Derweil steigt die Zahl der Hungernden sogar wieder.[3] Zugleich erwartet die Weltgesundheitsorganisation, dass 2023 ein Rekordjahr in puncto Cholera werden könnte.[4]

Versuchen wir es doch mal mit einer anderen Perspektive. Anstatt an einzelnen Problemen herumzudoktern, könnten wir systemisch vorgehen – indem wir die Zusammenhänge ins Zentrum stellen und dort ansetzen. Die wissenschaftliche Basis dafür existiert. 2019 hat die Eat Lancet Kommission einen »Speiseplan für Mensch und Erde« vorgelegt. 37 internationale Forschende unterschiedlicher Disziplinen haben daran mitgearbeitet. Die erfreuliche Nachricht: Auch eine wachsende Menschheit kann gut ernährt werden, ohne die Erde zu ruinieren. Es kann gelingen, wenn zum einen viel weniger tierische Produkte und mehr proteinhaltige Hülsenfrüchte auf die Teller kommen. Zum anderen müssten die Lebensmittel anders hergestellt werden als heute. Die fundamental gestörten Stickstoff- und Phosphorkreisläufe wieder zu schließen ist dabei ein zentraler Aspekt.

Wie eine Agrarproduktion aussehen müsste, die auch noch die Ernährung unserer Enkel gewährleisten kann, haben 400 internationale Experten und Wissenschaftlerinnen bereits 2008 skizziert. Eine kleinteilige, vielfältige, regional angepasste Landwirtschaft ist wesentlich umweltverträglicher als Monokulturen, die auf Kunstdünger und Pestiziden basieren. Zusätzlich kann sie – mit entsprechendem Sachverstand ausgeführt – im Vergleich viel produktiver sein, so das Ergebnis des Weltagrarberichts.[5]

Allerdings ist das Wissen, wie das in der jeweiligen Region am besten geht, in vielen Fällen verloren gegangen – oder hat mancherorts nie existiert. Es kommt also darauf an, die Agrarmethoden an die jeweiligen Bedingungen anzupassen, an traditionelles Wissen anzuknüpfen und neues aufzubauen. Wie gut, dass es inzwischen Kommunikationswerkzeuge gibt, die zu verschwindend geringen Kosten und mit Übersetzungsprogrammen einen weltweiten Erfahrungsaustausch ermöglichen können.

Die Scheiße als Lehrerin für neues Denken

Vielleicht ist es ausgerechnet die heutzutage so stark tabuisierte Scheiße, die uns den Weg zu grundlegend neuen Erkenntnissen weisen kann. Mit ihrer Hilfe und der neuen, 200 Millionen Mal schnelleren DNA-Sequenzierung[6] hat die Menschheit quasi ein neues Universum entdeckt – nicht im Weltall, sondern im Dickdarm.

Grundlage unseres bisherigen Handelns ist also ein in wesentlichen Punkten unvollständiges Wissen über die Natur und ihre Netzwerke. Grundsätzlich ändert daran auch die neue Technik nichts. Doch sie zeigt uns, wie unendlich komplex biologische Zusammenhänge sind. Alles erfassen, abbilden, kontrollieren und planen zu wollen, erscheint vor diesem Hintergrund geradezu lächerlich.

Dass der Mensch über der Natur steht, hat sich als fatale Fehleinschätzung entpuppt. Wir sind Bestandteil eines Systems unendlicher Wechselwirkungen und Beziehungen, in die wir fundamental eingebunden sind. Auf vielfältige Weise hängen wir ab von anderen Lebewesen innerhalb und außerhalb unseres Körpers. Gene, Mikroben, wir selbst und unsere Umwelt existieren nicht getrennt voneinander. Alles in Einzelelemente zerlegen zu wollen, um es dann isoliert zu betrachten, verfehlt das Wesentliche.[7]

Wir bestehen aus denselben Elementen wie alle anderen Lebewesen. Und nicht nur in unseren Körpern, sondern überall siedeln Milliarden von Mikroorganismen. Sie machen den Boden fruchtbar, von dem wir uns ernähren, und sorgen dafür, dass wir das Essen verwerten können. Ohne sie könnten wir nicht leben.

Seit dem 17. Jahrhundert hat sich in Europa ein mechanistisches Weltbild durchgesetzt, und westliche Gesellschaften sind heute so organisiert, als ob die Welt die Summe ihrer Teile wäre.[8] Der Schulunterricht ist seit jeher in Fächer unterteilt, auch Studiengänge und Berufe differenzieren sich immer stärker aus. Gesetze, Verordnungen und Regelungen werden immer detaillierter. Wir zerlegen Prozesse in immer kleinere Schritte in der Annahme, dass sie so beherrsch- und kontrollierbar bleiben. Auf diese Weise versuchen wir, unser Handeln mit einer Wirklichkeit in Einklang zu bringen, die tatsächlich als System funktioniert – und nicht als Summe ihrer Einzelteile.

Doch dieses Weltbild zerbröselt. Die globalen, ineinander verschränkten ökologischen und sozialen Megakrisen zeigen, dass wir rasant auf dem Weg in die Sackgasse sind. Durch unseren fragmentierten Blick auf Einzelaspekte drohen wir in einer überwältigenden Menge von Details zu versinken; vom Stress, das alles regeln zu wollen, ganz abgesehen. Ein altes Sprichwort bringt die Lage auf den Punkt: »Wir sehen den Wald vor lauter Bäumen nicht.« Zugleich schafft unser Bemühen, Einzelfragen zu lösen, ständig weitere Probleme und Gefahren, denen mit immer neuen Vorschriften, Grenzwerten und Regularien nicht beizukommen ist.

Nur wenn wir die Wirklichkeit als ein komplexes Spiel von Kreisläufen, Wechselwirkungen und Rückkopplungen akzeptieren, das wir nur teilweise durchschauen können, können wir Orientierung und Handlungsfähigkeit gewinnen. Dazu gehört auch eine gewisse Demut: Unser Wissen ist beschränkt und wird es immer bleiben. Nur weil uns etwas überflüssig erscheint, ist es nicht verzichtbar. Vielleicht haben wir nur seine Funktion im System nicht erkannt.

UNGEAHNTE FUNKTION

Munter entfernten Ärzte in Deutschland viele Blinddärme, weil diese angeblich nutzlos sind. Noch 2012 griffen Chirurgen hierzulande deshalb fast doppelt so häufig zum Skalpell wie in Großbritannien, Italien oder den Niederlanden.[9] Dass in den anderen Ländern deswegen mehr Menschen einen Darmdurchbruch erlitten, ist nicht bekannt. Seit kurzem weiß man nun, dass der Wurmfortsatz von zentraler Bedeutung für unser Immunsystem ist. Er bietet Unterschlupf für Bakterien, die beispielsweise nach schweren Durchfällen eine neue Besiedelung des Darms aufbauen können.

In vielen Bereichen des Lebendigen werden wir vielleicht nie erfahren, welche Rolle sie im großen Netzwerk spielen. Das heißt aber nicht, dass sie unwichtig sind. Häufig lässt sich die Bedeutung erst feststellen, wenn etwas nicht mehr da ist. Dann aber ist es zu spät.

Am Scheideweg

Wir stehen am Ende einer Ära – und am Anfang einer neuen. Sowohl unsere Ernährung als auch der Umgang mit unseren Ausscheidungen haben erhebliche Anteile an den globalen Megaproblemen Klimaerwärmung, Artenschwund sowie gestörte Wasser-, Stickstoff- und Phosphorkreisläufe. Die schaukeln sich gegenseitig hoch und verschärfen sich gegenseitig.

Die gute Nachricht: Das gilt auch umgekehrt. Lösungen können sich ebenfalls gegenseitig verstärken. Statt also einzelne Probleme wie die Cholera, die Überdüngung der Flüsse oder den Phosphormangel isoliert anzugehen, gehören die Zusammenhänge im System ins Zentrum der Aufmerksamkeit. An vielen Stellen zwischen Kloschüssel und Acker erforschen und probieren Pioniere, wie sich die gestörten Kreisläufe wieder schließen lassen. Die Herausforderung ist gigantisch. Sowohl die gebaute Infrastruktur als auch mächtige Wirtschaftszweige, der Alltag und gesellschaftliche Vorstellungen von Zivilisation stabilisieren das gegenwärtige System.

Wie immer, wenn etwas Neues beginnt: Wer in eine andere Richtung will, schwimmt oft gegen den Strom. Auch die Tüftler, die die ersten Windräder und Solarzellen bauten, wurden ignoriert oder ausgelacht, als sie damit anfingen. Sie leiteten damit die Energiewende ein – gegen den Widerstand von Politik und Atomkonzernen, die sich die Stimmungsmache etwas kosten ließen. Noch 1993 behaupteten sie in einer Anzeige: »Regenerative Energien wie Sonne, Wasser oder Wind können auch langfristig nicht mehr als vier Prozent unseres Strombedarfs decken.«[10]

Ähnliches erleben jetzt die, die sich schon konkret damit befassen, wie die notwendige Ernährungs- und Sanitärwende aussehen könnte. Die bestehenden Strukturen sind stark und von denjenigen, die davon profitieren, kommt Widerstand. Doch die Pioniere lassen sich nicht abschrecken. »Es ist, als ob wir mit dem Tretboot auf den Atlantik hinausfahren«, beschreibt Florian Augustin die Situation. Der Leiter des Kleinunternehmens Finizio, das Scheiße in fruchtbare Erde verwandelt, ist optimistisch. »Irgendwann werden wir die politischen Rahmenbedingungen geändert kriegen. Wir sind ja viel jünger als die, die heute zu entscheiden haben.«

Jedes Jahr organisiert der Verein NetSan einen Scheiße-Kongress. Die Mitglieder kommen aus dem deutschsprachigen Raum, sind Tüftler, Wissenschaftlerinnen, Verwaltungsangestellte sowie seit Neuestem auch ein Bauer. Sie konstruieren und betreiben Trockentrenntoiletten, experimentieren mit biologisch abbaubaren Windeln, stellen Dünger aus Exkrementen her, forschen zu diesen Themen oder versuchen in ihren Kommunen, Offenheit dafür herzustellen. 2023 findet die Versammlung in Wolkersdorf statt, einer Kleinstadt im österreichischen Weinviertel. Um niemanden zu schockieren, heißt das Treffen diesmal offiziell Sanitärwende-Kongress.

Quereinsteiger willkommen

Die Firma öKlo ist in Wolkersdorf ansässig und hat auf ihrem Betriebshof neben dem Bahnhof einen Tapetentisch aufgebaut, auf dem Einmachgläser und Flaschen stehen. »Urin ist die Quelle unendlicher Forschungsmöglichkeiten«, begeistert sich Ludmilla Gemeiner über die gelben, braunen, roten und fast schwarzen Flüssigkeiten darin.
Die elegant gekleidete Biotechnologin schüttet Pulver aus einer kleinen Dose in das erste Gefäß, rührt mit einem Glasstäbchen um, und augenblicklich verwandelt sich in ein milchiges Rotbraun, was eben noch durchsichtig hellgelb war. »Drei Gramm Magnesium machen aus zehn Litern Urin in ein paar Tagen den Langzeitdünger Struvit«, erklärt sie ihrem interessierten Publikum. Wie der aussieht, zeigt der nächste Behälter: Unten hat sich eine dünne, sandartige Schicht abgesetzt. Die müsse nur noch abgeseiht und getrocknet werden und ergebe dann den hocheffektiven Mineraldünger, so Gmeiner. Sie öffnet ein mit getrockneten, grauen Bröckchen gefülltes Marmeladenglas und lässt einen Zuschauer daran schnuppern. »Riecht kaum«, verkündet der junge Mann.
Gmeiner, die jahrzehntelang bei Siemens gearbeitet hat, ist glücklich, bei öKlo gelandet zu sein. Hier in der Forschungsabteilung darf sie ihrer Neugier und Intuition freien Lauf lassen. Der vierzig Personen große Betrieb entwickelt und vermietet Trockentoilettensysteme.

Anders als bei den landläufigen, vertrauten Chemieklos lautet die Aufgabenstellung dabei nicht »Entsorgung«. Was im Klo landet, wird als Rohstoff verstanden. Gerade versuchen sie herauszufinden, wie sich am effektivsten Energie aus Exkrementen gewinnen lässt, und ob sich eine Mischung aus Kot, Holzspänen und Klebstoff als Wärmedämmung oder Lärmschutz eignet.

Seinen Anfang nahm das Unternehmen öKlo auf einem Musikfestival, an dem die späteren Gründer als Musiker und Techniker beteiligt waren. Vegetarisches Essen ohne Plastikmüll gehörte von Beginn an zum Konzept. In Sachen Toiletten aber fiel den Organisatoren lange nichts anderes ein, als sie von einem konventionellen Anbieter zu mieten. »Wir haben jedes Mal unter diesen Plastikboxen gelitten, die nach Chemie stinken und einfach der Horror sind«, erzählt Niko Bogianzidis. Nachdem sie bei einem Konzert in Frankreich erstmals Trockenklos erlebt hatten, stand fest: Die würde es im nächsten Jahr auch bei ihnen geben.

So bauten sie die ersten Holzkabinen als Alternative zum bekannten blauen Kackschrank aus Plastik: zwanzig leicht auseinandernehmbare Boxen, die unter der Klobrille mit 60-Liter-Tonnen für die Fäkalien ausgestattet sind. Damit es nicht stinkt, kippt jede Nutzerin ein Schäufelchen Holzspäne auf ihre Hinterlassenschaft. Die Tonnen sind von hinten leicht herauszuziehen und werden für den Transport mit Schraubdeckeln verschlossen. Wenn sie nicht gebraucht werden, lassen sich die mobilen Klos einfach und platzsparend lagern.

»Und dann redeten beim Festival alle nur noch über die Klos, obwohl wir super internationale Musiker da hatten«, erzählt Bogianzidis. Tageszeitungen berichteten, sogar das Fernsehen. Bald wollten ein Golfclub und Veranstaltungsagenturen auch solche Toiletten haben. »Für uns war das ein Aha-Erlebnis: Es gibt einen Markt«, so Bogianzidis. Er arbeitete damals als Administrator in einem Hanfshop, und auch die anderen hatten noch Jobs als Kindergärtner, Snowboardlehrer, Verlagsangestellter oder Chemieverfahrenstechniker.

2017 gründeten sie ihr Unternehmen. Sie vermieteten die Toiletten als Komplettpaket, mit dem dazugehörigen Reinigungs- und Entsorgungsservice. Als mit der Coronapandemie sämtliche Konzerte und

Großveranstaltungen ausfielen, wurde es zunächst eng. Aber auf den Baustellen ging die Arbeit ja weiter, überlegten sie, und auch Städte könnten mehr öffentliche Toiletten gebrauchen.
Einer ihrer Wiener Fans beantragte erfolgreich ein Klohäuschen für sowohl die Kundinnen seines Ladens als auch Besucher des benachbarten Parks. Weil die Trockentoiletten gut angenommen wurden, bestellte der Bezirk im folgenden Jahr weitere. Inzwischen stehen im Wiener Stadtgebiet über hundert kostenlos zu nutzende öKlos, die teilweise täglich gereinigt werden. Sie haben einen großen Vorteil: Da sie keine Wasser- und Abwasseranschlüsse benötigen, können sie je nach Saison und Bedarf leicht versetzt werden. Auch auf dem Bau und im Weinberg werden die Holzkabinen geschätzt. Anders als bei Chemietoiletten muss kein Absaugfahrzeug an sie heranfahren. öKlos lassen sich problemlos auch im zehnten Stock eines Rohbaus aufstellen. Außerdem ist der zusammenklappbare Bausatz einfacher zu transportieren als die über zwei Meter hohen, sperrigen Plastikklos.
Isabella Binder wurde auf die Firma aufmerksam, als sie nach Komposttoiletten suchte, um Wasser zu sparen und den Inhalt für ihren eigenen Garten zu nutzen. Die gelernte Buchhändlerin hat hier Löten und Gabelstaplerfahren gelernt und arbeitet als Springerin. Das findet sie gut, wie auch die Gemeinschaft von sehr unterschiedlichen Menschen. Mal ist sie in der Werkstatt, mal fährt sie mit dem Kleinbus durchs Land, wechselt die Tonnen aus, füllt in den Kabinen Holzspäne und Klopapier nach und putzt. Und ab und zu kocht sie Mittagessen für alle.
Auch Nico Brandstetter identifiziert sich voll mit dem Betrieb. »Am Anfang sollten meine Freunde nicht wissen, dass ich bei einer Klofirma arbeite. Aber jetzt trag' ich unsere Weste auch in der Stadt«, sagt der 25-Jährige mit den tätowierten Armen und Piercing in der Nase. Offen erzählt er, dass er die Schule abgebrochen hat und obdachlos war. »Ich wusste nicht, was ich wollte.« Nach einem Jahr Arbeitslosigkeit kam er vor vier Jahren als Praktikant hierher, inzwischen ist er Marketingleiter und findet es super, dass er sogar dafür bezahlt wird, auf Musikfestivals zu fahren.

Eine Idee liegt in der Luft

öKlo ist eines von etwa einem halben Dutzend Unternehmen im deutschsprachigen Raum mit ähnlichem Konzept, aber unterschiedlichen Ursprungsmotivationen. Das erste, Nowato, gründeten die Schwestern Séverine und Elisabeth Felt 2012 in Frankfurt am Main. Damals arbeiteten sie als Informatikerinnen. »Wir wollten was Praktisches und Sinnvolles tun, das auch Kindern zugutekommt«, erzählt Séverine. Die aus Frankreich stammenden Frauen stellten fest, dass es in Deutschland noch niemanden gab, der Komposttoiletten vermietete und dazu den Reinigungsservice anbot – anders als in ihrer Heimat. Inzwischen stehen ihre Häuschen auf Abenteuerspielplätzen, in Waldkindergärten, Botanischen Gärten und Friedwäldern und werden auch für Hochzeitsfeiern und kleinere Festivals gebucht.

WINDELKREISLAUF

Etwa zehn Prozent des Abfalls in Restmülltonnen sind Wegwerfwindeln. Bevor sie dort landen, kostet ihre Herstellung außerdem Erdöl für Plastik und Absorber. Das Berliner Unternehmen Dycle hat als Alternative ein völlig anderes Konzept entwickelt: Gruppen von etwa hundert Kindern tragen vollständig kompostierbare Windeln, die nach Gebrauch eingesammelt, hygienisiert und kompostiert werden. Das Baby trägt eine hübsche Gummihose, die darin eingelegte Windel besteht aus pflanzlichen Fasern; etwa aus Hanf, Mais- oder Bananenblättern, je nachdem, was in der jeweiligen Region vorkommt. Die Windeln lassen sich selbst herstellen. »Die Hälfte der Leute, die sich für unser Konzept interessieren, kommt aus dem globalen Süden«, berichtet Firmengründerin Ayumi Matsuzaka. In Kombination mit Holzkohle ergeben die kompostierten Windeln eine hervorragende Erde. Darauf sollen Obstbäume gepflanzt werden.

Bei Malte Schremmer war ein heftiger Durchfall in Burkina Faso der Auslöser für seine Beschäftigung mit dem Thema, ein anständiges Klo tagelang sein Sehnsuchtsort. Danach beschloss er, seine Bachelorarbeit über Sanitärsysteme ohne Wasseranschluss zu schreiben. Was später passierte, klingt wie das klassische Startup-Klischee: »Wir saßen mit ein paar Freunden beim Bier zusammen. Am nächsten Tag endete in Kiel ein Ideenwettbewerb, wir beschlossen mitzumachen und bekamen eine erste Förderung«, berichtet der inzwischen 35-Jährige. »Mit zehn linken Händen bauten wir die ersten Klos.« Die waren ein voller Erfolg, und Schremmer und seine Mitstreiter gründeten das Unternehmen Goldeimer. Auf Großfestivals ist der Name heute allen ein Begriff.

Séverine Felt fasst zusammen. »Wir sind alle klein, kennen uns und kooperieren.« Niemand will der größte Anbieter von abwasserlosen Toiletten werden. Und nicht bei allen Initiativen war von Anfang an klar, dass sich damit nicht nur viel Trinkwasser sparen lässt, sondern auch etwas zu gewinnen ist: Nährstoffe. Heute ist die Sanitär- und Nährstoffwende das gemeinsame große Ziel. »Dafür müssen wir natürlich auch Wirtschaftsstrukturen aufbauen, von denen Leute leben können«, ergänzt Schremmer. Vor allem aber ist ein Bewusstsein dafür zu schaffen, dass Urin und Kot Wertstoffe sind und nicht der letzte Dreck. Deshalb verkauft Goldeimer in seinem Internet-Shop neben Trockenklo-Bausätzen auch Toilettenpapier, Dünger – und *Das Kochbuch für den Arsch*.

Wanted: Abfallschlüssel für menschliche Exkremente

Für eine Sanitär- und Nährstoffwende muss sich an vielen Stellen etwas bewegen – und zwar parallel. Abgesehen von dem Tabu, das zu überwinden ist, sind Politikerinnen zu überzeugen, staatliche Regelungen zu ändern und Techniken zu entwickeln, die skalierbar sind. Bei alledem tauchen ständig Henne-Ei-Probleme auf.

Für Gesetze, die die neuen Entwicklungen zulassen und möglichst sogar fördern, sind bereits funktionierende Beispiele und Geschäftsmodelle die Voraussetzung. In der Regel hinkt die juristische Lage Entwicklungen jedoch hinterher, weil Regulierungsbedarf erst gesehen wird, wenn Probleme gesellschaftlich als solche wahrgenommen werden. Genau daran aber mangelt es bisher.

Die Wirtschaftsingenieurin Ariane Krause ist eine der Vordenkerinnen auf diesem Feld. Neben ehrenamtlicher Recherche- und Lobbyarbeit, die sie für den Verein NetSan macht, leitet sie das vom Bundesforschungsministerium finanzierte Forschungsprojekt zirkulierBAR.

Dabei soll exemplarisch eine regionale Kreislaufwirtschaft aufgebaut werden. Weil Bereiche betroffen sind, die bisher keine Berührungspunkte haben, und mehrere Paragrafen geändert werden müssten, ist die Sache äußerst knifflig. Oft wirkt die Gesetzeslage wie eine Blockademauer, bei der mehrere Bausteine ineinander verkeilt sind. Zugleich ist das Ganze ein Beispiel für die extrem hohe Komplexität und Regelungsdichte in Deutschland.

KOT UND URIN IM JURISTISCHEN GESTRÜPP

→ Das Kreislaufwirtschaftsgesetz sieht vor, dass möglichst viele Abfälle wieder- und weiterverwendet werden. Doch in der Bioabfallverordnung tauchen Kot und Urin nicht auf. Dort geht es lediglich um »Abfälle tierischer oder pflanzlicher Herkunft oder aus Pilzmaterialien«, also Gärreste aus Biogasanlagen, Küchenabfälle und bestimmte tierische Nebenprodukte wie etwa Eierschalen und Knochen. Allerdings dürfen nur die in der Bioabfallverordnung explizit erwähnten Stoffe »bodenbezogen verwertet« werden.

→ Die Düngeverordnung wiederum gibt genau vor, was Landwirte beim Ausbringen von Kaninchenfestmist, Schweinejauche, Hühnertrockenkot sowie festem und flüssigem Klärschlamm zu beachten haben. Menschliche Fäkalien werden auch hier nicht erwähnt. Weil sie somit rechtlich nicht zugeordnet sind, sind sie in Deutschland auch als Ausgangsstoff für die Produktion von Dünger verboten – anders als in der Schweiz. Dort interessiert die Behörden lediglich, ob das fertige Produkt okay ist; woraus es hergestellt wurde, ist wurscht.

→ Das Abwasserrecht ist die einzige juristische Heimat für menschliche Exkremente in Deutschland – auch wenn Kot und Urin dort ebenfalls nicht explizit genannt sind, sondern unter häusliches Abwasser fallen.

→ Die Klärschlammverordnung erkennt die düngende Wirkung des Modders an, die ausschließlich aus den darin enthaltenen Fäkalien resultiert. Bis vor Kurzem kamen menschliche Exkremente auf diese Weise in großen Mengen auf die Felder. Weil Klärschlamm jedoch – anders als Kot und Urin – auch Schadstoffe wie Schwermetalle enthält, haben immer mehr Bundesländer inzwischen das Ausbringen von Klärschlamm auf Felder verboten.

Seit Jahren vermittelt Krause auf verschiedenen politischen Ebenen und in unterschiedlichen Ressorts: Es braucht einen sogenannten Abfallschlüssel für die Kloinhalte. Wären sie als Bioabfall anerkannt, dürften Kompostanlagen sie offiziell annehmen und verarbeiten. Dann bestünde auch die Möglichkeit, daraus Dünger herzustellen. Inoffiziell geschieht das ab und zu auch heute schon. Für die breite Anwendung ist jedoch eine klare Rechtsgrundlage nötig. So lange die fehlt, können hygienisierte Fäkalien legal nur im Rahmen von Forschungsprojekten den Kreislauf zur Landwirtschaft schließen.

Aus Scheiße Kompost machen

Florian Augustin hat 2019 in Eberswalde die Firma Finizio gegründet. Der Betrieb ist Teil des zirkulierBAR-Projekts und hat als erster in Deutschland die Erlaubnis bekommen, Scheiße zu »vererden«.

Augustin läuft über die betonierte Fläche hinterm Recyclinghof der Kreiswerke Barnim, wo der Betrieb ansässig ist; nebenan erhebt sich ein riesiger, grasbewachsener Müllberg. Gerade hat ein Laster eine Reihe grauer Tonnen abgeladen, gefüllt mit den Hinterlassenschaften von Festivalbesucherinnen. Im unteren Drittel sind die Tonnen mit Sieb und Abflussrohr ausgestattet, sodass sich die flüssigen Ausscheidungen unten sammeln und bereits bei den Events abgelassen werden können. Deshalb befinden sich in den Behältern jetzt nur noch die Dickstoffe.

Mithilfe einer Hebebühne kippen Augustin und seine Kollegen die Inhalte in eine große, oben aufklappbare Metallbox. »Der Container ist mit Edelstahl ausgekleidet und wird mit Scheiße und Stroh befüllt«, erklärt der 31-Jährige. Erst hatten sie es mit Sägemehl als Zusatzstoff probiert, aber damit werden die notwendigen Temperaturen für die Hygienisierung nicht erreicht.

Die erste Phase des Verrottungsprozesses dauert eine Woche. Durch den Stoffwechsel der Mikroorganismen steigt die Temperatur im Container auf bis zu 75 Grad an. Dabei werden sowohl Keime abgetötet als auch so gut wie alle Rückstände von Medikamenten unschädlich gemacht. Danach kommt ein Kipper und lädt den Inhalt des Containers als langgestreckten, etwa 1,5 Meter hohen Hügel ab.

Augustin zeigt auf eine Maschine mit stacheliger Walze und grinst: »Wir nennen sie Tina Turner.« Mit dem Gerät arbeiten er und sein Team Grünschnitt, tonige Erde, ein bisschen fertigen Kompost und Holzkohle in die Haufen ein. Tina Turner hilft dabei, die Miete regelmäßig zu wenden und zu durchlüften. Es dauert sechs bis acht Wochen, bis alles zu Kompost geworden ist.
Die Tonnen werden in einem Spülbecken mit eingebauten Bürsten wie für riesige Biergläser gereinigt. »Uns ist sehr bewusst, dass wir sowohl mit einem Wert- als auch Gefahrstoff arbeiten«, betont Augustin. Das technische Regelwerk, das er zusammen mit Wissenschaftlern und Expertinnen dafür erarbeitet hat, ist inzwischen offiziell als DIN-Spezifikation anerkannt. »Wir haben deutlich strengere Anforderungen festgelegt, als sie für Klärschlamm, Gülle und Dünger gelten«, sagt der Mann mit dem schwarzen Haarschopf.

DAS POTENZIAL VON KOT UND URIN FÜR DEN BODEN

Kot enthält viel Kohlenstoff und Proteine und auch einige Mineralien. Damit eignet er sich gut, um ihn mit Küchenabfällen und abgestorbenen Pflanzenteilen zu mischen und daraus besonders gehaltvollen Kompost herzustellen. Kompost erhöht den Humusgehalt des Bodens, der Mikroorganismen einen attraktiven Lebensraum bietet. Sie können dann die Pflanzen nach und nach und je nach deren Bedarf mit Nährstoffen versorgen – soweit die im Humus vorhanden sind.
Urin ist reich an Nährstoffen, insbesondere Stickstoff, Phosphor und Kalium. Das sind die gleichen Mineralien, die jeder Universaldünger aus der Chemiefabrik enthält.
Eine Kombination von kompostiertem Kot mit Urin kann somit zugleich das Bodenleben fördern als auch die notwendigen Nährstoffe fürs Pflanzenwachstum liefern.

Jana Mühlenberg vom Deutschen Biomasseforschungszentrum in Leipzig zieht regelmäßig Proben, bevor der Finizio-Kompost auf den Acker kommt. »Alle relevanten Hygieneparameter werden eingehalten«, bestätigt die Chemikerin. Weder Krankheitserreger wie Salmonellen oder Kolibakterien noch Reste von Antibiotika, Antibabypillen oder Antidepressiva sind in der Finizio-Erde nachweisbar. Zu den Nährstoffgehalten konstatiert Elsa Jung, Umweltingenieurin von der Technischen Universität Berlin: »Das ist schon jetzt ein guter Bodenverbesserer und auch ein organisch-mineralischer Dünger.« Sie geht davon aus, dass die Zugabe von Urin die Qualität noch steigern würde.

Verkauft werden darf der Kompost bisher nicht. So landet er kostenlos bei der Schorfheider Agrar GmbH, die ebenfalls Partner im Forschungsprojekt ist. Mit dem Dungstreuer, mit dem sie sonst Mist aus den Ställen verteilen, bringen Mitarbeiter seit drei Jahren Finizio-Kompostsubstrat auf einem Versuchsfeld aus. Anschließend säen sie dort Winterroggen oder Mais.

Im Betrieb ist Thomas Wrase für die Verwaltung der Flächen zuständig: »Der Grundgedanke ist ja völlig richtig: nutzen, was sonst im System einfach verpufft«, findet auch er. Weil der Dünger aus Scheiße im Vergleich zu Industrieprodukten weniger Stickstoff enthält, seien die Erntemengen erst einmal kleiner ausgefallen als üblich. »Wir denken aber, dass es durch den Kohlenstoff eine positive Langzeitwirkung gibt«, erklärt der 28-Jährige, der nach einer landwirtschaftlichen Ausbildung noch Agrarwirtschaft studiert hat. Außerdem sei ja inzwischen eine zweite Versuchsreihe angelaufen, bei der erstmals Fahrzeuge mit Schleppschläuchen im Frühjahr zusätzlich Urindünger versprüht haben.

An so einem Projekt teilzunehmen bedeutet für den Landwirtschaftsbetrieb zusätzlichen Arbeitsaufwand. Auch darf er die Ernte von den Versuchsfeldern nicht für die Brotproduktion verkaufen. Wrase findet es trotzdem gut, etwas Neues auszuprobieren.

Die Verbindung von Stadt und Land

Neben der Anlage auf dem Finizio-Gelände in Eberswalde steht ein Schild, auf dem als Bild schon der nächste Entwicklungsschritt zu sehen ist: Ein mehrstöckiges Riesenregal, worin kontinuierlich Scheiße in gute Erde verwandelt wird. Der Prototyp soll im Rahmen eines weiteren Forschungsvorhabens aufgebaut werden. In der Nähe der Tafel hat Nadege de Chambrier von der Schweizer Firma Vunanexus gerade eine kleine Urin-Aufbereitungsanlage zusammengebaut. »Etwa 500 Liter am Tag sollen damit zunächst verarbeitet werden«, sagt die 32-jährige Umweltingenieurin, während sie noch einmal Schrauben und Verbindungsrohre zwischen den Behältern kontrolliert. Das in einem Container stattfindende Prozedere liefert einen hygienischen, geruchlosen Dünger, der in der Schweiz bereits verkauft werden darf.

Ziel aller Anstrengungen ist es, Infrastrukturen für den Nährstoff-Rückfluss von den Städten aufs Land zu entwickeln. Nur mit reibungslos funktionierenden Anlagen, die zuverlässig gesundheitlich unbedenkliche Produkte liefern, besteht Aussicht, dass die menschlichen Ausscheidungen wieder systematisch auf die Äcker kommen. Funktionieren kann das nur unter der Voraussetzung, dass Landwirte den daraus hergestellten Dünger anschließend auch nutzen dürfen – und der dann in angemessenen Mengen und zu akzeptablen Preisen zur Verfügung steht.

»Der Kreislaufgedanke ist das Herzstück von Finizio«, sagt Augustin. Dafür steht der Name seines Unternehmens – in Anlehnung an Ende (*fine*) und Anfang (*inizio*) auf Italienisch. Dass das Ganze wirtschaftlich tragfähig sein muss, ist ebenfalls klar. Bei den Festivals bezahlt entweder der Veranstalter die Toiletten, oder die Besucherinnen buchen ein Abo für die Tage ihrer Anwesenheit.

Beim Musikevent Immergut in Neustrelitz scheinen vor allem Frauen die Finizio-Variante gegenüber der klassischen Dixi-Kabine zu bevorzugen. »Ich kenne die Toiletten schon von anderen Festivals und finde sie super. Die sind immer sauber und riechen überhaupt nicht – anders als die Chemie-Klos«, erzählt eine junge Frau. Dass später kompostiert wird, was sie darin hinterlässt, gefällt ihr ebenfalls. Dann steigt sie die Stufen hoch zu den Finizio-Kabinen und verschwindet hinter einem der schwarzen Vorhänge. 200 Toiletten besitzt Finizio. Zum Vergleich: Der führende Anbieter von Chemieklos, die TOI TOI & DIXI-Gruppe, vermietet 300.000 Plastikhütten – allerdings weltweit.

Die Nachfrage nach Trockentoiletten steigt jedoch. Es gibt sogar genügend Freiwillige, die sich für kostenlosen Eintritt zum Festival ein

paar Stunden beim Saubermachen engagieren. Dafür bekommen sie neben Musik noch leckeres Essen und sind Teil einer Community, die zukunftsfähiges Handeln nicht mit Verzicht, sondern mit gutem Leben und Gemeinschaftlichkeit verbindet. Die Goldeimer-Combo versteht sich ebenfalls als gemeinnütziges Unternehmen. »Wir wollen Innovationstreiber sein und Blaupausen liefern«, fasst Malte Schremmer zusammen. Egal ob landwirtschaftliche Betriebe, Kleingärtnerinnen, Kommunen oder einfach engagierte Zeitgenossen: Ihnen allen soll es künftig einfach möglich sein, sich an der Sanitär- und Nährstoffwende zu beteiligen.
Auch Goldeimer kooperiert mit Hochschulen und Forschungsinstituten. Ende 2022 startete ein von der EU gefördertes Projekt. In Ollsen in der Lüneburger Heide sollen die Feststoffe nach der Hygienisierung in einer weiteren, 40 Kubikmeter fassenden Metallbox schneller, platzsparender und witterungsungsunabhängiger zu Kompost werden. Die eingesetzte Technik ist nicht neu: Bioabfall-Betriebe verwenden sie bereits für die Verarbeitung von Markt- oder Gartenabfällen. Da sie jedoch bisher nie für menschliche Ausscheidungen genutzt wurden, ist eine Genehmigung äußerst schwierig zu bekommen; das Ganze wirkt fast kafkaesk: Für die Zulassung der Feldversuche ist die Düngerabteilung der niedersächsischen Landwirtschaftskammer zuständig, die erst mal den fachlichen Rat vom Landesumweltministerium anforderte, das wiederum das Umweltbundesamt einschaltete. 2023 gab es nach eineinhalb Jahre laufendem Verfahren immer noch keine abschließende Entscheidung.
Ähnliche Erfahrungen machen die Beteiligten von zirkulierBAR in Eberswalde mit dem Bauantrag für das Humus-Hochregal. »Die Verwaltungen haben Schwierigkeiten, mit Graubereichen umzugehen und wünschen sich Klarheit von der Bundesebene«, erklärt die bei der Stadt für das Projekt zuständige Anna Calmet.

Gestalten statt verwalten

Auch in Behörden und öffentlichen Unternehmen gibt es Menschen, die ihre Ermessensspielräume nutzen und die notwendigen Veränderungsprozesse vorantreiben. Dazu zählt die Amtsleiterin vom Eberswalder Bauhof, die die Stadtverordneten davon überzeugt hat, Trockentoiletten im öffentlichen Raum aufzustellen. Überhaupt ist die Brandenburger Kleinstadt ein Hotspot des Veränderungswillens. Die Hochschule für Nachhaltige Entwicklung (HNEE) kümmert sich um zahlreiche Transformationsthemen. Auch die dort angesiedelten Kreiswerke Barnim verstehen sich nicht als reiner Abfallentsorger, sondern verknüpfen unterschiedliche Nachhaltigkeitsansätze. Auf der grasbewachsenen Deponie wird Sonnenstrom erzeugt, es gibt Carsharing-Autos, die mit Wasserstoff betrieben werden, Angebote für nachhaltige Wärmeerzeugung oder LED-Straßenbeleuchtung als Dienstleistung.

Städte mit Vision

Die Impulse aus Eberswalde stoßen durchaus auf Resonanz. Zum Beispiel bei Marco Schlütter. Als sich der 32-Jährige beim Umwelt- und Klimadezernat der Stadt Leipzig als Koordinator für öffentliche Toilettenanlagen bewarb, kam er schon im Vorstellungsgespräch auf die Potenziale von Trockentrenntoiletten zu sprechen. »Sanitäranlagen könnten eine Art Zapfstellen für Nährstoffe werden«, argumentiert der Umweltingenieur. Je knapper die Rohstoffe zur Herstellung konventioneller Dünger werden, desto relevanter sei die Verwertung menschlicher Ausscheidungen. Fließt auf diese Weise Geld in die kommunale Kasse, könne der Gang zur öffentlichen Toilette ohne Einbußen gratis angeboten werden. Das wiederum wirke sich positiv auf die Stadtsauberkeit aus, und ohne Münzkästen nehme auch der Vandalismus ab, glaubt Schlütter.

Neben dem öffentlichen Raum sieht der städtische Angestellte 39.000 Kleingärten und über zwanzig Wagenplätze von Kreativen als Orte, an denen das Verfahren zum Einsatz kommen kann; nicht zu vergessen die Fußball-Europameisterschaft 2024 und den jährlichen Weihnachtsmarkt.

Um von den Chancen einer Entscheidung mit langfristiger Perspektive zu überzeugen, hat Schlütter einen umfangreichen Förderantrag beim Bundesministerium für Wirtschaft und Klimaschutz eingereicht. Schließlich will er daran mitwirken, dass Leipzig bis spätestens 2040 klimaneutral ist und eine stabile Stadt-Land-Partnerschaft mit funktionierenden Nährstoffkreisläufen aufbaut. Er weist darauf hin, dass Kanäle und Kläranlagen hohe Kosten verursachen, während regionale Wertschöpfungsketten mit Düngerproduktion die Umwelt schonen und neue Arbeitsplätze schaffen. Längst bezieht der Umweltingenieur andere städtische Abfälle wie Grünschnitt aus Parks mit in seine Überlegungen ein.

GERECHTIGKEIT BEIM PULLERN

Beim Warten auf ein freies Klo kam Lena Olvedi die Idee fürs »Missoir«: Frauen sollen – wie Männer seit jeher – zwischen Kabine oder Urinal wählen können. Dafür ist im Boden an jedem Platz senkrecht zur Tür eine Rinne mit Spritzschutz eingelassen, aus der der Urin nach hinten abfließt. Die Frauen können sich einfach in der Hocke erleichtern, müssen nichts anfassen, und es kann schnell gehen. »Wie pullern hinterm Busch, nur besser«, sagt Olvedi.

Ein mit einem Exemplar ausgestatteter knallgelber Container steht inzwischen gegenüber vom Bundesverkehrsministerium und an einigen weiteren Stellen in Berlin. Die drei Türen führen laut Schild wahlweise zu Toilette, Steh-Urinal und Hock-Urinal. Alle drei sind nicht nur abwasserfrei, sondern auch kostenlos zu nutzen. »Das sollte selbstverständlich sein. Schließlich handelt es sich beim Toilettengang um ein Grundbedürfnis«, so Olvedi.

Ohne Kabinentüren – und wie Pissoirs in einer Reihe – wird das Missoir bei Festivals eingesetzt. Zunächst fanden die Frauen das Pinkeln nebeneinander und ohne Sichtschutz befremdlich, berichtet die Erfinderin. Doch dann sei es für viele zu einer empowernden und befreienden Erfahrung geworden. »Es haben sich schon Freundschaften und die schönsten Gespräche beim Missoir ergeben!«

Auch die Stadt Darmstadt sucht neue Wege bei Abwasser und Abfall. Seit 2019 vermietet der kommunale Eigenbetrieb EAD nicht nur erfolgreich Trockentrenntoiletten, die er von der Züricher Firma Kompotoi gekauft hat, sondern stellt sie bei Volksfesten auch selbst auf. »Beim Hessentag kommen 600.000 Leute. Die sollen erleben können, dass es eine Alternative gibt zu Chemietoiletten«, findet Thorsten Dony, der schon Tage davor eifrig organisiert, dass die Besucher stets ein sauberes stilles Örtchen vorfinden.

Die EAD will die Hinterlassenschaften nicht nur sammeln, sondern auch nutzbar machen. Auf dem Gelände hinter der Kompostanlage steht darum eine Versuchsanlage. Um in die schwarze Röhre hineinzuschauen, muss man auf eine Haushaltsleiter klettern. Zu sehen ist ein Material, das aussieht wie von Flüssigkeit umspülte Katzenstreu. Ziel ist es, das bereits für Dünger zugelassene Calcium-Silikat-Hydrat (CSH) mit Phosphor aus Urin anzureichern, erklärt Abteilungsleiter Sascha Babiniuk. Die festen Stoffe aus den Mietklos kommen dagegen in eine der Rotteboxen, die sich in einer großen Halle befinden. Eilig hin und her fahrende Bagger schieben Grünschnitt, Blätter und andere organische Stoffe in die Container, die aussehen wie Garagen. Computerprogramme und Steuerungstechnik sorgen dafür, dass daraus nach sieben bis zehn Tagen ein hygienisch einwandfreier Kompost entsteht.

Leider dürfe sein Unternehmen die Toiletteninhalte aus rechtlichen Gründen bisher nur isoliert aufbereiten und nicht mit dem übrigen Kompost mischen und verkaufen, bedauert Babiniuk. Zum Einsatz kommt das Substrat deshalb nur auf öffentlichen Grünflächen.

Neue Technik für zu Hause

Wasser sei sein Element, sagt Karsten Holzapfel, Urgestein der Trockentrennklo-Szene. Weil er es einfach nicht erträgt, wenn Fische mit dem Bauch nach oben schwimmen, sie also tot sind, wollte er schon in der DDR für saubere Bäche und Flüsse sorgen. Mitte der 1980er-Jahre begann er deshalb, Wasserwirtschaft zu studieren, und heute engagiert er sich dafür, dass möglichst wenig Kacke und Pisse mit Trinkwasser weggespült wird und die Gewässer überdüngt.

1990 hörte der Ingenieur einen Vortrag, bei dem der Siedlungswasserwirtschaftler Ralf Otterpohl konventionelle Kläranlagen als »*End of the pipe*-Technologie« bezeichnete. Otterpohl experimentierte mit Vakuumtoiletten, und so gelang es ihm, die Abwassermengen in einer Lübecker Siedlung radikal zu reduzieren.

Damals habe es eine Debatte über dezentrale Ansätze gegeben, berichtet Holzapfel. Schließlich landeten die Abwässer in vielen kleineren Orten der ehemaligen DDR in Hausgruben. Diese wurden ab und zu abgepumpt. »Doch dezentral war einfach nicht gewünscht. Auch entlegene Siedlungen wurden dann zu irren Kosten an weit entfernte Anlagen angeschlossen, im Erzgebirge wurde dafür sogar kilometerweit Felsen weggesprengt«, erinnert er sich.

Er dachte in die entgegengesetzte Richtung: Die Toiletteninhalte gleich dort sammeln, wo sie entstehen und so Wasser sparen und teure Infrastruktur vermeiden. »Wenn wir nicht ins Wasser ›defäkieren‹, müssten Kläranlagen höchstens ein Drittel so groß sein wie heute, und mehrere Klärstufen wären komplett überflüssig«, sagt der inzwischen leicht ergraute Mann. Er will mit seiner Sprache niemanden verschrecken. Auch die Toiletten, die er in der Nähe von Weimar konstruiert und verkauft, sollen möglichst normal aussehen. Denn die Kundschaft von Holzapfel & Konsorten sind überwiegend Häuslebauer. Zu ködern sind sie vor allem mit der Aussicht auf niedrige Wasser- und Abwasserrechnungen.

Wer den Klodeckel des Holzapfel-Klos öffnet, sieht vorne ein kleines Loch in der Schüssel für den Urin und dahinter eine Klappe, die den Blick in das, was darunter liegt, verdeckt. Sie schnellt erst zur Seite, wenn sich jemand auf die Brille setzt. Eine Entlüftung verhindert Geruchsbelästigungen. »Toiletten müssen anwenderfreundlich, hygienisch und geruchsfrei sein. Nur dann sind sie akzeptabel für Menschen aus der Mitte der Gesellschaft«, fasst Holzapfel sein Geschäftskonzept zusammen. Drei Jahre lang hat er zusammen mit Wissenschaftlern an einer DIN-Norm gearbeitet, die auf 58 Seiten definiert, was eine abwasserlose Toilette ist und welche Sicherheits- und Komfortstandards sie zu erfüllen hat – wie zum Beispiel, dass die Kloschüssel eine Stunde lang 400 Kilo Gewicht aushalten muss.[1]

Sämtliche Trockentrennmodelle von Holzapfel & Konsorten sind so konstruiert, dass Urin für die Nutzer unmerklich von Kot und Klopapier getrennt wird. Gesammelt werden können die Inhalte direkt im Badezimmer oder auch im Kellergeschoss. Pro Mensch und Jahr füllen sich nach Berechnungen der Firma durchschnittlich ein 60-Liter-Fass mit Feststoffen sowie ein 500-Liter-Tank mit Urin. Die Tonnen sammelt dann entweder ein Abwasserunternehmen ein, oder ein Entsorgungsfahrzeug saugt die Inhalte ab. Wer will, kann alles natürlich auch im eigenen Garten vererden. Die Mehrheit seiner Kundschaft habe daran kein Interesse, vermutet Holzapfel. Er selbst jedoch stellt daraus unter Zusatz von Holzkohle und Küchenabfällen die extrem fruchtbare Terra Preta her.

KLEINES KLO-LEXIKON

Allen Trockentoiletten ist gemeinsam: Sie sparen sehr viel Wasser und sind nicht an die öffentliche Kanalisation angeschlossen.

Ein Plumpsklo ist eine Grube oder ein Eimer. Urin, Kot und Klopapier mischen sich darin; bei entsprechenden Lichtverhältnissen ist zu sehen, was drin ist.

Trockentrenntoiletten halten Harn und Fäzes auseinander. Wenn auch die Männer im Sitzen pinkeln, fällt die Trennung beim Benutzen nicht auf. Wie auch sonst üblich wird Klopapier und gelegentlich auch Einstreu verwendet, zum Beispiel Holzspäne. Die Sammelbehälter befinden sich entweder direkt unter oder neben dem Toilettenbecken, was keinen baulichen Aufwand bedeutet, oder weiter unten im Haus. In der Regel werden die Fässer von einem Dienstleister von Zeit zu Zeit leergepumpt oder beim Abwasserverband abgegeben.

Komposttoiletten zielen darauf ab, die Fäkalien zu vererden. Dabei wird meist Einstreu wie Hobelspäne oder Rindenschrot auf jeden Haufen geworfen, um ihn abzudecken, Gerüche zu binden und eine Verdichtung des Materials zu verhindern. Der Eimer wird regelmäßig auf den Kompost entleert, mit Gartenabfällen vermischt und mehrfach gewendet. Drei Jahre dauert es, bis das Ergebnis als Erde genutzt werden kann, wenn keine speziellen Kompostiermethoden eingesetzt werden; für den Anbau von Gemüse etwas länger. Wenn heißkompostiert wird, verkürzt sich die Zeit erheblich. Es gibt auch Komposttoiletten, die Urin und Feststoffe in getrennten Behältern sammeln. In diesem Fall können die Kompostwürmer direkt unterm Toilettenstuhl ihre Arbeit tun. Danach bleibt nur sehr wenig Material übrig. Der Urin lässt sich, verdünnt mit Wasser, direkt als Dünger einsetzen.

Vakuumtoiletten, bekannt aus ICE und Flugzeugen, sind inzwischen auch in einigen Wohnhäusern eingebaut. Hier wird etwa ein Liter Wasser zugesetzt und der Toiletteninhalt mithilfe von Unterdruck abgesaugt und zentral gesammelt.

Bei Wassertoiletten mit Urinabtrennung ist die Schüssel so konstruiert, dass der Urin unverdünnt abfließt und als Düngergrundlage genutzt werden kann. Das große Geschäft wird mit Wasser weggespült. Dafür kann auch Grauwasser aus Duschen und Waschmaschinen oder auch im Kreis geführtes und sogar immer wieder neu aufbereitetes Wasser genutzt werden – dazu später mehr.

In mitteleuropäischen Städten sind so gut wie alle Häuser an die Kanalisation angeschlossen. Sobald ein neues Viertel errichtet wird, verlegen Baufirmen neben Zuleitungen für Wasser, Strom und Telekommunikation auch Kanalrohre. Doch wenn Städte stark wachsen, kommt die kommunale Kläranlage irgendwann an ihre Grenzen; sie ist schließlich nur für bestimmte Mengen ausgelegt. Dann steht die Entscheidung an, die Anlage zu erweitern oder sogar eine ganz neue zu bauen, was in jedem Fall sehr teuer ist.

Die Alternative dazu ist weitgehend unbekannt. Abwässer können auch dezentral geklärt werden, also durch viele kleine Kläranlagen in der Nähe der Häuser. Das spart Kanalrohre.

Es gibt schon Siedlungen und große Stadthäuser mit Etagenwohnungen, die sich von der Kanalisation abgeklemmt haben. In manchen haben die Leute Trockenklos, anderswo spülen sie mit deutlich weniger Wasser als üblich. Das reduziert erstens die Menge des Abwassers. Und zweitens mischen sich die Toiletteninhalte nicht mit den Stoffen aus Industrie und Gullis, sodass das Wasser, das in die Hauskläranlage fließt, nichts Gefährliches wie PCB oder Schwermetalle enthält. Folglich reduziert sich der Kläraufwand. Drittens entsteht nebenbei guter Dünger und billiges Wasser für Gärten oder Grünanlagen in der unmittelbaren Umgebung.

Ökosiedlung Allermöhe

Im Hamburger Stadtteil Neuallermöhe-Ost stehen 36 mit Trockenklos ausgestattete Reihenhäuser aus Holz. Jedes hat einen kleinen Garten. Zwischen den schräg zueinander angeordneten Blocks führen kleine Verbindungswege durch Gemeinschaftsflächen mit üppig wucherndem Grün. Die städtische Ökosiedlung war eine Idee der Hamburger Architektenkammer. Sie drängte Anfang der 1980er-Jahre den damaligen SPD-Bausenator, der attraktiven Wohnraum für gut ausgebildete junge Eltern schaffen wollte, zu dem Pilotprojekt. Es war die Zeit der Umwelt- und Anti-AKW-Bewegung; die Grün-Alternative Liste saß erstmals in der Hamburger Bürgerschaft.

Trotz politischer Ansage von oben stellte sich die zuständige Bauverwaltung immer wieder quer. Sie hatte Bedenken, das innovative Sanitärsystem der Siedlung könnte die Umgebung verschmutzen und sogar die Cholera nach Hamburg zurückbringen. Zudem wurde der Baustoff Holz vor allem als Brandgefahr gesehen und überhaupt: Gemeinschaftseigentum wie die geplante Pflanzenkläranlage war in Hamburg nicht vorgesehen.[1]

Auch die Banken wollten keine Kredite geben, weil sie die Häuser wegen des fehlenden Anschlusses an die Kanalisation für schwer wiederverkäuflich hielten. Nur durch das hartnäckige Wirken der ersten Interessenten konnte die Siedlung verwirklicht werden. Beim Richtfest für die ersten sechs Häuser 1986 fühlte sich der Oberbaudirektor an die erste bemannte Mondlandung erinnert: ein kleiner Schritt für den Menschen, aber ein großer Sprung für die Menschheit.[2]

Es dauerte zwei Jahrzehnte, bis alle 36 Häuser am Fanny-Lewald-Ring fertiggestellt waren. Die Baukosten überstiegen aufgrund der innovativen Ansätze und Materialien die der anderen Häuser im Stadtteil deutlich. Und bis heute verlangt das Projekt den Bewohnern Engagement für die Entsorgung ihrer Hinterlassenschaften ab. Wohl aus all diesen Gründen blieb das Stadtquartier für Jahrzehnte ein Unikum und ist für seine sanitäre Ausnahmeposition kaum bekannt. Allenfalls wegen der grünen Gemeinschaftsplätze wurde es ab und zu als idyllisches »Bullerbü« beschrieben.

Gert Rauschning zog hier 1990 ein. Der inzwischen 83-Jährige fand das Sanitärkonzept von Anfang an überzeugend – und daran hat sich nichts geändert. »Ich komme vom Land und hatte nie Berührungsängste mit Mist und solchen Sachen«, sagt er und stellt zugleich klar: Seine Toilette, die sich auf halber Treppe in seinem Einfamilienhaus befindet, hat nur sehr entfernt noch etwas mit einem traditionellen Plumpsklo zu tun. Die Schüssel ist von außen weiß, von innen schwarz – Fäkalien und Klopapier fallen durch ein großes Rohr in einen Sammelbehälter im Souterrain, wo auch Kartoffelschalen und Gemüseabfälle landen. Zu sehen ist von oben nichts davon. Eine Lüftung sorgt dafür, dass es nicht riecht und ein Großteil der Flüssigkeiten verdunstet.

Der voluminöse längliche Metallbehälter im Untergeschoss ist wärmegedämmt und reicht bis unter die Decke. In Richtung Gartentür ist er abgeschrägt und mit zwei Klappen ausgestattet. Durch die obere wendet Rauschning die Inhalte ab und zu, fügt Grünschnitt aus dem Garten, Holzkohlestaub und gehäckseltes Stroh hinzu. Unten entnimmt er die fertige Erde, mit der er seine üppigen Rosen düngt. Weil sein Garten relativ groß ist und er inzwischen allein lebt, reicht die Fläche aus. Manche Nachbarn aber produzieren mehr Kompost, als sie brauchen können, und bringen ihn irgendwo auf der Gemeinschaftsfläche unter; andere lassen ihn abholen. Durchschnittlich eine Stunde Arbeit pro Monat veranschlagen die Bewohnerinnen für die Klo- und Kompostpflege.

»Grasdach, ökologische Baustoffe, Wärmedämmung und viel Grün auf dem Gelände haben uns gut gefallen. Das Klo haben wir in Kauf genommen«, erzählt Uli Jancke. Sie ist froh, dass ihr Mann sich um die Kiste im Keller und gemeinsam mit Nachbarn auch um die Pflanzenkläranlage kümmert. Die ist etwa so groß wie ein Tennisplatz und nach heutigem Wissen deutlich zu groß geraten. In einem Kiesbett bereiten Schilf, Brennesseln und viele Mikroorganismen das Dusch-, Spül- und Waschmaschinenwasser aller 36 Häuser auf, das anschließend in den benachbarten Kanal Annenfleet abfließt.

Überzeugungstäter in Sachen Trockentoiletten waren und sind die wenigsten hier. Zwischenzeitlich bildete sich sogar eine AG Klo, um zu recherchieren, ob ein Anschluss an die Kanalisation nicht doch möglich wäre; mehrere Eigentümer wollten sich gar nicht mehr mit den Toiletteninhalten beschäftigen müssen. Doch anders als bei einer anderen Modellsiedlung in Hamburg-Bramfeld ist das in Allermöhe baulich ausgeschlossen.

Und langsam verändert sich die Wahrnehmung. Angesichts mehrerer trockener Jahre überlegen die Bewohner, das gereinigte Grauwasser zurück in die Siedlung zu leiten und damit die Gärten und Grünflächen zu sprengen. Außerdem sind die allgemein steigenden Abwassergebühren in der Ökosiedlung kein Thema. Auch der Frischwasserverbrauch pro Kopf liegt dank der Trockentoiletten etwa ein Drittel niedriger als in der übrigen Stadt.

Zunehmend kommen Besucherinnen vorbei, die sich für all das interessieren. Vor Kurzem wurden zwei Jugendliche, die sich im Hinblick auf Klimaschutz mit der Siedlung beschäftigten, vom Bundespräsidenten für ihre Recherche ausgezeichnet.[3]

Toiletten als Energiequelle

Die hohen Kosten für die biologische Klärstufe veranlassten das Kommunalunternehmen Hamburg Wasser, sich mit dezentraler Abwasserentsorgung zu beschäftigen. Die 835 Wohnungen im 2020 fertiggestellten Neubauviertel Jenfelder Au sind mit Vakuumtoiletten ausgestattet. Vermischt mit jeweils 0,8 bis 1,2 Liter Wasser werden Urin und Fäzes durch ein Unterdruck-Rohrsystem zu einem sogenannten Faulturm gesogen. Damit in dem Bioreaktor die nötige Wärme für die Vergärung entsteht, müssen noch Fette und Speisereste aus umliegenden Restaurants zugefügt werden. Mikroorganismen produzieren aus der Pampe Methan, das von einem Blockheizkraftwerk daneben in Elektrizität und Wärme verwandelt wird. Die Mengen reichen aus, um Strom für 225 Haushalte zu liefern und 70 Wohnungen zu heizen. Die Gärreste werden bisher nicht als Dünger verwendet; das sei aber »ein Ansatzpunkt für zukünftige Untersuchungen«, lässt Hamburg Wasser wissen.[4]

Für manche Bewohner war das laute Geräusch beim Abziehen der Toilette gewöhnungsbedürftig. Verstärkter Schallschutz sorgt dafür, dass die Nachbarinnen nichts mitbekommen. Außerdem muss sich hier nach dem Besuch der Toilette niemand um das kümmern, was darin landet. Trotzdem profitieren alle von den um dreißig Prozent niedrigeren Wassergebühren.

Das Projekt konnte nur dank einiger Millionen Euro Fördergeld umgesetzt werden. Erschwert wurde die Realisierung vor allem durch die aufwendigen Genehmigungsverfahren, berichtet Christian Günner, früher Abteilungsleiter bei Hamburg Wasser: »Viele, viele Detailfragen, die sich manchmal so anfühlten, als müsste man das Rad neu erfinden.«[5]

Einfacher ist die rechtliche Lage in Schweden, wo in Helsingborg 2020 die Siedlung Tre-Rör-Ut fertig wurde. Die Planerinnen entwickelten das Konzept der Jenfelder Au weiter. So werden zum Beispiel nicht nur die Toiletteninhalte, sondern auch Küchenabfälle per Unterdruck zum Bioreaktor transportiert. Eine Firma nutzt die Gärreste zur Produktion unterschiedlicher Dünger.[6]

WÄHRUNG SHITCOIN

Der südkoreanische Professor Cho Jae-Weon hat die Vakuumtoilette »Bee-Vi« entwickelt. Aus den eingesammelten Fäkalien erzeugen Mikroorganismen im Hochschulkeller Methan. Das Gas versorgt mehrere Gerätschaften mit Energie, die Reststoffe sind Bodennahrung. Pro Person und Tag lässt sich damit ein halbes Kilowatt Strom erzeugen oder ein Gasauto 1,2 Kilometer weit fahren. Studierende, die das Klo nutzen, bekommen täglich die Digitalwährung Ggool überwiesen und können dafür an einem Kiosk einkaufen – Obst, Kaffee, Nudeln oder Bücher. Dadurch wird ihnen unmittelbar klar, dass die Ausscheidungen einen Wert haben.[7]

Ein Hotspot für innovatives Bauen

In Genf im äußersten Südwesten der Schweiz herrschen gute Bedingungen für technisch innovative Baukonzepte. Die Verwaltung beäugt neue Ideen im Umgang mit Wasser und Abwasser nicht misstrauisch, sondern fördert sie sogar. Dreißig Prozent des Wohnraums neuer Siedlungen müssen laut städtischer Vorgabe von Genossenschaften errichtet werden.

Eine von ihnen, die Kooperative Equilibre, erweist sich als Treiber für umfassend ökologische Konzepte und berät inzwischen viele andere Initiativen und auch Investoren. So lässt sich in Genf heute an mehreren Beispielen besichtigen, wie große Wohnhäuser nicht nur ihren Wasserverbrauch massiv reduzieren, sondern auch Nährstoffkreisläufe schließen können.[9]

Benoit Molineaux, der Equilibre 2011 mitgegründet hat, nimmt dabei eine zentrale Position ein. »Wir waren am Anfang acht bis zehn Familien und wollten ein sehr ökologisches Projekt machen, das sich nicht auf Energie und gute Isolierung beschränkt«, erzählt der studierte Physiker. Im Garten des dreistöckigen Hausprojekts mit 13 Wohnungen im Stadtteil Cressy, das aus dem Plan entstanden ist, gackern Hühner, das Gemüse sprießt üppig. Die malerische Pflanzenkläranlage für Dusch- und Waschwasser besteht aus einem Schilfbeet. Für das Mittagessen erntet Molineaux einen großen Salatkopf – gewachsen auf Erde, die die Hausgemeinschaft vor fünf Jahren selbst produziert hat.

In jeder Wohnung gibt es eine Trockentrenntoilette. Der Urin fließt unverdünnt in einen mit Holzkohle gefüllten Behälter im Keller und erreicht nach der Passage einen Tank, aus dem die Hausbewohner regelmäßig einen kräftigen Schuss ins Gießwasser für Tomaten und andere stark zehrende Gemüsesorten abzapfen. Die festen Exkremente dagegen fallen senkrecht durch ein großes Rohr und landen – ähnlich wie in Allermöhe – in geschlossenen, im Untergeschoss aufgereihten Metallkästen. Die Konstruktion erfordert einen separaten Schacht für jedes Klo, was in allen darunterliegenden Wohnungen Fläche kostet und auch im Keller viel Platz beansprucht. Deshalb konnte das Hausprojekt nur drei Stockwerke hoch werden.

In den Containern laben sich Kompostwürmer an der nahrhaften Kost von oben, die die Hausbewohner regelmäßig mit Stroh, Holzschnitzeln, Blättern und ein bisschen Wasser anreichern. Es dauert nur wenige Wochen, bis alles aussieht wie guter Mutterboden. Weder riecht es unangenehm, noch gibt es viele Fliegen. »Die Spinnen helfen uns«, grinst Molineaux. Nicht alle Hausgenossen schätzen die gelegentliche Arbeit hier unten und übernehmen dafür andere Aufgaben in der Gemeinschaft.

In das erste Gebäude der Genossenschaft ist vielfältiges Wissen eingeflossen. Molineaux brachte seine Erfahrung mit Solaranlagen und dem Einbau von Trockentoiletten auf Berghütten ein, sein Mitstreiter Philippe Morier-Genoud umfassendes Wissen über das Zusammenspiel in der Natur. Schon als Kind hatte er mit Wurmkompost experimentiert, nach Biologiestudium und Zimmermannslehre bei einer Umweltorganisation gearbeitet. »Ich habe jahrzehntelang beobachtet, wie schlecht in der Landwirtschaft mit Gülle und Molke umgegangen wird, weil sie nur als Abfall und Belastung betrachtet wird«, so Morier-Genoud. Dagegen sei in der Natur alles Organische Nahrung für andere Lebewesen, die es verdauen und dadurch zurück in den Kreislauf bringen. Sogar problematische Stoffe wie Medikamentenreste könnten mithilfe von Mikroorganismen und Sauerstoff unschädlich gemacht werden – wenn diese gute Lebensbedingungen vorfänden.

Sechs Stockwerke ohne Kanalanschluss

Soubeyran 7 war das zweite Gebäude, das Equilibre 2017 fertig gestellt hat, zusammen mit der Kooperative Luciole. Mit 38 Wohnungen und sechs Stockwerken hat es wesentlich größere Dimensionen als das erste und liegt außerdem zentrumsnah inmitten eines dicht bebauten Viertels mit großen Wohnblocks. Wie in »normalen« Häusern wird das Abwasser hier durch zentrale Schächte nach unten abgeleitet. Die Toiletten kommen jedoch mit wesentlich weniger Wasser aus als üblich, weil der Urin vorne in ein separates Rohr fließt und mit lediglich 0,3 Litern fortgespült wird. Außerdem fließt das sogenannte Schwarzwasser aus den Klos durch eine andere Leitung als das Grauwasser aus Duschen, Spülbecken und Waschmaschinen ab. Die Stadt hat eine Sondergenehmigung erteilt, um die Abkopplung von der städtischen Kanalisation zu ermöglichen.

Danya Stasius wohnt mit ihren beiden Kindern im zweiten Stock und zeigt von ihrem üppig bepflanzten Balkon auf ein achtzig Quadratmeter großes, mit Holzbohlen beplanktes Feld im Garten, auf dem gerade ein paar Jungs Fußball spielen: »Darunter befindet sich das Herzstück unserer Anlage.« Gerne zeigt die 53-Jährige Schulklassen oder Architektengruppen, wie es dort aussieht.

Der Weg führt über eine Metalleiter in einen Raum, der durch die Schlitze zwischen den Bohlen Licht bekommt. Den meisten Platz nehmen drei runde, brusthohe Behälter ein, deren Form an Gartenpools erinnert und über denen an verschiedenen Stellen Rohre enden. Diese versprühen das ab und zu eintreffende Wasser an verschiedene Stellen im Bassin. Das größte Becken ist mit Stroh bedeckt. Das absorbiert nicht nur Gerüche, sondern bietet dem Leben darunter einen attraktiven, gut durchlüfteten und genau richtig temperierten

Lebensraum. Stasius schiebt an einer trockenen Ecke das Pflanzenmaterial zur Seite und greift eine Handvoll Erde heraus, die das Herz jeder Kleingärtnerin höher schlagen lässt. Sie gräbt ein bisschen und fördert ein paar wohlgenährte Würmer zutage. Drei verschiedene Arten tummeln sich in unterschiedlichen Tiefen und machen aus den Toiletteninhalten und Stroh fruchtbarem Humus, erklärt sie. Ab und zu düngt die Bewohnerschaft ihre Gartenhecke damit; aber der Behälter werde nie richtig voll, weil die Tiere den Großteil verarbeiteten und nur wenig Masse übrig bleibe, berichtet die Sprachlehrerin. Gerade ergießt sich ein Schwung Waschmaschinenwasser mit dem typischen Tensidgeruch in eines der kleineren Klärbecken, die mit Holzkohle gefüllt sind. Im Boden unter allen drei Behältern befindet sich ein Filter aus Sand und Steinen, von wo das Wasser langsam in Richtung einer Zisterne sickert, die unterm Rasen vergraben ist. Von hier aus wird das Wasser zurück in den Toilettenkreislauf gepumpt. Auch Hochbeete auf dem Dach oder Balkonpflanzen lassen sich damit bewässern. Dass die Vorgänge keinen Gestank in der Umgebung verbreiten, lässt sich schon daran ablesen, dass kaum fünf Meter entfernt von der Holzabdeckung ein paar Menschen auf der Terrasse eines kleinen Restaurants ihr Mittagessen genießen.

Konzipiert hat das System Morier-Genoud. Er hat der Natur abgeschaut, wie sie dasselbe Wasser immer und immer wieder verwendet. Mikroorganismen, Gras, Erde und Steine spielen dabei wichtige Rollen. Auch sein Wissen über Gülle und Mist sind hier eingeflossen. »Wir sind ja auch Tiere, da gibt es keinen prinzipiellen Unterschied.« Dass die Filter im Garten von Soubeyran 7 in der Lage sind, pathogene Keime abzutöten, belegen Untersuchungen einer Doktorandin, die das System beforscht.

Im Prinzip funktioniere alles sehr gut, nur im vergangenen Jahr habe es eine Havarie gegeben, berichtet die Bewohnerin aus dem zweiten Stock. Plötzlich stand bei einem Nachbarn nachts Toilettenwasser im Badezimmer: Der Kalk aus den Filtersteinen hatte sich im Wasser angereichert und einige Rohre verstopft. Durch regelmäßige Messung der Konzentration und rechtzeitige Reinigung soll nun verhindert werden, dass sich das Malheur wiederholt.

Auf etwa 3.000 Franken pro Person kalkuliert die Genossenschaft die Anfangsinvestitionen für ein solches Wasser- und Nährstoff-Kreislaufsystem. Verglichen mit dem volkswirtschaftlichen Aufwand für Kanalisation und Kläranlagen sind die Kosten damit um 70 Prozent niedriger – und das, obwohl es sich bisher ausschließlich um Prototypen handelt, die immer wesentlich teurer sind als ausgereifte Technik. Auch der Dauerbetrieb kommt deutlich billiger.

Jedes neue Haus ein Forschungsprojekt

Dass das Ganze ein Lernprozess ist und kein fertiges Standardprodukt, macht den Leuten von Equilibre sichtlich Spaß. Erfahrungen fließen in die nächsten Projekte ein, zugleich probieren sie immer auch Neues aus. Das Ziel sind schließlich Methoden, die das Wohnen in Zukunft mit den planetaren Grenzen vereinbar machen. In Molineaux' Idealvorstellung sind Stadt und Land keine Gegensätze mehr, sondern in Stoffkreisläufen eng miteinander verbunden. Alle helfen mit, die Ackerböden zu regenerieren, die durch Pestizide und chemische Dünger immer stärker geschädigt sind. Die Nutzung der Nährstoffe und der sparsame Umgang mit Trinkwasser sind dafür wichtige Aspekte, aber ebenso geht es um eine möglichst regionale Versorgung mit Lebensmitteln, eine gute Dämmung der Gebäude, den Einsatz von regenerativen Energien und die Förderung von Rad- und Fußverkehr. »Wir wollen Wege finden, wie wir uns wieder in die natürlichen Kreisläufe einfügen können«, so Molineaux. Der soziale Zusammenhalt im Stadtteil sei dafür essenziell.

Aus diesem Grund bezieht Equilibre die künftige Bewohnerschaft schon früh in die Prozesse mit ein. Schließlich sollen sich alle miteinander wohl fühlen und ihre Bedürfnisse ausleben können, ohne einander auf die Nerven zu gehen. Ein Großteil der Arbeit besteht für die sieben Beschäftigten von Equilibre deshalb darin, Versammlungen zu organisieren und Entscheidungen herbeizuführen. Der Aufwand lohnt sich.

Drei Häuser der Genossenschaft mit zusammen 65 Wohnungen stehen in der Genfer Gemeinde Meyrin, im neuen Quartier Les Vergers. Insgesamt sind in den vergangenen Jahren einige tausend Menschen hierher gezogen. Zwischen den Wohnblocks gibt es Fahrradwege und viel Platz zum Leben: Hier wird gerade ein Gemüsebeet bepflanzt, dort haben sich drei Rentner auf einer Bank niedergelassen. Der Genossenschaftsladen verkauft Gemüse und andere Lebensmittel, überwiegend aus der Umgebung. Acht Carsharing-Autos stehen den Mieterinnen in den Equilibre-Häusern zur Verfügung. Wer zwischen den Häuserblocks hindurch geht, begegnet häufig Nachbarinnen oder dem Bauern, der dort mehrere Wiesen und ein Gewächshaus bewirtschaftet.

In einem Equilibre-Haus gibt es Probenräume für Musiker und Werkbänke für Hobbyschreiner. Für dringende Geschäfte zwischendurch steht dort ein gemeinschaftlich genutztes Kompostklo mit Urinabtrennung zur Verfügung, in dem Würmer direkt untendrunter am Werk sind. »Fast unglaublich: In zwei Wochen schaffen sie es, so gut wie alles umzuwandeln«, so Molineaux. Der Urin läuft in eine zentrale Sammelstelle, wo er durch Holzkohle sickert und später von Freizeitgärtnerinnen als Dünger verwendet wird. Manche Familien haben eine solche Toilette auch in der Wohnung.

Ungekochte Küchenabfälle werden ebenfalls kompostiert. Dafür müssen die Bewohner sie lediglich im Treppenhaus durch eine Klappe werfen. Sie fallen dann durch einen Schacht und landen in großen Sammelbehältern im Keller. Im gleichen Raum kann schadstoffreie Seife und Putzmittel aus großen Kanistern für den Eigenbedarf abgezapft werden.

Langsam entstehen immer professionellere Strukturen und Netzwerke. Marius Klinger hat zusammen mit vier Kollegen eine Firma gegründet, die für Equilibre und andere die Haustechnik entwickelt und versucht, die bürokratischen Hürden zur Seite zu räumen. »In der Stadtverwaltung gibt es eine ganze Reihe Leute, die die Vorteile von abwasserlosen Häusern sehen«, berichtet der Umweltingenieur. Schließlich wächst Genf, und die Kapazitäten der Kläranlagen kommen an ihre Grenzen.

Etwa zwanzig Projekte sind inzwischen in Planung oder in Bau. Doch noch handelt es sich um Modellgebäude, für die der Anschlusszwang an die Kanalisation aufgehoben wurde. Richtig vorangehen kann es

erst, wenn nicht jedes Mal eine Ausnahmegenehmigung erteilt werden muss, sondern Standards eine dezentrale Aufbereitung des Abwassers als legale Möglichkeit erlauben, meint Klinger. Immerhin beschäftigt sich schon eine interdisziplinäre Arbeitsgruppe aus mehreren Behörden mit der Frage.
Und auch sonst wächst das Interesse spürbar. Politikerinnen, Vertreter von Kommunen oder Architektenverbände kommen jetzt häufiger vorbei. Das Schweizer Bundesamt für Wohnungswesen hat Equilibre beauftragt, in einem Bericht die bisherigen Erfahrungen zusammenzufassen. Morier-Genoud ist zufrieden, an dieser Suche nach neuen Lösungen beteiligt zu sein: »Es gibt noch sehr viel zu erforschen«, ist der 65-Jährige überzeugt.

Weil in Städten so viele Menschen wohnen, müssen riesige Mengen Lebensmittel dorthin geliefert werden. Bevor sie etwa in Berlin gegessen werden, reisen sie meist Hunderte, wenn nicht Tausende von Kilometern. Nur ein geringer Teil der Nahrung stammt aus der Region – zugleich landet ein Großteil der landwirtschaftlichen Produkte aus Brandenburg auf dem Weltmarkt. Dabei könnte die Bevölkerung von Berlin aus einem Umkreis von etwa hundert Kilometern ernährt werden.[1] Ein erheblicher Teil der Lebensmittel ließe sich sogar im Stadtgebiet selbst erzeugen.

Nachdem das Essen verzehrt und verdaut ist, verschwindet es mit den darin enthaltenen Nährstoffen durch das fast 10.000 Kilometer lange Abwassersystem der Hauptstadt Richtung Kläranlage. Im Klärwerk Waßmannsdorf produzieren die Berliner Wasserbetriebe einen Dünger aus Klärschlamm namens »Berliner Pflanze«, entwickelt mit Unterstützung der TU. Doch aufs Ganze betrachtet, ist das nur ein winziges Element auf dem Weg zu einer echten Kreislaufwirtschaft, bei der die Nährstoffe wieder dorthin zurückkehren, wo Nahrungsmittel erzeugt werden. Das könnte schon bald zu einem akuten Problem werden.

Auch Berlin wird absehbar unter starkem Wasserstress leiden. Das liegt zum einen an der Klimaerwärmung und den abnehmenden Regenmengen. Zum anderen wird bald kein Wasser mehr aus dem Lausitzer Braunkohletagebau in die Spree gepumpt. Im Gegenteil: Die Tagebaulöcher sollen geflutet werden. Im schlimmsten Fall könnte die Spree ganz versiegen, befürchtet sogar ein Sprecher der Berliner Wasserbetriebe.[2] Auch das Umweltbundesamt warnt vor massiver Wasserknappheit in der Hauptstadt.[3] Als Ausweg schlägt die Behörde vor, Talsperren und Wasserspeicher auszubauen und Wasser aus anderen Gegenden hierher zu leiten.

Eine bisher so gut wie gar nicht genutzte Quelle wird dagegen gar nicht in Betracht gezogen: das Abwasser. Würde es im Kreis geführt und mehrfach genutzt, könnte das die in Berlin benötigte Frischwassermenge enorm reduzieren. Was dafür passieren müsste, ist in wesentlichen Teilen erforscht und praktisch erprobt. Jetzt fehlen nur noch der Wille und der rechtliche Rahmen, um die nötigen Schritte umzusetzen.

Gemüse und Fisch vom Dach

Als was wollen wir Klospülung und Duschwasser behandeln – als flüssigen Müll oder als Ressource, die gleichermaßen der Nahrungsproduktion, einem guten Stadtklima und dem sozialen Zusammenhalt dienen kann? Für die Stadt- und Landschaftsplanerin Grit Bürgow ist die Antwort eindeutig. In einem Gewächshaus, das in einem großen Innenhof in Berlin Kreuzberg steht, erntet sie gerade Salatköpfe. Sie sind auf einem Aluminiumtisch mit erhöhten Kanten gewachsen. Der wird alle paar Stunden mit Wasser geflutet, das dann langsam durch Löcher am Rand in einen Bottich wieder abfließt und später erneut genutzt wird.

Zusammen mit ihrer Kollegin Anja Steglich vom TU-Institut für Stadt- und Regionalplanung überlegte Bürgow vor einigen Jahren: Was wäre, wenn Häuser gar kein Abwasser mehr produzierten, sondern frisches Wasser und Nährstoffe für die Lebensmittelproduktion? Sie initiierten ein Modellprojekt, um die Frage zu beantworten. Unter dem Titel »Roof Water-Farm« befasste sich von 2013 bis 2017 eine Gruppe von Wissenschaftlerinnen und Praktikern aus ganz verschiedenen Bereichen mit der Aufgabe. Neben mehreren Forschungseinrichtungen waren auch klein- und mittelständische Unternehmen und Vertreterinnen der Berliner Senatsverwaltung beteiligt.

Ein Wohnhauskomplex in Kreuzberg bot sich dafür an. Der sogenannte Block 6 war schon bei der Internationalen Bauausstellung 1987 als ökologisches Vorzeigeprojekt präsentiert worden, weil dort das Küchen-, Dusch- und Badewannenwasser aus 106 Wohnungen erstmalig im urbanen Raum mithilfe einer Schilfkläranlage im Innenhof gereinigt wurde. Aufgrund einiger »Kinderkrankheiten« wurde die Technik danach zwar abgeschaltet. Doch weil das Gebäude mit getrennten Abflusssträngen für Grau- und WC-Wasser sowie mit zwei Versorgungsrohrsystemen für Trink- und Betriebswasser ausgestattet ist, eignete es sich gut für das Pilotprojekt.

Im Hof steht das »Wasserhaus«, das – von oben betrachtet – eine amöbenhafte Form mit vielen Rundungen hat. Dort übernehmen Bakterien und andere Mikroorganismen in mehreren nacheinander geschalteten Tanks die stufenweise Reinigung des Grauwassers, also des Wassers aus Duschen, Handwaschbecken, Wasch- und Spülmaschinen. Am Schluss wird es noch mit UV-Strahlen desinfiziert. Danach ist das sogenannte Betriebswasser klar und geruchlos und hat fast Trinkwasserqualität. Deshalb kann es in einer zweiten Runde entweder zum Waschen oder als WC-Spülwasser genutzt werden – oder zur Kultivierung von Speisefischen und Gemüse dienen. In diesem Fall fließt es zu den »Ebbe-und-Flut-Tischen« in dem kleinen Gewächshaus inmitten der Schilfpflanzen, die inzwischen durch Regenwasser versorgt werden. Während der Projektlaufzeit lebten im Gewächshaus auch Fische, die vom Forschungsteam verspeist wurden; doch die notwendige Betreuung lohnt sich bei der geringen Größe der Pilotanlage nicht.

Dass sich das Gewächshaus im Hof befindet und nicht auf dem Dach, wie es der Projektname vermuten lässt, hatte praktische Gründe. Doch eine Gebäudestudie zeigt, dass die Fläche auf dem Dach des Wohnblocks ausreichen würde, um 80 bis 90 Prozent des täglichen Bedarfs an Fisch und an Blattgemüse wie Salat, Mangold oder Pak Choi der darunter wohnenden Menschen zu decken.

WASSERFARBEN

In der Natur kommt Wasser als Oberflächen- oder Grundwasser vor. Außerdem speichern Böden große Mengen Regenwasser, das in der Fachwelt als grünes Wasser bezeichnet wird. Blaues Wasser verwendet die Industrie zur Herstellung von Produkten und die Landwirtschaft zur Bewässerung; es wird aus Flüssen, Seen oder aus Grundwasser gewonnen. Grauwasser ist das, was aus Duschen, Handwaschbecken, Spül- und Waschmaschinen herausfließt. Nach der Aufbereitung darf damit in Deutschland Wäsche gewaschen, die Toilette gespült oder der Garten gewässert werden. Schwarzwasser heißen mit Wasser verdünnte Toiletteninhalte. Gelbwasser besteht – wenig überraschend – aus Wasser und Urin. Und Braunwasser enthält Fäzes und Toilettenpapier.

Aus dem Toilettenwasser in Block 6 stellte das Forschungsteam der Roof Water-Farm einen Dünger her, der sich sehr gut für eine spezielle Form der Gemüseproduktion eignet. Hydroponik nennen Fachleute die erdlose Pflanzenproduktion, bei der die Wurzeln in von Wasser umspülte Mineralwolle hineinwachsen. Der selbstgemachte Flüssigdünger mit dem Namen »Goldwasser« ist hygienisch unbedenklich und entspricht sämtlichen EU-Qualitätstandards.

Dafür wurden die Hinterlassenschaften von fünfzig Hausbewohnerinnen mithilfe modernster biomechanischer Membrantechnik aufbereitet. Die einzelnen Prozessschritte wurden dabei von Kläranlagen abgeguckt – nur mit einem anderen Fokus: Schädliche Substanzen und Organismen sollten eliminiert, wertvolle Nährstoffe dagegen erhalten bleiben. Tatsächlich liegt die Konzentration von Schwermetallen und Spurenstoffen aus problematischen Medikamenten im »Goldwasser« weit unter den gesetzlichen Grenzwerten, wie durch Langzeitmessungen belegt werden konnte. Zugleich enthält es große Mengen an Kalium, Stickstoff und Phosphor. Eine benachbarte Firma, die damit Obst und Gemüse in ihrem Gewächshaus düngte, hatte gute Ernten.[4]

Bei der Antragstellung galt das Projekt Roof Water-Farm als ausgesprochen exotisch, berichtet Bürgow. »Die Bundesregierung hatte ein Förderprogramm zur Erforschung von Abwassertechniken aufgelegt – und wir stellten die Herstellung von Essbarem ins Zentrum.« Dahinter steht ihre Vision einer zukunftsfähigen Stadt, in der Ressourcen wie Nährstoffe, Wasser, Baumaterial oder andere Rohstoffe zunehmend in geschlossenen Stoff- und Energiekreisläufen zirkulieren. Auch der sorgsame Umgang mit Boden ist ein wichtiger Aspekt. »Wir müssen wegkommen von monofunktionalen und teuren Infrastrukturen für Energie, Abwasser, Abfall, Transport und Lebensmittelversorgung«, sagt die Stadt- und Landschaftsplanerin.

Nötig seien stattdessen Quartiere, wo die verschiedenen Bereiche produktiv miteinander verbunden sind. Daraus könnten dann neue regionale Wertschöpfungsnetze entstehen, die nicht nur Wasser bereitstellen, sondern auch vermeintlich exotische Produkte wie Stadtfisch, Stadtdünger und neue nachwachsende Rohstoffe liefern.

»TOMATENFISCHE«

Fische und Gemüse lassen sich gut zusammen züchten: Die Exkremente der Tiere düngen die Pflanzen, die Pflanzen reinigen das Wasser und reichern es mit Sauerstoff an. Aquaponik heißt das Zusammenspiel, eine Kombination aus Aquakultur und Hydroponik.

In nordamerikanischen Hinterhöfen gibt es entsprechende Kreislaufanlagen seit Jahrzehnten, mit recht magerer Lebensmittelausbeute allerdings. Tiere und Pflanzen bevorzugen unterschiedliche ph-Werte, und in einem gemeinsamen Wasserkreislauf reichert sich mit der Zeit Ammonium an. Dieses Stoffwechselprodukt aus den Kiemen der Fische behagt weder den Tieren noch den Pflanzen.

Am Berliner Leibniz-Institut für Gewässerökologie und Binnenfischerei (IGB) wurde eine Lösung für dieses Problem entwickelt – und damit die Voraussetzung geschaffen, um mit wenig Wasser große Mengen hochwertige Speisefische und Gemüse zu produzieren. Eine im Mai 2020 veröffentlichte Studie belegt die Wirtschaftlichkeit der Technik im Praxisbetrieb.[5] Ein Hindernis für die Verbreitung von Aquaponik ist, dass offizielle Ausbildungsgänge bisher entweder nur auf Fisch- oder auf Pflanzenzucht ausgelegt sind.

Das Kreuzberger Modellprojekt hat belegt, dass Aquakultur und Hydroponik mit recyceltem Grauwasser gut möglich sind und sich damit äußerst platz- und wassersparend sowie hochproduktiv frische, gesundheitlich unbedenkliche Lebensmittel erzeugen lassen.

Auch die Energie aus noch warmem Dusch- und Waschmaschinenwasser kann in neueren Anlagen noch genutzt werden, etwa für die Gebäudeheizung oder für die Anzucht von Warmwasserfischen. Und nicht zuletzt: Wenn die Lebensmittel auf dem eigenen Dach oder im Hof gedeihen, gibt es keine weiten Transportwege, und der damit zusammenhängende CO_2-Ausstoß ist gleich Null.

Mit dem Betrieb der Roof Water-Farm als Testgewächshaus und daran gekoppelten Gebäude- und Quartiersstudien legten die Wissenschaftlerinnen die Grundlage für das zweite Ziel ihres Projekts: Sie wollten herausfinden, wie groß in Berlin das Potenzial ist, auf Dächern, an Fassaden oder in Höfen Gemüse und Fische zu produzieren;

sei es professionell durch ein Unternehmen oder für den eigenen Bedarf durch diejenigen, die in den Häusern wohnen. Die Berechnungen ergaben, dass im Berliner Stadtgebiet etwa 2.300 Hektar flache Dächer mit jeweils mehr als fünfzig Quadratmeter existieren, die sich im Prinzip dafür eignen. Klar ist allerdings auch, dass Wohnhäuser andere Abwasserströme produzieren als Schulen oder Gewerbebauten.

Unter Berücksichtigung dieser Parameter kamen die Wissenschaftlerinnen zu dem Ergebnis, dass sich auf Berliner Dächern zwischen 165.000 bis 300.000 Tonnen Frischgemüse und 10.000 bis 14.000 Tonnen Fisch pro Jahr erzeugen ließen. Ihr Vorschlag lautet deshalb, einen umfassenden Gebäudepass zu entwickeln, der den bereits vorgeschriebenen Energieausweis um Fragen der Wassernutzung und später auch der Lebensmittelerzeugung erweitert. Mit getrennten Abwasserrohren lässt sich die Hälfte des benötigten Trinkwassers im Haushalt einsparen; allein die Versorgung der Toiletten mit Grauwasser spart ein Drittel.

Allerdings gibt es bisher nur in wenigen Gebäuden ein doppeltes Abwassernetz. Das aber ließe sich ja ändern. Bei Neubauten und Leitungssanierungen in bestehenden Häusern sollte der Einbau vorgeschrieben werden, so der Vorschlag von Bürgow und Steglich. Die Kosten dafür halten sich in Grenzen. Würden die Leitungen gleich von Anfang an mitgeplant und eingebaut, schlüge das mit lediglich rund 500 Euro pro Wohnung zu Buche. Hinzu kommen weitere circa 500 Euro pro Bewohner für die Anlagentechnik, mit der das Grauwasser aufbereitet wird.[6] Beides sind Investitionen, die nur einmal getätigt werden müssen.

Die Statik stellt bei einer auf dem Dach installierten Pflanzenproduktion mit Nährlösung in den meisten Fällen kein grundlegendes Problem dar. Gewächshäuser in Leichtbauweise mit integrierten Hydroponikanlagen wiegen wesentlich weniger als erdgefüllte Hochbeete. In vielen Fällen könnten sie einfach aufgestellt werden; bei besonders hohen Gebäuden ist der Winddruck einzukalkulieren. Soll es dagegen auch eine Fischzucht geben, entstehen an einigen Stellen schwere Lasten. In vielen der daraufhin geprüften Gebäude ließe sich das Problem jedoch lösen, entweder durch eine kluge Platzierung der Anlage oder indem zusätzliche Stützen eingebaut oder bestehende Wände verstärkt werden.

Die Klimaveränderung vom Dach aus bekämpfen

Die Technik zu installieren ist also möglich und auch gut finanzierbar. Doch wie viel Aufwand entsteht beim laufenden Betrieb? Um das herauszufinden, haben sich die Expertinnen auch mit Fragen der Organisation, der Bewirtschaftung und der Abnahme der Lebensmittel beschäftigt. Sie haben ausgerechnet, wie viel Arbeitsaufwand in Stunden für eine kommerzielle Nutzung erforderlich wären und wie groß eine Anlage mindestens sein müsste, damit sie wirtschaftlich ist.

Auf dem 1.200 Quadratmeter großen Dach eines typischen fünfstöckigen Plattenbaus in Berlin Marzahn, wie er in der DDR als »Wohnungsbauserie 70« vielfach errichtet wurde, ließe sich mit dem Anbau von Gemüse und Obst genug erwirtschaften, damit sich die Investition in etwa zehn Jahren amortisiert hätte.

Bei einem anderen Geschäftsmodell könnten Hausbewohner Anteile eines Ebbe-Flut-Tisches pachten und selbst ihr Gemüse darauf anbauen – je nach Wunsch als teureres Rundum-Sorglos-Paket mit vorgezogenen Setzlingen, bei dem die Kundinnen nur die Ernte selbst übernehmen, oder preisgünstiger im Do-it-yourself-Verfahren.[7] Vergleichbares ist vorstellbar für Schulen, auf deren Dächern Paprika, Salat und Erdbeeren für die Versorgung der hauseigenen Schulküche wachsen könnten.

Doch solche Vorschläge haben bisher kaum Chancen, wahrgenommen zu werden. Die Verwaltungs- und Ressortstrukturen und die unterschiedlichen politischen Ebenen sind nicht dafür gemacht, auf komplexe Herausforderungen angemessen komplex zu reagieren. So ist sich die Wissenschaft zwar einig, dass unser gegenwärtiges Ernährungssystem wahrscheinlich für etwa ein Drittel der klimaschädlichen Gase verantwortlich ist.[8] Doch in Berlin scheint das – wie auch sonst überwiegend – ignoriert zu werden. Obwohl das Bundesland die Klimanotlage ausgerufen hat, kommt das Thema Ernährung in

einem zwanzigseitigen Maßnahmenkatalog des Senats mit keinem Wort vor. Die Dächer der Stadt werden ausschließlich als Stellflächen für Photovoltaik in Betracht gezogen.[9]
»Wie die Lebensqualität in den Quartieren sicherzustellen ist und wie sich die Menschen nachhaltig versorgen und dabei auch Spaß haben können, spielt auch bei der Stadtentwicklung bisher kaum eine Rolle«, bedauert Grit Bürgow. Die meisten Leute wüssten heute nicht, wo ihr Essen und ihr Trinkwasser herkommen und wohin Abwasser und Müll verschwinden. Ein Großteil der Planungen fokussiere sich bisher ausschließlich auf Techniken und Funktionen.
Bürgow dagegen ist es wichtig, Einwohnerinnen und ihre Interessen in die Forschung einzubeziehen und ihnen zu vermitteln, von welcher Infrastruktur sie im Alltag abhängig sind. Das schaffe Vertrauen, wie die Erfahrungen mit der Roof Water-Farm in Block 6 gezeigt hätten: Viele Nachbarn interessierten sich für die Anlage und aßen gerne Salat und Wels auf den Erntefesten, nachdem die Forscherinnen ihnen erklärt hatten, wie sie das Wasser aufbereiten und warum niemand Angst vor Keimen haben muss.
Die wissenschaftlichen Grundlagen für die Produktion auch großer Mengen frischer Lebensmittel in Berlin sind also vorhanden, die Ergebnisse längst publiziert.[10] Doch auch hier hapert es an den rechtlichen Grundlagen, um sie außerhalb des Forschungsprojekts umzusetzen. Der Betrieb von Aquakultur- und Hydroponikanlagen, die mit Brauchwasser betrieben werden, liegt quasi quer zu den etablierten Strukturen. Eine Vielzahl juristischer Vorgaben wird davon berührt, verschiedene Aufsichts- und Genehmigungsbehörden müssten involviert werden. Und nicht zuletzt fehlt es den staatlichen Stellen noch an dem notwendigen Wissen, um die Unbedenklichkeit der Produkte aus Projekten wie der Roof Water-Farm beurteilen zu können.[11]
Immerhin profitieren die Bewohnerinnen von Block 6 weiterhin von kostengünstigem Wasser für ihre Toilettenspülung. Auch das Gewächshaus wird von der TU Berlin weiter bestellt. Heute dient es der angewandten Lehre, der Selbstversorgung einiger Engagierter und als Schaufenster bei Führungen.

Der Wert von Wasser

Siebzig Prozent des weltweiten Süßwasserverbrauchs gehen heute auf das Konto der Landwirtschaft. Auch darum ist es in vielen Regionen schon heute extrem knapp. Hinzu kommt, dass die künstliche Bewässerung zur Versalzung der Böden beiträgt, was ihre Fruchtbarkeit mindert oder sogar zerstört. Die Klimaerwärmung wird die Probleme absehbar verschärfen.

Auch in Berlin-Brandenburg wird es immer trockener, wie das Potsdam-Institut für Klimafolgenforschung (PIK) bereits Anfang des Jahrtausends prognostiziert hat.[12] Während bis 2015 nur zwei Prozent der brandenburgischen Felder bewässert wurden, haben die trockenen Jahre einen regelrechten Brunnenbau-Boom ausgelöst, nachdem viele Landwirte große Ernteverluste erlitten haben. Zugleich sinkt der Grundwasserspiegel.

Wenn Felder wegen Regenmangels bewässert werden müssen, ist die Wasserbilanz von Hydroponik wesentlich günstiger als der Anbau in Erde. Blähton-Kügelchen oder Mineralwolle geben den Pflanzen Halt, ihre Wurzeln werden von nähr- und sauerstoffreichem Wasser umspült. Das funktioniert zwar längst nicht für alle Gemüsesorten und sollte keineswegs als die Lösung schlechthin betrachtet werden. Kartoffeln, Möhren, Zwiebeln, Kohl und viele andere Gemüsesorten sowie das meiste Obst kann nur in Erde gedeihen. Doch für Salat, Mangold, Tomaten oder Kräuter lässt sich der Wasserbedarf im Vergleich zum traditionellen Feldanbau um bis zu neunzig Prozent reduzieren. Hinzu kommt, dass sich die Nahrung mit hydroponischen Anlagen extrem platzsparend erzeugen lässt.

Das Thema »Vertikale Landwirtschaft« beschäftigt seit einigen Jahren Wissenschaftlerinnen und Praktiker auf der ganzen Welt. Wie üblich, wenn es um rein technische Lösungen für Probleme geht, ziehen solche Innovationen das große Geld an. In Japan eröffnete 2018 die erste »Techno-Farm«, die in Regalschränken in klinisch reiner Umgebung Gemüse produziert, geerntet wird es überwiegend von Robotern.[13] Großinvestoren wie Amazon-Gründer Jeff Bezos wittern ein Milliardengeschäft. Aber es sind auch schon viele Projekte pleitegegangen.[14] Wolkenkratzer voller Gemüse, in denen die Pflanzen mit Aufzügen und Förderbändern von der Saat bis zur Reife hoch und runter transportiert werden, existieren bisher nur in Hochglanzbroschüren und sind aufgrund des Energieaufwands auch wenig sinnvoll.

Doch die Vertikaltechnik lässt sich auch kleinteilig, energiesparend und gemeinwohlorientiert einsetzen. Andreas Horn hat mit einer Gruppe von TU-Studierenden den »Shower-Tower« entwickelt: Vierkantsäulen mit Löchern, in die abgeschnittene Rohrteile hineingesteckt sind, die Gemüse- oder Erdbeersetzlinge halten. Eine Pumpe sorgt dafür, dass von oben regelmäßig Nährflüssigkeit durch die Säule fließt und die Wurzeln befeuchtet. Der Prototyp dieser wasserkreislaufbasierten Vertikalfarm steht neben Beachvolleyballfeldern im Berliner Gleisdreieckpark und nutzt das aufbereitete Duschwasser aus der Sportanlage. Auf einer Grundfläche von nur zwei Quadratmetern wachsen 128 Salatpflanzen, die der benachbarte Imbiss zubereitet.

Hochgerechnet auf die gesamte Berliner Stadtbevölkerung bedeutet das, dass 21 Hektar Fläche – knapp dreißig Fußballfelder – ausreichen würden, um alle mit Salat zu versorgen.[15] Dabei könnten die Pflanzsäulen dezentral in der ganzen Stadt verteilt und auch auf Terrassen und Dächern platziert werden. Horn hat das auf seinem Balkon mit Erfolg ausprobiert und bietet über das mit einem Freund gegründete Startup Hydro Tower Pflanzsäulen für Selbstversorger an. Schon rund hundert Leute nutzen die Technik. Die beiden Gründer entwickeln sie weiter, damit Leute mit wenig Platz ganzjährig nutzbare vertikale Gärten in ihrer Wohnung betreiben können.

Urin und Kot verlassen unseren Körper durch getrennte »Leitungen«. Bisherige Sanitärsysteme aber vermischen danach beides, egal ob Plumpsklo oder japanische High-Tech-Toilette. Dabei wäre es überaus sinnvoll, die natürliche Trennung beizubehalten.
Erwachsene lassen im Durchschnitt ein bis zwei Liter Wasser am Tag. Das besteht tatsächlich nur zu 95 Prozent aus Wasser, der Rest sind wertvolle Nährstoffe. Wir sind also natürliche Düngerproduzentinnen! Die überwiegende Menge der düngewirksamen Stoffe, die unser Körper auf der Toilette abgibt, steckt im Harn – 85 Prozent des Stickstoffs, 65 Prozent des Phosphors und 85 Prozent des Kaliums.[1] Die Substanz Pipi ist außerdem viel ungefährlicher als die Substanz Scheiße. Deshalb eignet sich menschlicher Urin hervorragend als Grundlage für einen Mineraldünger.
Wenn er aus dem Körper kommt, ist der Harn bei gesunden Menschen geruchsneutral. Sobald er jedoch irgendwo herumsteht, verbreitet er einen stechenden, aus jeder Bahnhofsunterführung bekannten Gestank. Ursache dafür sind Bakterien, die Harn bei Luftkontakt in gasförmigen Ammoniak verwandeln, wobei der Stickstoff verloren geht. Soll aus Urin ein längerfristig nutzbarer Dünger werden, muss der darin enthaltene Stickstoff stabilisiert werden.
Eine im Prinzip einfache Methode, um Phosphor und einen Teil des Stickstoffs aus dem Urin in einen haltbaren Mineraldünger zu verwandeln, ist der Zusatz von Magnesium. Damit braucht es für den Prozess allerdings ein Material, das zwar an sich nicht knapp ist, doch in der Natur nicht in reiner Form vorkommt. Um es aus seinen natürlichen Verbindungen zu lösen, wird viel Energie gebraucht. Außerdem ist das Gewinnen von reinem Magnesium mit erheblichen Emissionen verbunden. China, der heute mit Abstand größte Magnesiumlieferant, versetzte die deutsche Autoindustrie 2021 durch Exportbeschränkungen in Panik. Russland als Nummer zwei ist ebenfalls kein zuverlässiger Partner. Vor diesem Hintergrund erscheint es nicht sehr sinnvoll, auf die als Struvit bezeichnete Verbindung zu setzen, um die Stickstoff- und Phosphorkreisläufe wieder zu schließen.

Hotspot der Entwicklung in der Schweiz

Seit über dreißig Jahren wird in Zürich und Umgebung an Alternativen zu synthetischem Dünger geforscht. Unterschiedliche Fachrichtungen arbeiten dort eng zusammen, um die Nährstoffkreisläufe zwischen Stadt und Land wieder zu schließen. Dabei gilt die Nutzbarmachung von Urin als entscheidender Hebel für die Sanitär- und Nährstoffwende.

Im unmittelbar an Zürich grenzenden Dübendorf befindet sich der Hauptsitz des Schweizer Forschungsinstituts für Wasserversorgung, Abwasserreinigung und Gewässerschutz Eawag. Geforscht wird dort mit vollem Körpereinsatz.

Heute war in dem Neubau mit der Fassade aus hellblauen Milchglas-Lamellen noch niemand auf dem Klo. Das Urinal neben dem Eingang wurde dagegen schon dreimal benutzt, stellt Bastian Etter beim Blick auf den Bildschirm fest. Hier im Keller befinden sich auch die großen, weißen Tanks, in denen die flüssigen Hinterlassenschaften der Belegschaft landen, die mithilfe von Trenntoiletten im ganzen Haus gesammelt werden. Das Computerprogramm dient dazu, den Zufluss zu registrieren und beispielsweise herauszufinden, ob der Urin von Frauen und Männern unterschiedliche Nährstoffqualitäten hat. »Hat er nicht«, verrät der Vierzigjährige.

Drei bis fünf Tage dauert die Verwandlung von einfachem Urin in ein Produkt, das gut zu transportieren und aufzubewahren ist und hervorragend düngt. Dafür kommt der Harn zunächst in kleinen Portionen in einen 2.000 Liter fassenden Bioreaktor. Durch kontinuierlich eingeblasene Luft blubbert und schäumt es darin heftig. Milliarden von Bakterien nitrifizieren den Harn, reichern ihn also mit Sauerstoff an. Dadurch gast der darin enthaltene Stickstoff nicht mehr aus, und der Inhalt des riesigen Pipicontainers riecht kaum.

Die ersten Mikroorganismen, die diesen Prozess in Gang gesetzt haben, wurden in einer Kläranlage geholt. Es dauerte etwas, bis sie sich an den unverdünnten Urin angepasst hatten, doch jetzt seien sie sehr eifrig, berichtet Etter. Er schöpft einen Messbecher voll Flüssigkeit heraus und hält ihn eine Weile gegen das Licht. Nach und nach setzt sich im unteren Viertel eine Art Schlamm ab – die Bakterien.

Danach durchläuft die Flüssigkeit einen Aktivkohlefilter, der aussieht wie eine große Gasflasche. Ziel dieses Schritts ist, Medikamentenreste und andere Schadstoffe zu entfernen. Die letzte Station ist ein Industrieverdampfer, der bei achtzig Grad alle Viren und andere Lebewesen vernichtet und den Stoff stark konzentriert, damit er sich gut transportieren lässt. So werden aus 1.000 Litern Urin 70 Liter Flüssigdünger. Übrig bleiben 930 Liter destilliertes Wasser, die für die Toilettenspülungen im Haus genutzt werden. Dass die simpel wirkende Anlage mehrere Sensoren und Steuerungselemente enthält, sieht man ihr nicht. Ziel ist ein vollautomatisierter Prozess, der an vielen Orten stattfinden kann, ohne dass sich jemand mit Expertise darum kümmern muss.

Der Dünger mit Namen Aurin ist in der Schweiz und in Österreich offiziell für alle essbaren Pflanzen zugelassen. In Deutschland sieht es anders aus. Dort müssen alle für die Herstellung verwendeten Ausgangsstoffe genehmigt sein. Und das ist für Urin nicht der Fall. Darum darf der Dünger dort nicht vertrieben werden, obwohl er hygienisch einwandfrei ist und viel Stickstoff, Phosphor und Kalium enthält.

Produziert und verkauft wird die konzentrierte Pflanzennahrung durch Etters 2016 gegründete Firma. Er will ein praktikables und ökonomisch tragfähiges Konzept entwickeln, um es auch anderen Weltregionen zur Verfügung stellen zu können. Aber so weit ist es noch nicht. Deshalb füllt die Crew den konzentrierten Flüssigdünger bisher noch zweimal jährlich mit der Hand ab und feiert anschließend eine Party. Zu kaufen gibt es die Halb-Liter-Flaschen in einigen Läden sowie im Internet. Die Kundschaft sind vor allem Privatgärtner; für die Landwirtschaft ist das Produkt noch zu teuer.

Aber natürlich ist es das Ziel, dass Aurin irgendwann auch auf die Felder kommt. Immerhin übersteigt die Nachfrage schon jetzt das Angebot, obwohl nun auch noch die Pisse von den Forscherinnen und Besuchern aus zwei Nachbargebäuden verarbeitet wird, die durch ein »Urinodukt« in den Eawag-Keller fließt. Seine Firma hat Etter Vuna getauft, was Ernte auf isiZulu heißt, der von den Zulu in Südafrika gesprochenen Sprache. Denn in Durban hat er wichtige Erkenntnisse gesammelt.

NORD-SÜD-KOOPERATION

Nach dem Ende der Apartheid verpflichtete die südafrikanische Regierung alle Kommunen zum Bau von Sanitäranlagen für die Bevölkerung. In Durban entschied man sich für 80.000 Trenntoiletten. 2010 suchte die Stadt nach einer Verwendung für die großen Mengen Urin, die darin anfielen. Das führte zu einer Zusammenarbeit, die Bastian Etter koordinierte: In Durban wurden monatlich 15.000 bis 18.000 Liter Urin gesammelt und verarbeitet, in Dübendorf parallel Anlagen gebaut und ständig weiterentwickelt. Weil die beteiligten Familien etwas Geld für die jeweils abgelieferte Menge bekamen, stieg die Nutzungsrate der Toiletten von 30 auf über 75 Prozent. »Die Leute merkten, dass es sich um einen Wertstoff handelt«, so Elizabeth Tilley, die die Sammlung organisierte. Vorher hatten viele das Toilettenhäuschen als Lagerfläche genutzt und ihre Notdurft anderswo verrichtet.

Leider wurde das Verfahren nach Ablauf des Modellprojekts nicht fortgesetzt. Es gab kein Geld mehr für das Einsammeln des Urins aus den verstreut liegenden Häusern und noch nicht genug Dünger, um das System durch seinen Verkauf zu finanzieren. Tilley, inzwischen Professorin an der ETH Zürich, findet jedoch, dass die Sanitärversorgung den Staat auch nach der Installation von Toiletten noch etwas kosten darf. Im globalen Norden gebe der Staat schließlich auch viel Geld aus für Bau, Erhalt und Betrieb der Infrastruktur.

Neben dem Düngervertrieb in Dübendorf entwickelt und installiert die fünfköpfige Vuna-Crew alternative Klärkonzepte und arbeitet daran, die Eawag-Forschungsergebnisse in die Praxis umzusetzen. So langsam nimmt die Entwicklung Fahrt auf. »Seit zwei Jahren haben wir so viele private Auftraggeber, dass wir uns normale Löhne auszahlen können«, freut sich der Geschäftsführer. Für den Bau weiterer Urinaufbereitungsanlagen hat sich inzwischen ein neues Startup gegründet.

Parallel geht natürlich auch die Grundlagenforschung bei der Eawag weiter. Im sogenannten Water-Hub will eine Gruppe herausfinden, wie sich Duschwasser dauerhaft im Kreis führen lässt. Andere versuchen, aus Kacke und Klopapier Pellets zum Düngen oder Heizen herzustellen. Für all diese Entwicklungen braucht es einen langen Atem. Schießlich geht es darum, etwas nicht allein im Labor erfolgreich umzusetzen, sondern es so anzupassen, dass es sich bezahlbar und praktisch ins wirkliche Leben einfügen lässt.

Auf der Suche nach Auswegen aus dem System

Als die staatliche Wasser- und Abwasseranstalt Eawag vor über 25 Jahren anfing, Urin zu sammeln, ging es nicht um die Nutzung der darin enthaltenen Nährstoffe. Vielmehr sollte ein Weg gefunden werden, die Kanalisation von den hohen Stickstoff- und Phosphorfrachten zu entlasten.

1987 war der Brundtland-Report veröffentlicht worden, der erstmals das Prinzip »Nachhaltigkeit« auf globaler Ebene thematisierte. Auch beim UN-Gipfel für Umwelt und Entwicklung in Rio 1992 war Wasser ein wichtiges Thema. Die aus Dänemark stammende Tove Larsen fand das damals zwar alles richtig und wichtig. Doch zugleich fühlte sie sich von den Dokumenten frustriert: viel zu abstrakt. »Wir sind ja eigentlich Handwerker«, sagt die Professorin und ausgebildete Ingenieurin, die an der Eawag im Bereich Siedlungswasserwirtschaft arbeitet.

Als sie eine junge Wissenschaftlerin war, kümmerten sich viele ökologisch engagierte Kollegen um Möglichkeiten, wie Kläranlagen Energie einsparen könnten. Niemand aber stellte das Verfahren grundsätzlich infrage. »Im Studium erschien die Menge des Abwassers wie gottgegeben«, berichtet Larsen. Bei einer Diskussion über Abfalltrennung als Voraussetzung für Kreislaufwirtschaft stand plötzlich die Frage im Raum: Warum nicht auch Urin separieren, bevor er sich untrennbar mit Wasser vermischt? Schließlich verursacht sein hoher Stickstoff- und Phosphorgehalt einen Großteil des Aufwands in den Kläranlagen.

Larsen verfolgte die Idee weiter. Sie kalkulierte, dass die Anlagen um zwei Drittel kleiner ausfallen könnten, wenn dort kein Harn mehr ankäme. Die Aufmerksamkeit der Fachöffentlichkeit für eine solche Idee zu gewinnen war dagegen nicht einfach. Die erste akademische Publikation erschien 1996. Aufgrund des Tabus wurde Urin im

Titel des Aufsatzes als »menschliche Nährstofflösung« bezeichnet.[2] Und dann passierte etwas, was Tove Larsen nicht für möglich gehalten hatte. Der Eawag-Chef organisierte eine Million Franken und ließ sie das ab dem Jahr 2000 laufende Forschungsprojekt Novaquatis entwerfen und leiten, obwohl sie keine Führungserfahrung mitbrachte. Die beteiligten Wissenschaftlerinnen standen zunächst vor ganz praktischen Problemen.

Zwar fällt Urin überall in großen Mengen an. Aber es existierte keine Technik, um ihn in größeren Mengen aufzufangen. Darum nutzte das Forschungsteam zur Urinseparierung anfangs eine sogenannte No-Mix-Toilette, wie sie vor allem in schwedischen Ferienhäusern genutzt wird. Im 2006 errichteten Neubau ließ die Eawag dann Keramikklos einbauen, die den Urin vorne abtrennen und durch eine verschließbare Klappe vor der Wasserspülung schützen. Für die Reparatur der Mechanik, die einen Bowdenzug nutzt, ähnlich wie bei einer Fahrradbremse, gingen etliche Hausmeisterstunden drauf.

Doch nicht die technischen Lösungen waren für Tove Larsen der wichtigste Baustein des Wissenschaftsprojekts, sondern die Frage, ob mit gesellschaftlicher Akzeptanz zu rechnen wäre. Deshalb hält sie den soziologischen Teil der Forschung für besonders wichtig. Tatsächlich war das Ergebnis einer Bevölkerungsbefragung in Europa in den Nullerjahren sehr ermutigend: 85 Prozent der Menschen finden es sinnvoll, Nährstoffe aus Urin zu recyceln – wenn es gesundheitlich unbedenklich und nicht zu teuer ist. »Unter solchen Voraussetzungen ist es unsere Aufgabe als Ingenieure, herauszufinden, wie das funktioniert und wie man das gut umsetzen kann«, so Larsen.

Die uneitel wirkende 63-Jährige, die schon mehrere Auszeichnungen gewonnen hat, erwähnt in jedem dritten Satz jemanden, der auf dem Weg wichtige Beiträge geleistet hat. Auch Details müssen erforscht, entwickelt, evaluiert und verbessert werden, um den Kreislauf zwischen Kloschüssel und Acker zu schließen. Larsen ist optimistisch, dass es jetzt endlich schneller vorangehen könnte als in den ersten Jahren – wichtige Grundlagen sind geschaffen.

Nun müssen nicht nur Politikerinnen gewonnen und die Verwaltungen mitgenommen werden. Entscheidend ist auch, dass es künftig die entsprechenden Komponenten ohne großen organisatorischen Aufwand zu kaufen gibt. Doch Privatunternehmen entwickeln in der Regel keine Produkte für eine ungewisse Zukunft, sondern wollen sicher sein, dass es einen Markt dafür gibt. So braucht es neben Überzeugungsarbeit und Geduld auch Unterstützung von Profis, die eine Portion Idealismus mitbringen.

TEEKANNENEFFEKT IN DER KLOSCHÜSSEL

Der österreichische Designer Harald Gründl beschäftigt sich in Praxis und Theorie mit Fragen sozial und ökologisch nachhaltiger Gestaltung. 2011 bot er der Eawag an, sie bei der Entwicklung einer neuartigen Toilettenkeramik zur Urinabtrennung zu unterstützen.
Das Ergebnis nach mehreren Jahren Arbeit: Eine Kloschüssel, die den sogenannten Teekanneneffekt nutzt. Genau wie bei einer Teekanne, aus der langsam ausgegossen wird, fließt auch hier die Flüssigkeit scharf um die Kurve und kann dadurch separat abgeleitet werden. Der Wasserschwall der Klospülung schießt anschließend über die schmale Öffnung hinweg und spült lediglich Klopapier und Fäzes fort. Wer nicht darauf achtet, nimmt die Toilette als völlig normal wahr. 2019 brachte die renommierte Schweizer Sanitärfirma Laufen das neuartige Sanitärprodukt unter dem Namen Save! auf den Markt. Das Unternehmen wirbt damit, dass die Toilette aussieht wie ein herkömmliches Modell und alle Normen erfüllt. Die Aussicht auf mehrere Großbaustellen, auf denen alle Komponenten der Urinseparierung installiert werden sollen, überzeugte die Geschäftsführung, in das neuartige Produkt zu investieren.

Auf dem Weg zur Umsetzung auf breiter Ebene

Die bei der Eawag entwickelten Techniken zielen auf realisierbare Lösungen für große Städte ab. Als ersten Schritt braucht es Gebäude, die demonstrieren, dass das alles tatsächlich alltagstauglich ist. Immerhin ist es inzwischen gelungen, mehrere große Projekte an Land zu ziehen. So wird das Hauptquartier der Europäischen Weltraumbehörde ESA in Paris nach der Renovierung mit Trenntoiletten

und einer Urin-Aufbereitungsanlage ausgestattet sein. Der Dünger soll ortsnah zum Einsatz kommen. Außerdem will die ESA die Technik bei Weltraummissionen testen. Das Schweizer Städtchen Freiburg im Üechtland plant, im neuen Quartier Bluefactory Aurin zu produzieren, und ein großes Wohnhaus in Genf wurde bereits entsprechend ausgestattet. Drei weitere Projekte an der ETH Lausanne, in Paris sowie im geplanten Ecovillage Hannover stecken in der Pipeline. Sie alle werden neue Erfahrungen bringen und die Techniken aus Dübendorf bekannter machen.
Einige Häuser, die Dünger produzieren, machen jedoch noch keine Sanitär- und Nährstoffwende. Wie also kann es in großem Stil vorangehen? Diese Frage beschäftigt Kai Udert schon fast sein ganzes Leben als Wissenschaftler. Dass das gegenwärtig dominierende Sanitär- und Abwassersystem mit seiner Verschwendung von Nährstoffen an seine Grenzen stößt, steht für den ebenfalls in Dübendorf tätigen Verfahrenstechniker außer Frage. Er ist sicher, dass es einen Paradigmenwechsel geben wird: Weg vom Einbahnstraßendenken der Entsorgung, hin zu echten Stoffkreisläufen auch im Wasser- und Nährstoffbereich.
Urinseparierung und -aufbereitung könnten zu zentralen Bausteinen dafür werden. Die Entwicklungsstufen bis hin zu Prototypen für die entsprechenden Toiletten sind bewältigt. Jetzt stehen die kapitalintensiven Schritte von der Kleinserie bis zur Massenfertigung an. Das gehe nicht mehr im Rahmen der Eawag und ihren kleinen Startups, sondern brauche entweder massive Förderung von öffentlicher Seite, oder große Industrieunternehmen müssten einsteigen, so Udert. »Am Schluss sollten die Stückkosten so günstig sein, dass sich möglichst alle die Technik leisten können.«
Gleichzeitig ist ihm bewusst: »Der entscheidende Druck wird nicht durch die Technik, sondern von anderer Seite kommen.« Er sinniert ein bisschen, was für ein Auslöser das zum Beispiel sein könnte. Vielleicht explodieren mal wieder die Phosphorpreise wie 2008, und die Chemieindustrie verlangt von der Politik, die Nutzung von Urin im großen Stil zu ermöglichen. Vielleicht könnte aber auch das neue Schweizer Umweltschutzgesetz die Betreiber von Kläranlagen

auf neue Wege zwingen. Sollte die Rückgewinnung von Stickstoff aus Abwasser vorgeschrieben werden, wie es ein Bäuerinnenverband gefordert hat und nun auch im Gesetzesentwurf steht, könnte das der Urin-Separierung den Weg ebnen. »Stickstoff aus Kläranlagen zurückzugewinnen ist schwierig«, erklärt Udert und fügt hinzu, dass das ein Nachdenken über Alternativen unterstützen könnte. Vielleicht komme der Wunsch nach Veränderung aber auch aus der Gesellschaft, angesichts der globalen Klimakrisen und der Erfahrung, dass es in Europa immer trockner wird. »Es macht etwas mit uns, wenn wir ins Trinkwasser scheißen.« Auch Architektinnen sieht Udert als Partner und potenzielle Treiber.

URIN ZU STROM UND BETON

Urin ist nicht nur als Dünger interessant. Auf der Bundesgartenschau in Mannheim wurde mit Rohstoff aus einer Besuchertoilette und der Mitwirkung von Bakterien Strom erzeugt.[3] Bei dem Verfahren bleibt Harnstoff übrig, der an weitere Bakterien verfüttert werden kann. Sie produzieren daraus ein kalkhaltiges Substrat, welches in der Lage ist, bei der Betonherstellung den äußerst klimaschädlichen Zement zu ersetzen.[4]

Noch halten viele den Weg von Eawag und anderen, die alternative Sanitär- und Abwassersysteme entwickeln, für Sandkastenspiele. Auch die großen Energiekonzerne haben Strom aus Sonne und Wind über Jahrzehnte mit PR-Kampagnen lächerlich gemacht. Udert aber möchte gar keine konfrontative Abgrenzung zum Hergebrachten. Er tritt dem Eindruck entgegen, dass er die 170-jährige Entwicklung der Abwassertechnik auf den Müllhaufen der Geschichte werfen will. Nach wie vor seien Hygiene und saubere Flüsse richtige und wichtige Ziele – nur seien inzwischen Probleme hinzugekommen, die sich mit den herkömmlichen Mitteln nicht lösen lassen. Und weltweit ist das Modell auch nicht einsatzfähig.

In diesem Zusammenhang ist immer wieder von Leapfrogging die Rede, auf deutsch: Bockspringen. Gemeint ist damit in den Wirtschaftswissenschaften, dass Gesellschaften eine technische Entwicklung überspringen und direkt zur nächsten Stufe gehen, anstatt den kompletten Verlauf nachzuholen, wie er anderswo stattgefunden hat. So haben Länder des globalen Südens das Festnetztelefon mit seinem Leitungssystem ausgelassen und sind gleich mit Mobilfunktechnik eingestiegen. Ähnliches ist für die Sanitärtechnik vorstellbar. »Das ist der Ansatz, den wir verfolgen müssen«, meint Udert. Angesichts weit verbreiteter Wasserknappheit sei es völlig ausgeschlossen und auch widersinnig, das uns vertraute, verschwenderische System mit Frischwasserspülung für alle Menschen einrichten zu wollen.

Hinzu kommen die gigantischen Kosten. Für die Schweiz veranschlagt das Berner Bundesamt für Umwelt pro Kopf etwa 10.000 Franken Investitionskosten für die Schwemmkanalisation.[5] Auch für reiche Länder lohnt sich die Überlegung, ob bei neuen Siedlungen mit dem Geld nicht etwas Besseres anzustellen ist.

Das WC als Symbol des Aufstiegs

Zugleich haben Spültoiletten weltweit unbestritten eine kulturell und emotional aufgeladene Bedeutung. Sie gelten als Ausdruck von Zivilisation und oft auch als Statussymbol. Wer sie nutzt, hat den Umgang mit den eigenen Fäkalien und deren Beseitigung delegiert und will das möglichst auch nicht ändern. Daran scheitern viele innovative Sanitärprojekte.

Udert betont, dass ein Abschied vom WC und ein flächendeckender Ersatz durch Trockentoiletten keineswegs notwendig sei. Entscheidend ist, dass der Urin abgetrennt und das Spülwasser dezentral immer und immer wieder aufbereitet wird. Dann können Fäkalien auch künftig so abtransportiert werden, dass sie direkt aus dem Blick- und Geruchsfeld verschwinden.

Der Fachmann ist außerdem davon überzeugt, dass die neuen Systeme erst in Europa getestet und eingeführt werden sollten. Techniken, die speziell für ärmere Länder entwickelt werden, stießen dort oft auf Ablehnung. Sie erfüllen nicht den Anspruch, an die zivilisatorische Entwicklung im reichen Norden anzuschließen. Häufig fehlt es außerdem an Ersatzteilen und Kenntnissen, um die Gerätschaften zu warten und zu reparieren. Auch aus diesem Grund seien schon viele Entwicklungshilfeprojekte gescheitert. »Wir müssen es schaffen, hier bei uns funktionierende Lösungen zu installieren«, folgert Udert. Und glaubt: Genau wie bei den erneuerbaren Energien könnte sich die Entwicklung ab einem bestimmten Punkt enorm beschleunigen.

KLEINANLAGEN FÜR BADEZIMMER UND RAKETEN

Auf der Architekturbiennale in Venedig 2023 stellte der deutsche Pavillon Kreislaufwirtschaft und Lösungen für Bestandsgebäude ins Zentrum. Wer hier das Klo benutzte, lieferte Rohstoffe für Dünger. Das Wasser wurde mithilfe von Bakterien gereinigt und immer wieder genutzt. Daran mitgebaut haben Michel Richmann und David Hasler von der Eawag. Sie wollen in Zukunft kleine Aufbereitungsanlagen anbieten, die auch im Badezimmer einer Etagenwohnung eingebaut werden können. Dank eines Verfahrens mit »superkritischer« Wasseroxidation, das den Kot bei hohen Temperaturen verschwelt, bleibt vom Kot nur ein winziges Häufchen Asche übrig.

In der Raumfahrt werden ebenfalls bereits Mini-Recyclinganlagen verwendet. Das 23 Millionen Dollar teure ISS-Klo funktioniert mit Unterdruck und verwandelt Urin sogar in Trinkwasser.

Das in Frankreich entwickelte RecycLoo bereitet das gesamte Toilettenspülwasser angeblich innerhalb von zwei Stunden durch Bakterien, Sedimentbildung und eine elektrochemische Reaktion so auf, dass es danach erneut verwendet werden kann.[6]

Auch in der Landwirtschaft sind grundlegende Veränderungen unvermeidlich. Mit jeder Ernte verschwindet auch ein Großteil der Nährstoffe vom Acker. Was entnommen wird, muss aber zurückgegeben werden, sonst schrumpfen die Erträge immer weiter. Das hatte schon Justus von Liebig im 19. Jahrhundert erkannt. Der Chemiker ging allerdings davon aus, dass es allein auf die mineralische Zusammensetzung des Düngers ankommt und die Darreichungsform egal sei. Über die biologischen Prozesse im Boden, für die es einen großen Unterschied macht, in welcher Form Stickstoff, Phosphor und Kalium zugeführt werden, wusste er nichts. Außerdem stand für Liebig allein der Bedarf der Nutzpflanzen im Fokus.

Die Kunstdünger wurden auf Grundlage dieser unvollständigen, allein auf die chemischen Bestandteile fokussierten Erkenntnis entwickelt. Bis heute landen sie in großen Mengen auf den Feldern. Jedoch: »Pestizide und Düngemittel wirken sich weltweit negativ auf die Qualität von Luft, Böden und Wasserquellen aus«, warnt der Weltagrarbericht unmissverständlich.[1] Statt dem Boden nur Jahr um Jahr synthetische Nährstoffgaben zu verabreichen, muss seine dauerhafte Fruchtbarkeit gefördert werden. Sonst sieht es bald schlecht mit der Versorgung der Menschheit aus.

Im Biolandbau spielt das Bodenleben eine zentrale Rolle. Kompost und Stallmist sind Futter für Mikroorganismen, die sich dadurch gut und vielfältig entwickeln und in der Lage sind, aus organischem Material fruchtbaren Humus aufzubauen. Anders als bei chemischem Mineraldünger, der wie »Fast Food« wirkt, werden die Pflanzen dabei nach und nach mit den nötigen Nährstoffen versorgt – und zwar so, wie sie es in ihrer jeweiligen Wachstums- und Entwicklungsphase gerade brauchen.

Bei entsprechend sorgfältiger Bodenbearbeitung wächst der Humusanteil mit der Zeit. Die Ackererde wird dadurch nicht nur fruchtbarer, sondern kann auch Wasser besser aufnehmen und halten. Das wirkt sich sowohl in trockenen Perioden als auch bei Starkregen günstig aus. Da Humus große Mengen Kohlenstoff enthält, entzieht er der

Atmosphäre darüber hinaus CO_2. Wenn wir dagegen so weiter machen, würden sich die klimaschädlichen Gase aus der Landwirtschaft bis zum Jahr 2050 um weitere dreißig Prozent erhöhen, während die Fruchtbarkeit stetig abnähme. Das schätzt die Welternährungsorganisation FAO. Dagegen könnte eine konsequente Umstellung auf ökologischen Landbau der Atmosphäre im gleichen Zeitraum rund zehn Prozent aller menschengemachten Klimagase entziehen – und zugleich die Ernteerträge um 58 Prozent steigern.[2]

Jeder Boden ist individuell

Schauen wir uns einmal näher an, was Böden eigentlich sind. Im Grunde handelt es sich um so etwas wie Persönlichkeiten: Sie sind ganz verschieden, und jeder hat seine eigene Geschichte. Fast zur Hälfte bestehen Böden aus totem, mineralischem Material wie Sand, Schluff oder Ton. Je nach mineralischer Zusammensetzung erwärmen sie sich schneller oder langsamer, können Feuchtigkeit gut halten und Regenmengen aufnehmen oder nicht.

Zu etwas weniger als der Hälfte bestehen Böden aus Wasser und Luft. Organische Bestandteile, das heißt größtenteils Humus aus abgestorbenen Pflanzenresten, machen selbst bei einem guten Boden lediglich etwa fünf Prozent der Masse aus. Nur ein halbes Prozent besteht aus lebendigen Wurzeln und ein weiteres halbes Prozent aus Bakterien, Pilzen, Würmern und vielen, vielen anderen Lebewesen. Diese organischen Teile des Bodens sind es, die eine dauerhafte Fruchtbarkeit herstellen können.

Für eine erfolgreiche Bearbeitung des Bodens muss man ihn gut kennen und wissen, wie und womit man ihn »ernährt«. Das ist eine der zentralen Botschaften, die Ralf Bloch von der Hochschule für Nachhaltige Entwicklung in Eberswalde seinen Studierenden vermittelt. Die HNEE ist die einzige staatliche Hochschule in Deutschland, die im Agrarbereich ausschließlich Biolandwirte ausbildet. Ansonsten gibt es eine komplette akademische Ausbildung in diesem Bereich nur noch in Kassel-Witzenhausen. Allerdings finden die neuesten Erkenntnisse zum Mikrobiom im Boden auch in konventionellen Studiengängen zunehmend Beachtung.

Erbsen und Klee als Glücksfall

Bei der Stickstoffanreicherung des Bodens durch natürliche Prozesse, wie er im Ökolandbau üblich ist, spielen Bohnen, Erbsen und andere Hülsenfrüchte eine Hauptrolle. In diesem Fall hat eine Koevolution von Bodenbakterien aus der Familie der Rhizobien und der Pflanzenfamilie der Leguminosen stattgefunden. Die Bakterien »fangen« Stickstoff aus der Luft ein und wandeln ihn so um, dass Pflanzen ihn verwerten können. Die Ausbeute wird in Knöllchen an den Wurzeln der Pflanze fixiert. Die auf diese Art gemeinsam geschaffenen Depots verschaffen den Bakterien einen Lebensraum und den Leguminosen Unabhängigkeit vom Stickstoffgehalt des Bodens.

Nicht nur sich selbst versorgen die Kooperationspartner auf diese Weise. Auch andere Pflanzen in der Umgebung profitieren davon.

NAHRHAFTE NEUANSIEDLUNG

Die kalorienarme, ballaststoffreiche und sättigende Kichererbse wird bisher vor allem in wärmeren Gebieten angebaut, zum Beispiel in der Türkei, in Nordafrika oder Spanien. Jetzt soll sie auch nach Brandenburg kommen. Da sie in der türkischen, arabischen und indischen Küche eine große Rolle spielt und die Zahl der Menschen steigt, die sich überwiegend pflanzenbasiert ernähren wollen, stellt Berlin einen großen potenziellen Absatzmarkt in direkter Nähe dar. Als dürreresistente Pflanze, die auch mit »armen« Böden klar kommt, gilt die Kichererbse als geeignete Zukunftskultur für die sandigen und immer trockneren Böden rund um die Stadt.

Noch müssen allerdings nicht nur die entsprechenden regionalen Lieferketten aufgebaut werden, sondern auch die passenden Bakterien in Brandenburgs Boden: Heimische Bohnen und Erbsen kooperieren mit anderen Mikroorganismen. Ohne ihre Mini-Partner können Kichererbsen zwar auch wachsen, würden dem Boden dann aber Stickstoff entziehen, anstatt ihn zu liefern. Deshalb wird das Kichererbsen-Saatgut in Brandenburg derzeit noch in ein Bad mit entsprechenden Bakterien gelegt, bevor es in die Erde kommt. Die Forscher rechnen damit, dass sich die Mikroorganismen bald im Boden etablieren werden, wenn sie regelmäßig Pflanzen als Partner finden.

Damit schaffen Leguminosen und die mit ihnen kooperierenden Mikroorganismen leicht und lautlos, was beim Haber-Bosch-Verfahren mit hohen Temperaturen, extremem Druck und enormem Energieaufwand erzwungen wird: Die Herstellung von Stickstoffdünger. Hülsenfrüchte bringen dem Boden 70 bis 80 Kilogramm Stickstoff pro Hektar Anbaufläche.

Weil die Mitglieder dieser Pflanzenfamilie außerdem sehr eiweißreich sind, sind sie nicht nur gutes Futter für das Mikrobiom im Erdreich, sondern ihre Früchte auch wesentlicher Bestandteil einer vegetarischen oder veganen Ernährung.

Klee ist im Ökolandbau eine wichtige Komponente von Tierfutter – und Weltmeister darin, den Boden zu düngen. Weil er unter guten Bedingungen ein enormes Wurzelwerk bildet und viele Kleearten auch im Winter nicht absterben, kann er sogar 200 bis 400 Kilogramm Stickstoff pro Hektar einsammeln und einlagern. Aber auch hier gilt: Viel hilft viel ist nicht die beste Devise. Je nach Boden sollte eine angepasste Mischung von Gräsern, Kräutern und Leguminosen gewählt werden, so Agrarökologe Bloch.

Weder Massentierhaltung noch Totalverzicht

Eine Ernährung, die für den Planeten und die gesamte Menschheit auf Dauer funktioniert, wird mit viel weniger Kühen, Schweinen, Hühnern und Puten auskommen müssen als heute. Daran besteht kein Zweifel. Die Haltung von Vieh in der gegenwärtigen Größenordnung und seine überwiegende Fütterung mit Soja und Getreide steht in Konkurrenz zur Produktion pflanzlicher Lebensmittel. Unter diesem Aspekt fordert das Umweltbundesamt weniger Tiere, kleinere Herden und eine gleichmäßigere Verteilung auf der gesamten landwirtschaftlichen Fläche.[3] Für die dauerhafte Fruchtbarkeit von Äckern ist eine begrenzte Menge Dung nämlich vorteilhaft – vorausgesetzt, die Tiere werden angemessen gefüttert und gehalten. Betriebe, die sowohl Gemüse oder Getreide anbauen und parallel Tiere halten, sind derzeit jedoch die Ausnahme.

Fressen Rinder viel Gras und Klee, enthalten auch ihre Fladen große Mengen an Stickstoff. Am besten entfaltet der seine Wirkung in Form von gutem Stallmist, also einer abgelagerten Mischung von Stroh, Harn und festen Ausscheidungen. Dann ist das Kohlenstoff-Stickstoff-Verhältnis optimal, um – in den Boden eingearbeitet – Humus zu erzeugen. »Für die langfristige Fruchtbarkeit ist es vorteilhaft, wenn Stallmist aufs Feld kommt und Kleegras auch auf der Bodenoberfläche verbleibt«, so Bloch. Er räumt ein, dass Mist- und Kompostwirtschaft arbeitsintensiv sind. Doch es lohne sich: So werde ein vielfältiges Mikrobiom gefördert, das die Fasern langsam verdaue und dabei die organische Substanz in Humus verwandle. Die Pflanzen erhalten daraus nach und nach die Nährstoffe, die sie fürs Wachstum oder für die Samenbildung brauchen. »Humus wirkt wie ein Nährstoffdepot«, erklärt der Professor.

Für die Gülle von Kühen, die in Ställen auf Betonspalten stehen, gilt das nicht. Sie liefert Stickstoff und Phosphor zu schnell in zu großer Menge. Was die Pflanzen nicht aufnehmen können, sickert ins Grundwasser oder wird bei Regen in Bäche, Seen und Flüsse geschwemmt. Und die so wichtigen Mikroorganismen und anderen Lebewesen im Boden haben sowieso kaum etwas davon.

Blühende Wüste

Sechzig Kilometer nördlich von Kairo ist ein beeindruckendes Beispiel für die Wirkung von Mist zu besichtigen. Wo noch vor einem halben Jahrhundert Wüste war, ernten jetzt Menschen Kamille, Fenchel, Zucchini und Paprika, andere produzieren Saatgut.

1977 setzte Ibrahim Abouleish seiner Karriere als Leiter einer pharmazeutischen Forschungsabteilung in Graz bewusst ein Ende. Zusammen mit seiner Familie kehrte er nach über zwanzig Jahren in seine Heimat Ägypten zurück. Im Gepäck hatte er eine Vision, die sowohl seine Freunde als auch die neuen Nachbarn für völlig verrückt hielten: Mithilfe von Kuhdung und Kompost wollte Abouleish toten Sandboden in fruchtbare Erde verwandeln. Sekem nannte er sein Projekt, nach dem altägyptischen Wort für Lebenskraft.

Angela Hofmann stieß 1982 dazu, als junge Frau mit einer Ausbildung in biologisch-dynamischer Landwirtschaft und drei Sommern Erfahrung auf einer Alm in den Schweizer Alpen. Damals existierte die Farm erst in Ansätzen. »Ibrahim Abouleish führte mich über das Wüstengelände und sagte: Dort wird der Stall, dort die Schule und dort die Käserei stehen. Obwohl das völlig fantastisch erschien, zweifelte ich nicht daran. Er wirkte einfach überzeugend«, erzählt sie heute. In den Jahren zuvor hatte Abouleish bereits Brunnen bohren und Nilschlamm als Ackergrundlage herantransportieren lassen. Nun ging es darum, dem Boden auf der Farm Kohlenstoff zuzuführen und das mikrobische Leben darin anzuregen.

Mit Hofmann angereist waren 45 Rinder aus dem Allgäu. »Schweizer Braunvieh ist nicht so hochgezüchtet und bekommt aufgrund der gleichmäßigen braunen Färbung nicht so leicht einen Sonnenbrand. Und wenn sie Schatten und Wasser haben, kommen sie auch mit der Wärme recht gut klar«, begründet sie die Wahl der Rasse. Und tatsächlich konnte die Herde vor Ort erfüllen, was von ihr erwartet wurde. Dabei standen nicht Milch und Fleisch im Vordergrund, sondern es ging vor allem um die Verwandlung von trockenem Gras in guten, gehaltvollen Mist. Vermischt mit Baumschnitt, Ernteresten und anderen Pflanzenabfällen und feucht gehalten mit Wasser entstand so – wieder mithilfe der Mikroorganismen – der benötigte nahrhafte Kompost. Die ersten Äcker wurden bewirtschaftet, immer mehr Humus wurde aufgebaut, und der Boden konnte mehr Wasser halten – eine positive Kettenreaktion war in Gang gesetzt.

Heute leben etwa achtzig Milchkühe und weitere achtzig Jungtiere in den Sekem-Ställen. In ihre Futtertröge kommt auch der seit Jahrtausenden in Ägypten kultivierte Alexandrinerklee, der durch Knöllchenbakterien den Boden mit Stickstoff anreichert. Das landwirtschaftlich nutzbare Gelände beläuft sich inzwischen auf siebzig Hektar und ist nicht nur immer größer und fruchtbarer, sondern auch lebendiger geworden. In den Bäumen, die die jeweils etwa zwei Hektar großen Parzellen begrenzen, zwitschern Vögel, und auch Igel, Geckos, Eidechsen und Kröten ließen nicht lange auf sich warten.

Durch die Kultivierung der Mikroorganismen im Boden und dem daraus resultierenden Humusaufbau kommt Sekem mit 20 bis 40 Prozent weniger Wasser aus als andere Betriebe in Ägypten, sagt Helmy Abouleish, der seit dem Tod seines Vaters dessen Lebenswerk weiterführt.[4]

Das gute Beispiel strahlt aus ins Land. Bereits 600 Farmen arbeiten mit den Methoden von Sekem. Schon allein weil Kunstdünger nicht mehr wie früher staatlich subventioniert wird, sind Kompost und Mist für die ägyptischen Bauern immer wichtiger geworden. Außerdem wirken sie der zunehmenden Bodenversalzung entgegen. Um mehr Landwirtinnen die Umstellung zu ermöglichen, hat Sekem einen Mechanismus entwickelt, der die Mindereinnahmen durch geringere Erntemengen ausgleichen kann. Bilanziert wird die Klimawirksamkeit von neu gepflanzten Bäumen sowie Anbaumethoden, die Kohlenstoff im Boden binden. Sekem hilft, die daraus generierten CO_2-Zertifikate international zu verkaufen.

Das nächste Ziel erscheint erneut utopisch: Bis 2057 soll die gesamte Landwirtschaft in Ägypten nachhaltig sein. Helmy Abouleish ist dennoch sicher, dass es erreicht wird.[5] Agrochemie werde immer teurer, Wasser immer knapper. Da seien Methoden, die die Feuchtigkeit besser im Boden halten könnten, klar im Vorteil.

Mägen mit außergewöhnlichen Fähigkeiten

Weltweit eignet sich der meiste Boden nicht für Getreide- und Gemüseanbau. Etwa zwei Drittel der landwirtschaftlich genutzten Flächen sind heute Grünland, was Moore ebenso beinhaltet wie Steppen. Vor allem für Menschen in trockenen Regionen wie etwa in der Mongolei oder in den Savannengebieten Ostafrikas ist darum Viehhaltung oft die wichtigste Nahrungsgrundlage.[6]

Das funktioniert, weil Rinder, Schafe, Ziegen und andere pflanzenfressende Paarhufer wie Antilopen über eine herausragende Eigenschaft verfügen: Mithilfe ihrer besonderen Mägen können sie Gras, das für Menschen keinen Nährwert hat, in hochwertige Proteine verwandeln – und damit auch in Milch und Fleisch.

Eine Kuh, die auf der Weide lebt oder mit Heu gefüttert wird, käut wieder, was sie gefressen hat, und züchtet dabei große Mengen an Bakterien. Dafür nutzt sie vor allem die ersten drei ihrer effizient aufeinander abgestimmten vier Mägen. Der Netzmagen sortiert die ankommende Nahrung: Kleines kommt gleich in den Blättermagen, Grobes in den Pansen, der etwa hundert Liter Fassungsvermögen hat.

Stundenlang würgt die Kuh kleine Portionen des vertilgten Futters immer wieder aus dem Pansen hoch, kaut weiter auf den Pflanzenfasern herum und schluckt sie anschließend wieder herunter. So zerkleinert sie die Zellulose in stundenlanger Arbeit immer weiter und verschafft damit einem Heer von Kleinstlebewesen immer mehr Angriffsflächen auf die Pflanzenbestandteile. Irgendwann vermehren sich die Mikroben exorbitant – und dann wandert der Brei in den Blättermagen. Der drückt die Flüssigkeit heraus und schiebt den Rest schließlich in den Labmagen der Kuh. Mit Säure werden dort die Mikroorganismen abgetötet, danach verdaut die Kuh die proteinreiche Kost. Nicht das Gras selbst ist also die eigentliche Nahrung der Wiederkäuer.[7] Es sind die selbst gezüchteten Bakterien.

IM KUHFLADEN

Weil Kühle enorme Mengen an Futter aufnehmen, scheißen sie auch wesentlich häufiger als Menschen, nämlich fünf bis zehnmal am Tag. Nachdem ein Fladen – ein bis zwei Kilogramm schwer – auf einer Weide landet, kommen bereits nach wenigen Sekunden Fliegen angeschwirrt und legen ihre Eier hinein. Die Larven sind bestes Futter für Spinnen, Käfer, Vögel und Eidechsen. Tausendfüßler, Milben, Pillenwälzer und unendlich viele Mikroorganismen bevölkern den Dunghaufen, der bald von einem Röhren- und Tunnelsystem durchzogen ist. Schließlich kommen Regenwürmer – und bald danach ist der Fladen komplett verschwunden. So gelangen viele Nährstoffe ganz ohne Umweg in den Boden. Haufen von Rindern, die prophylaktisch Medikamente gegen Parasitenbefall bekommen, sind dagegen steril und bieten keinen Lebensraum.[8]

Um das aus meist importiertem Getreide, Mais und Soja bestehende Kraftfutter zu verdauen, das in der Hochertragslandwirtschaft in die Tröge kommt, müssen die Tiere nicht wiederkäuen. Ihre wertvolle, keinerlei zusätzliche Energie benötigende Spezialfähigkeit ist überflüssig geworden. Zugleich entwickelte sich das Vieh in den Massentierställen des globalen Nordens damit zur Nahrungskonkurrenz für die Menschen im globalen Süden.

Von Natur aus würden Kühe Gras fressen, kein Getreide. Die nicht artgerechte Fütterung hat ihnen auch noch den Ruf eingetragen, schlechte Kostverwerter zu sein. Nun nähmen einerseits ihre durch falsche Ernährung bedingten Krankheiten zwangsläufig zu, und andererseits würden sie als Klimakiller verunglimpft,[9] empört sich Anita Idel, Veterinärin und Mitautorin des 2008 erschienenen Weltagrarberichts. Dabei sei nicht die Kuh selbst das Problem, das die Atmosphäre belastet, sondern die viel zu große Anzahl an Tieren, ihre Haltung in Massenställen und das falsche Futter.

Zwar entweichen aus Maul und Hintern von Kühen tatsächlich erhebliche Mengen klimaschädliches Methan. Wenn sie auf der Weide leben, können die Tiere jedoch in großem Umfang zum Klimaschutz beitragen, indem sie große Mengen CO_2 unter die Erde verfrachten. Ihr Rupfen löst bei Gräsern einen Wachstumsimpuls aus, sodass die Wurzelmenge im Boden mit der Zeit immer größer wird. Die als Dünger wirkenden Kuhfladen tragen ebenfalls dazu bei, dass die lebendige Biomasse und die Humusschicht zunehmen.

RINDERHERDE ALS BODENVERBESSERER

Brandenburgs Böden sind sandig, nährstoffarm und immer häufiger völlig trocken. Um zu verhindern, dass Grünland verbuscht und versteppt, experimentieren mehrere Landwirte mit »Mob Grazing« – einer Methode, die das Verhalten von Wildtierherden in der Savanne nachahmt. Dabei wechselt die Herde manchmal mehrfach am Tag relativ eng abgesteckte Koppeln. Ziel ist es, dass die Tiere Gras und Kräuter gleichmäßiger abfressen und die Reste niedertrampeln. Aus Pflanzenresten und Kuhfladen entsteht eine Mulchschicht, die einen Nährstoffpuffer bildet und dafür sorgt, dass der Boden langsamer austrocknet. So kann über und unter dem Erdboden mehr wachsen, auch weil die Weiden längere Erholungspausen haben.[10]

Langjährige Grünlandflächen sind deutlich bessere CO_2-Speicher als Äcker und dürfen in mehreren Bundesländern nicht mehr in Felder verwandelt werden. Sogar im Vergleich zu Wäldern schneiden viele Wiesen und Weiden – je nach Art des Bewuchses – beim Klimaschutz besser ab. Voraussetzung dafür ist allerdings eine nachhaltige Bewirtschaftung, das heißt weder Überweidung und Überdüngung noch der längerfristige Verzicht auf Nutzung. Ohne dass die Gräser regelmäßig abgebissen werden, findet bei den mehrjährigen Pflanzen kaum Wurzelwachstum statt. Mit der Zeit schwindet dann auch der im Humus gebundene Kohlenstoff – zum Schaden von Boden und Klima.[11]

Wenn wir eine Straße überqueren, treten wir auf einen Staatsschatz. Knapp 600.000 Kilometer Abwasserrohre liegen in Deutschland im Boden, in Österreich sind es 82.000 und in der Schweiz etwa 80.000 Kilometer. Zusammen mit den Kläranlagen gehört das Kanalnetz zum Wertvollsten, was die öffentliche Hand besitzt.[1] Ein Abschied vom Prinzip Schwemmkanalisation ist schon deshalb auf mittlere Sicht nicht zu erwarten. Wie ließe sich das bestehende System trotzdem grundlegend verbessern? Es gibt verschiedene Möglichkeiten, um den Verbrauch von Frischwasser und Energie sowie die volkswirtschaftlichen Kosten zu reduzieren und die zerstörten Stoffkreisläufe immerhin ein Stück weit zu schließen.

Andere Klos

Große Effekte mit vergleichsweise geringem Aufwand bringt die Separierung von Urin gleich dort, wo er den Körper verlässt. Das vermindert den Eintrag von Stickstoff und Phosphor ins Abwasser. Auf diese Weise ließen sich bei der sehr energieintensiven biologischen Klärstufe viel Strom und folglich Geld und Klimagase sparen. Auch bräuchte es viel weniger Eisen- und Aluminiumsalze als Fällmittel. Und schließlich würden dadurch Flüsse entlastet, in die auch nach der Behandlung in einer Kläranlage noch immer ein Teil der Nährstoffe gelangt.

Bei Neubauten können Trenntoiletten und dezentrale Sammelbehälter ohne große Mehrkosten eingebaut werden. Aber auch bei der Sanierung von Bestandsgebäuden sind Lösungen zur Abtrennung des Urins relativ einfach umzusetzen. Sowohl die dafür notwendige Sanitärkeramik als auch das System zur anschließenden Urinaufbereitung sind schon entwickelt und erhältlich. Was fehlt, ist staatliche Unterstützung. Möglich wären Förderprogramme, analog zum 2023 verabschiedeten Heizungsgesetz oder früher für die Errichtung von Solar- und Windkraftanlagen. Auch könnten Gesetze Immobilienfirmen verpflichten, wassersparende Infrastruktur einzubauen und perspektivisch auch Anlagen zur Urinaufbereitung zu installieren.

TRINKWASSERSPARSYSTEME

Bei Neubauten oder Sanierungen lassen sich doppelte Abwasserleitungen gut einplanen: Schwarzwasser aus den Toiletten und Grauwasser aus Dusche, Waschmaschine und Küche fließen dann durch zwei getrennte Rohre ab. Im Keller bereiten Bakterien das weniger verschmutzte Wasser auf, sodass es eine zweite Runde durch die Klos drehen kann. In Bulgarien sind solche Techniken seit 2021 für neue Gebäude vorgeschrieben.[2]

Die Berliner Firma Nolde ist ein Pionier in Sachen innovative Wasserkonzepte und hat schon Studentenwohnheime, Hotels und Wohnhäuser auf diese Art ausgestattet. Zusätzlich installiert sie Wärmerückgewinnungsanlagen für Abwasser, sodass eine heiße Dusche weniger Energie braucht.

Wie solche Techniken auch in Bestandsgebäuden angewendet werden können, erforscht das Bauhaus Institut für zukunftsweisende Infrastruktursysteme in Weimar. Das sind beispielsweise dünnere Rohre, die in die bestehenden Fallrohre integriert werden, oder »schlaue« Steuerungstechnologie, die auf die typischen Wasserschwallgeräusche von Waschmaschinen oder Klospülungen reagiert. Eine Weiche leitet die Abwasserladung dann entweder in den Aufbereitungsbehälter oder in die Kanalisation.

Eine neue Technik

Auch wenn unsere Ausscheidungen das Haus auf konventionellem Weg verlassen und den Weg zur Kläranlage angetreten haben, können sie noch sinnvoller als bisher eingesetzt werden. Aktuell wird ein Großteil des Klärschlamms aufwendig getrocknet und verbrannt und landet anschließend als Asche auf einer Mülldeponie oder wird als Füllstoff in einem Bergwerk oder im Straßenbau eingesetzt.

Künftig soll zwar der Phosphor daraus zurückgewonnen werden. Doch die ausschließliche Konzentration auf diese Aufgabe birgt eine Gefahr. Wie bei der Entstehung der Kanalisation im 19. Jahrhundert, deren Erfinder nur die Beseitigung von Krankheitsrisiken im Sinn hatten, verengt die alleinige Fokussierung auf den Phosphormangel als

Problem den Blick. Bei der Suche nach einer technischen Lösung droht dadurch wieder die Reduzierung auf einen einzigen Entwicklungspfad. So liefern etwa reine Klärschlammverbrennungsanlagen Phosphor – aber sonst nichts für den Boden.

Insbesondere wenn das Nährstoffrecycling nicht vor Ort, sondern erst nach der Verbrennung des Schlamms in Monoverbrennungsanlagen stattfindet, folgen daraus beachtliche Kosten für Volkswirtschaft und Umwelt. Und jede Wette: Aufgrund der mit solchen Großtechniken einhergehenden Nebenwirkungen stehen bald weitere Investitionen an, um Umweltschäden zu beheben.

Sinnvoller wäre ein systemischerer Ansatz, der auch andere Faktoren mit einbezieht. Pyrolyse etwa ist weniger energieintensiv und kann auf dem Gelände der Kläranlage stattfinden. Das verursacht keinen Transportaufwand und heraus kommt eine Substanz ohne Krankheitskeime, Medikamentenreste, Hormone oder Mikroplastikpartikel. Landwirtinnen könnten das Karbonisat unmittelbar einsetzen – im Gegensatz zu dem aus Asche gewonnenen Phosphor, der danach noch aufbereitet werden muss.[3]

Karbonisate haben bei Experimenten der Universität Gießen eine deutliche Düngewirkung gezeigt.[4] Gegenwärtig läuft ein dreijähriger Feldversuch in Brandenburg. Auf einem sehr nährstoffarmen Boden baut ein Team unter der Leitung des Rostocker Professors Peter Leinweber Mais an, der viel Phosphor braucht und deshalb ein guter Anzeiger ist. »In der Tendenz zeigt das Pyrolysat eine ähnliche Wirkung wie kommerzieller Triple-Superphosphat-Mineraldünger«, sagt der Bodenexperte, weist aber darauf hin, dass die Ergebnisse noch nicht statistisch signifikant sind. Darüber hinaus gibt es beim Klärschlamm-Karbonisat noch einen ganz besonderen Clou: Es enthält viel Kohlenstoff in einer schwer abbaubaren Form. »Damit lässt er sich dauerhaft unter die Erde bringen und hilft so gegen den Klimawandel«, erklärt Leinweber. Auch könne das Substrat die Wasserhaltefähigkeit des Bodens verbessern und zum Humusaufbau beitragen. Auf diese Wirkung hatte bereits eine Studie des Umweltbundesamts hingewiesen und lediglich davor gewarnt, dass der ph-Wert des Bodens an manchen Stellen zu stark steigen könne.[5]

Im Gegensatz dazu trägt die Monoverbrennung von Klärschlamm, die gerade auf dem Weg ist, die dominante Technik zu werden, massiv zur Erderhitzung bei. 231 Kilogramm CO_2 werden pro Tonne Klärschlamm nicht gebunden, sondern in die Atmosphäre entlassen. Und weitere 12 klimaschädliche Kilogramm CO_2 pro Tonne sind für den Transport einzukalkulieren, so das Ergebnis einer Studie.[6]

Neue Gesetze

Trotzdem findet bisher keine breitere Diskussion über die Alternative Pyrolyse statt. In einigen Orten gibt es bereits Anlagen dafür; verschiedene Modelle sind im Einsatz. Doch das Karbonisat ist in Deutschland nicht als Dünger zugelassen. In Schweden dauerte das nur wenige Wochen.[7] Auch in Tschechien und Dänemark darf das Substrat auf die Felder. Könnten die mittelständischen Produzenten von Pyrolyse-Öfen auch hierzulande damit locken, dass sich mit dieser Technik nicht nur die gesetzlichen Vorschriften erfüllen lassen, sondern auch noch ein verkäufliches Produkt entsteht, das zu Bodenverbesserung und Klimaschutz beiträgt, hätten sie auf dem neuen Markt deutlich bessere Karten.

Die Umwandlung von Klärschlamm in Karbonisat mittels Verschwelung ist keine Lösung, die sich für alle Kläranlagen eignet. Vor allem, wo das Abwasser stark mit Schwermetallen belastet ist, bräuchte es Alternativen. Für das Verfahren wird auch mehr Energie benötigt als für Urinseparierung und die Kompostierung von Kot – aber weniger als bei der Monoverbrennung. Und bei einer Gegenüberstellung mit dieser ist die Pyrolyse ein deutlich größerer Schritt in Richtung geschlossene Nährstoffkreisläufe und nachhaltig fruchtbarer Ackerböden; vor allem, wenn sie dezentral stattfindet.

Die gegenwärtige Gesetzgebung aber begünstigt die Angebote der Monoverbrennungsindustrie. Dass Lobbyisten hier Einfluss genommen haben, lässt sich nicht nachweisen. Vieles spricht dafür. Dagegen ist es den Befürwortern von Alternativen nicht gelungen, eine Diskussion über andere mögliche Verfahren zu erzwingen.[8]

So fallen Ende 2023 die Würfel, welche Technik in den kommenden Jahrzehnten in Deutschland dominieren wird. »Bei der derzeitigen

Rechtslage müssen die Kläranlagen mit Pyrolyse-Anlage womöglich demnächst ein bodenökologisch hervorragendes Material verbrennen und belasten damit das Klima, statt es zu entlasten – ein Gipfel der Absurdität«, so das Urteil von Leinweber.

Vom Wissenschaftler zum Unternehmer

Im rheinland-pfälzischen Dörth im Hunsrück hat die mittelständische Firma Pyreg ihren Sitz. Auf dem Werkshof arbeitet eine Anlage, die etwa so groß ist wie ein kleines Einfamilienhaus und aus großen Metalltrommeln, Rohren und Containern besteht. In der Produktionshalle stehen ähnliche Modelle, die auf Fertigstellung und Auslieferung warten. Chef von Pyreg ist Helmut Gerber. Als wissenschaftlicher Mitarbeiter an der TU Bingen hatte er früher eine Holzvergasungsanlage zur Erzeugung von Strom entwickelt. Doch Gerber kamen bald Zweifel, ob es sinnvoll ist, einen Wertstoff wie Holz zur Energieerzeugung zu verbrauchen.

Was ihm Kollegen aus dem Fachbereich Landwirtschaft begeistert über die Forschung zu Terra Preta erzählten, brachte ihn auf die entscheidende Idee, mit seiner Maschine künftig Kohlenstoff statt Strom herzustellen. Schließlich hatte die vorkolumbianische Bevölkerung im Amazonasgebiet aus Küchenabfällen, Exkrementen und Pflanzenkohle extrem fruchtbare Schwarzerde hergestellt. Und neben der dauerhaften Bodenverbesserung lässt sich auf diese Weise auch noch CO_2 unter die Erde bringen und so Klimaschutz betreiben. Als seine Experimente mit Stroh und Grünschnitt irgendwann ein ausreichend kohlenstoffreiches Karbonisat hervorbrachten, wurde Gerber vom Wissenschaftler zum Unternehmer.

In seine erste Anlage, eine etwa vier Meter lange Tonne, worin die organischen Stoffe unter Sauerstoffabschluss kontinuierlich verschwelen, warf er alles, was er an organischen Abfällen finden konnte – »Schlachtreste, Olivenkerne, Nussschalen, Grünschnitt, verfaultes Getreide«, so der Vater zweier Kinder. Die Energie für die nötigen Temperaturen von 500 bis 700 Grad stammt aus den Gasen, die aus dem Material entweichen und in einer zweiten riesigen Trommel gesammelt und verbrannt werden.

Wissenschaftlich begleitete Versuche mit dem durch Pyrolyse erzeugten Endprodukt belegten seine Düngewirkung. Inzwischen hat Pyreg mehr als fünfzig Maschinen weltweit verkauft, die überwiegend den Ausschuss von Holzhackschnitzelanlagen verarbeiten. »Wir wollen den Kohlenstoff zurück in die Erde bringen und den Prozess des Ausgrabens von Öl und Kohle umkehren«, fasst Gerber zusammen. Dass die Methode großes Potenzial hat, bestätigt auch ein Spezialreport des Weltklimarats.[9]

Die Anlage von Pyreg funktioniert auch mit Klärschlamm, wie er irgendwann herausfand. Das schwarze Pulver, das dabei übrig bleibt, hat deutlich weniger feinporige Strukturen als Pflanzenkohle mit ihrem vielfach verästelten Aufbau und bietet Mikroorganismen dadurch nicht so viel »Wohnraum«. Dafür enthält das Karbonisat aber 15 Prozent Phosphor. Mikroplastik und Medikamentenreste werden genau wie in einem Verbrennungsprozess zerstört.

Kurz vor einer amtlichen Zulassung des Produkts als Dünger kamen dem verantwortlichen Beamten jedoch Zweifel – obwohl das Umweltbundesamt eine klimapositive Wirkung ohne Dioxine und Pharmarückstände bestätigt hatte.[10] Doch das Bundeslandwirtschaftsministerium lehnt eine Zulassung als Dünger nach wie vor ab. Begründet wurde die Ablehnung damit, dass Klärschlammkarbonisate eine schlechtere Phosphorwirksamkeit hätten als Klärschlämme.[11] Der Vergleich hinkt jedoch, da das Ausgangsmaterial mit dem Karbonisat verglichen wird und nicht das Produkt aus einer Monoverbrennungsanlage. So lange der neuartige Stoff in Deutschland nicht als Dünger zugelassen ist, fällt er unters Abfallrecht und darf auch nicht nach Schweden exportiert werden, wo er legal im Handel ist.

Der Pyreg-Chef bedauert, dass die meisten Kläranlagenbetreiber seine Erfindung wohl kaum als Option für ihre Ende 2023 anstehende Entscheidung in Betracht ziehen werden. Dabei hält er sein Verfahren nicht einmal für die beste Methode, um die menschlichen Hinterlassenschaften als Dünger in den ökologischen Kreislauf zurückzuführen. Eine Sammlung direkt am Entstehungsort erscheint ihm noch sinnvoller. »Aber die Infrastruktur ist ja nun mal da – und daran wird sich auch so schnell nichts ändern.«

Welche Möglichkeiten gibt es eigentlich in Weltgegenden, wo ein Kanalisationssystem nach europäischer Bauart keine Option ist? Und können wir davon lernen?

Eine Bestandsaufnahme ergibt, dass 3,6 Milliarden Menschen immer noch keinen Zugang zu einer gesicherten Sanitärversorgung haben. Etwa 494 Millionen Menschen steht sogar keinerlei Klo zur Verfügung – was vor allem in den Städten ein Problem ist.[1] Im Jahr 2000 hatte in Afrika schätzungsweise nur jeder siebte Mensch Zugang zu einer Wassertoilette, in Asien etwas mehr. In Lateinamerika ist die Quote zwar höher, aber nur fünfzehn Prozent des Abwassers werden anschließend behandelt. Das meiste fließt ungeklärt in die Landschaft oder in ein Gewässer. Und selbst dort, wo es Kläranlagen gibt, sind die Reinigungsergebnisse in vielen Fällen ungenügend.[2] Ganz klar also: Unser Umgang mit dem, was hinten rauskommt, ist weltweit die Ausnahme und nicht die Regel.

Zwar ist das Thema Sanitärversorgung in den vergangenen Jahren auf der UN-Agenda weit nach oben gerückt. Die indische Regierung hat 2014 sogar eine »Toilettenrevolution« ausgerufen und Milliarden investiert, um 110 Millionen Aborte zu bauen. Doch zugleich entstehen in vielen Metropolen in rasender Geschwindigkeit neue Stadtviertel und Slums ohne jede Infrastruktur.

Die Folgen sind fatal: Die Städte und ihre direkte Umgebung sind stark verschmutzt, und so breiten sich – wie in Europa im 19. Jahrhundert – Cholera, lebensbedrohlicher Durchfall und andere Krankheiten aus.

Die Gates-Stiftung rief 2011 einen Wettbewerb aus für ein Toilettenmodell, das billig das Sanitärproblem aus der Welt schaffen sollte. Ein Preisträger wurde 2022 gefunden, seither ist nichts mehr zu hören. Sich allein auf Kloschüsseln zu konzentrieren und darin die Lösung zu suchen, greift aber sowieso zu kurz. Wie wir gesehen haben, ist die Lage komplex, und ganz verschiedene Bereiche und Entwicklungen bedingen und beeinflussen sich gegenseitig. Darum ergibt im Grunde nur ein systemischer Ansatz Sinn.

Die Methode, die Industrieländer einst gewählt haben, um das Sanitärproblem zu lösen, taugt aus verschiedenen Gründen nicht als Vorbild: Schwemmkanalisation ist zu teuer, verbraucht zu viel Wasser und Energie. Außerdem transportiert sie den Dreck nur mit viel Aufwand irgend woanders hin, wenn nicht die komplett unbezahlbare vierte Klärstufe eingebaut ist. Glücklicherweise gibt es andere Möglichkeiten.

Die Mission: Stoffkreislauf schließen

Im Nordwesten Tansanias, in der Region Kagera, arbeiten neunzig Prozent der Bevölkerung in der Landwirtschaft und leben vor allem von dem, was sie selbst anbauen. Die meisten Farmen in der hügeligen Landschaft verfügen über weniger als einen Hektar Land. Zwar sind die aus vulkanischen Aschen entstandenen Andosol-Böden im Prinzip fruchtbar und können von Pflanzen gut durchwurzelt werden. Doch auch hier gilt: Wenn nicht regelmäßig insbesondere Phosphor zugeführt wird, nehmen die Erträge ab.

Die Menschen in dieser tropischen Region bauen Bananen, Bohnen, Getreide und Gemüse für den Eigenbedarf an sowie Bananen und Kaffee für den Verkauf. Nur wenige Farmen besitzen Tiere. Gekocht wird überwiegend auf offenen Herden mit Holz. Für ihre Notdurft nutzen die Menschen seit dem Auftauchen von Entwicklungshilfeorganisationen vor allem Grubenlatrinen.

Doch die Art der Essenszubereitung und die fehlende Sanitärversorgung strapazieren zunehmend Wälder, Wasserquellen und Böden, auch weil die Bevölkerung wächst.[3] Vor diesem Hintergrund suchten lokale Organisationen zusammen mit deutschen Partnern nach Verbesserungsmöglichkeiten. Wie lassen sich größere Ernten erzielen, ohne den Kunstdünger-Irrweg zu beschreiten – allein durch die konsequente Nutzung lokaler Ressourcen?

Um die Holzvorräte zu schonen und den gesundheitsbelastenden Qualm in den Küchen zu vermeiden, führten sie zum Kochen zwei Alternativen ein. In einem Fall landen Blätter, Küchenabfälle, Kuhdung und die Reste von Bananenpflanzen unter Zugabe von Wasser in einem Bioreaktor, wo Mikroorganismen unter Luftabschluss Gas produzieren, das sich zum Kochen eignet. Die Reste im Reaktor lassen sich gut als Dünger verwenden oder kompostieren. Die andere Methode nutzt trockene organische Abfälle und einen Mikrovergaser. Der pyrolisiert die Abfälle während des Kochvorgangs, sodass danach Pflanzenkohle übrig bleibt.

Auch im Bereich der Sanitärversorgung wurden Alternativen gesucht. Zunächst baute die Initiative Mavuno Trockentrenntoiletten für ein Internat, in dem 1.200 Mädchen leben und lernen. Beim sogenannten EcoSan-System wird der Urin gesammelt und mehrere Monate lang gelagert. Dadurch steigt der ph-Wert in der Flüssigkeit so stark, dass kein Keim darin überlebt. Verdünnt als Dünger ausgebracht, erhält der Boden auf diese Weise Phosphor und Stickstoff – jedoch noch kein Fasermaterial und keinen Kohlenstoff, wie sie für dauerhafte Fruchtbarkeit nötig sind.

Dazu passten die Überlegungen, die der studierte Landwirts Ibrahim Bitakwate anstellte: Warum nicht auch den Kot durch die Abwärme vom Kochen hygienisieren, kompostieren und dann auf die Felder bringen? Bevor Entwicklungshilfeorganisationen in seine Heimat kamen und die Grubenlatrinen einführten, hatten viele Familien ihre Hinterlassenschaften auf den Feldern rund um das Haus in tieferen Bodenschichten vergraben und darauf Bäume gepflanzt, wusste er. Jetzt aber gingen dem Land durch den anderen Umgang mit den Fäkalien viele Nährstoffe verloren, so Bitakwates Vermutung, warum die Erträge immer weiter zurückgingen.[4]

Ariane Krause hatte als angehende Wirtschaftsingenieurin an der Entwicklung der Mavuno-Toiletten mitgearbeitet. Nach Abschluss ihres Studiums beschloss sie, ihre Doktorarbeit dem Potenzial einer echten Kreislaufwirtschaft vor Ort zu widmen. Zusammen mit Bitakwate entwickelte sie einen Dünger, der Abfälle aus allen drei Systemen nutzt: Gärreste aus Biogasbehältern, Pflanzenkohle aus Mikrovergasern sowie Kloinhalte. Wie sein Name, CaSa, (von engl. *carbonisation* und *sanitation),* kombiniert der Kompost Verkohlung und Sanitärversorgung.

Dem deutsch-tansanischen Team war sehr wohl bewusst, dass vor allem beim Umgang mit den festen Ausscheidungen große Vorsicht geboten ist. Deshalb bauten sie in Zusammenarbeit mit einem Experten aus der Gegend einen Lehmofen, um die Fäkalien darin zu erhitzen und mögliche Krankheitskeime abzutöten. Danach mischte Krause die Pflanzenkohle mit dem abgestandenen Urin und schichtete alle Komponenten übereinander. Schon nach drei Monaten war im warmen Klima alles vererdet. Ein Vergleich mit reinem Gärreste-Kompost sowie der Lieferung einer Nachbarfarm zeigte eindeutig: CaSa erzielte sowohl bei der Messung der Nährstoffe als auch bei den Feldversuchen die besten Werte.

Die Maisernte fiel viermal so groß aus wie auf dem völlig ungedüngten Feld. Platz zwei erreichte mit einer Steigerung von 290 Prozent der Kompost des Nachbarn, die Reste aus der Biogasanlage brachten immerhin noch ein Plus von 240 Prozent. Damit bewiesen alle vor Ort hergestellten Dünger: Die Produkte aus der Chemiefabrik sind verzichtbar.[5]

Um die Menschen in Kagera von Anfang an mit am Projekt beteiligen zu können, lernte Krause Suaheli – und bekam jeden Tag Besuch von Bäuerinnen und Dorfbewohnern, die neugierig verfolgten, wie sich die Pflanzen auf den verschiedenen Parzellen entwickelten. Mithilfe eines Rechenmodells des Potsdam-Instituts für Klimafolgenforschung untersuchte sie schließlich, ob und wie ihr Dünger langfristig wirkt.[6] Demnach können die Maiserträge durch regelmäßige Versorgung mit CaSa-Kompost auf Dauer doppelt so hoch ausfallen wie auf ungedüngten Äckern. Gleiches ist für Getreide zu erwarten. Der Dünger aus allen anfallenden Reststoffen reicht tatsächlich aus, um den Nährstoffentzug durch die Ernte vollständig zu kompensieren.[7]

So gelingt in einem Dreisprung aus A, der Einführung eines simplen, aber nachhaltig ausgerichteten Sanitärsystems, und B, dem Einsatz neuer Kochtechnik, die Voraussetzung für C, langfristig fruchtbare Ackerböden durch selbstgemachte, gute Düngung. Mission erfüllt, Kreislauf geschlossen!

Dafür gilt jedoch das Gleiche wie im industrialisierten Norden: »Die Technik ist entwickelt und funktioniert, aber ob sich so etwas auch kulturell ausbreitet, ist eine ganz andere Frage«, so Krause. Auch in Tansania hat das Wasserklo das Image eines erstrebenswerten Statussymbols. Die eigene Scheiße in Lehmöfen zu hygienisieren, passt zunächst schlecht zur Vorstellung von sozialem und wirtschaftlichem Aufstieg. So bekamen die Lehrerinnen des Internats – anders als die Schülerinnen – Spültoiletten, den wiederkehrenden Trockenperioden in der Region zum Trotz. Das EcoSan-System sei ihnen nicht zumutbar, fanden die Verantwortlichen in den Behörden.

Nach dem frühen Tod von Ibrahim Bitakwate treibt vor Ort niemand mehr den Kreislaufgedanken konsequent voran. Trotzdem blieben die aus seiner Initiative gewonnenen Erkenntnisse nicht folgenlos. Heute vergraben die Leute von Mavuno die Fäkalien aus dem Internat und pflanzen Bäume darauf, so wie es in der Region vor sechzig Jahren üblich war. Fast alle wachsen an; bei früheren Aufforstungsaktionen gelang das nur bei einem kleinen Teil. EcoSan-Toiletten sind zunehmend in Privathaushalten zu finden, und viele Menschen in Tansania nutzen Urin zum Düngen.

Neben dem Mädcheninternat wächst inzwischen ein kleiner Wald aus Obstbäumen. Die Schülerinnen lernen die Zusammenhänge von Ausscheidungen, Bodenqualität und Landwirtschaft kennen und tragen das Wissen in ihre Familien. Außerdem bekommt die Einrichtung häufig Anfragen von anderen Schulen, die mit ihrer Sanitärausstattung unzufrieden sind. Die Saat für eine funktionierende Kreislaufwirtschaft ist gelegt – ob sie aufgeht, wird sich wohl vor allem auf kultureller Ebene entscheiden.

»Technisch lässt es sich hinkriegen, dass alles noch komfortabler wird und die Leute wenig Arbeit damit haben«, ist Krause überzeugt. Doch so lange ein Sanitärsystem mit Wasserklosett und Kanalisation weltweit als vorbildlich gilt und alles andere als minderwertig und unterentwickelt, werde es schwierig sein, den neuen Weg auszubauen. Deshalb engagiert sich die Wissenschaftlerin jetzt erst einmal in Deutschland für die Sanitärwende. Ihre Erkenntnisse und Forschungsergebnisse stellt sie frei zugänglich ins Netz.[8]

Die Zukunft ist dezentral

Nach wie vor herrscht das Vorurteil, eine dezentrale Behandlung von Fäkalien und Abwasser vor Ort könne allenfalls eine Lösung für ländliche Regionen sein, nicht aber für Großstädte. Generationen von Ingenieurinnen haben gelernt, Kanalisationen und große, mehrstufige Kläranlagen als die einzig brauchbare und langfristig überall anzustrebende Lösung zu betrachten. Die damit verbundenen offenen und versteckten Subventionen werden so gut wie gar nicht hinterfragt. Das gilt auch für Regierungen und internationale Entwicklungsbanken. Häufig wurden entsprechende Projekte jedoch Kostendesaster, von denen allenfalls Eliten und Touristen profitierten.

TIERISCHER SUPERKONVERTER

Das kenianische Unternehmen Sanergy Limited sammelt und verarbeitet seit 2010 im großen Stil Toiletteninhalte sowie Abfälle aus Küchen und landwirtschaftlichen Betrieben, um daraus Düngemittel und Briketts für die Energieerzeugung zu produzieren.[9] Mithilfe eines kleinen, ungefährlichen Insekts lassen sich die Reststoffe sogar noch weiter upcyceln: Die Maden von Soldatenfliegen ernähren sich von den zerkleinerten Abfallstoffen. So werden sie bis zu 2,5 Zentimeter lang und einen halben Zentimeter dick. Bevor sie sich verpuppen, kann Mehl daraus hergestellt werden. Es sieht aus wie feingemahlener Pfeffer, ist extrem proteinreich und gut geeignet als Fisch- und Hühnerfutter. Unabhängige Labore untersuchen das Material, um hygienische Risiken auszuschließen.[10]

Auch in Europa gibt es erste Produktionsstätten für Soldatenfliegenmaden. In der EU dürfen sie jedoch nur offiziell für Nutztiere zugelassenes Futter fressen. Die Regelung war verabschiedet worden, nachdem Kühe an Rinderwahnsinn und Menschen an der Creutzfeldt-Jakob-Krankheit gestorben waren. Ursache der Epidemie war die Verfütterung von Schafskadavern an Milchvieh.

»In der Natur sind Insekten Abfallbeseitiger und verwandeln Fauliges in Proteine«, argumentiert dagegen Heinrich Katz von der Firma Hermetia, die seit 2006 im brandenburgischen Baruth Soldatenfliegen züchtet und verarbeitet. Der Betrieb ist gezwungen, die Maden mit Roggenschrot zu füttern, wodurch sie zu Nahrungskonkurrenten werden. Seit Jahren engagiert Katz sich auf politischer Ebene dafür, dass Zuchtinsekten mit organischen Abfällen gemästet werden dürfen.[11]

Erst vor relativ kurzer Zeit begann sich der Wind langsam zu drehen. Mehrere Beispiele belegen, dass eine dezentrale Aufbereitung bei gleicher Wirksamkeit extrem viel billiger sein kann als der Bau von großen Kanal- und Kläranlagen und sich dabei zudem viel Wasser sparen lässt. Und das muss nicht einmal den Abschied vom emotional so hoch besetzten WC bedeuten.

Es gibt viele Parallelen zwischen herkömmlicher Stromversorgung und der Abwasserinfrastruktur. In beiden Fällen war der Lösungsansatz des 20. Jahrhunderts, große Anlagen und Leitungssysteme einzurichten, die auf zentrale Knotenpunkte hin- bzw. von dort wegführen. Bei der Energieversorgung ist die Transformation in Richtung dezentraler Netze längst im Gange. »Im Abwasserbereich aber hinken wir mindestens zwanzig Jahre hinterher. Es gibt bisher ja noch nicht einmal einen breiteren Diskurs«, beschreibt der Geograf und Umweltsoziologe Christian Binz die Lage. Auch er arbeitet bei der Eawag in Dübendorf.

Während die erneuerbaren Energien nach Jahrzehnten endlich anerkannt sind, sie als Zukunftstechnik gelten und die Infrastruktur entsprechend angepasst wird, tut sich im Abwasserbereich noch wenig. Erst vor Kurzem habe das Schweizer Parlament ohne längere Debatte die vierte Klärstufe sowie die Phosphorrückgewinnung beschlossen – und damit die alten Strukturen noch einmal zementiert, berichtet Binz. Wie also kann es gelingen, die Pfadabhängigkeit auch auf diesem Gebiet zu durchbrechen?

Binz sieht technische Fragen als das kleinere und soziale und ökonomische Strukturen als das größere Problem. Damit meint er nicht nur das gesellschaftliche Tabu. Tatsächlich sind Wasserversorgung und -reinigung im Vergleich zum Strommarkt komplexer, weil Hygiene und Gesundheitsschutz eine andere Rolle spielen. Und während Stromleitungen in beide Richtungen zu nutzen sind, dürfen Frisch- und Abwasser auf keinen Fall vermischt werden.

Neue Wasseraufbereitungsmethoden vom Ende her zu denken, um weder sinnlosen Aufwand zu treiben noch Gesundheitsgefahren zu riskieren, ist deshalb der Ratschlag der Umweltingenieurin Linda Strande, die zusammen mit Kollegen ein Handbuch für Kommunen zum künftigen Umgang mit Abwasser herausgegeben hat.[12] Soll Dünger aus den Fäkalien werden, braucht es andere Methoden und Vorsichtsmaßnahmen, als wenn das Ziel darin besteht, Biogas zum Antrieb für Autos zu produzieren. Das heißt, zuerst sind der jeweilige Bedarf und Kontext zu analysieren, und dann kann – passend zu den gesetzlichen Vorgaben und lokalen Möglichkeiten – eine Entscheidung getroffen werden, die den verschiedenen Interessen und Verantwortlichkeiten gerecht wird. Haushalte möchten erst mal die Kloinhalte loswerden, während die Stadtverwaltung in erster Linie keine Seuche riskieren will. Wer für eine Kommune entscheiden muss, wie ein zukunftsfähiges Abwassermanagement aussehen soll, erfährt in dem Handbuch, wie das als integrierter Prozess anzugehen ist, was es zu bedenken und wen es einzubeziehen gilt. Das Werk gibt eine gute Orientierung für Verantwortliche weltweit und ist ebenfalls als offene Quelle im Internet zugänglich.[13]

Lösungen für Millionenstädte

Der Sozialwissenschaftler Binz ist viel in der Welt herumgekommen und hat in Peking, verschiedenen Ländern Afrikas, Kalifornien und Indien zu Abwassermanagement geforscht. Der Vierzigjährige ist überzeugt: Die Verfügbarkeit von Wasser entscheidet darüber, welche Metropolen weiter wachsen können und welche nicht. Dabei komme es nicht allein auf die natürlich vorhandenen Oberflächen- und Grundwasserbestände an. Abwasser ist schließlich die viel zuverlässigere Ressource, denn überall waschen Menschen sich und ihre Wäsche, und das täglich und das ganze Jahr über. Gelingt es, dasselbe Wasser aufzufangen, immer und immer wieder aufzubereiten und zu nutzen, können viel mehr Menschen damit versorgt werden – gerade in Städten.

Binz vermutete eine Weile, dass Peking der Ort sein könnte, an dem die Transformation als erstes Schwung nimmt und strukturelle Veränderungen auslöst – weg von dem Pfad, der vor 150 Jahren in Europa eingeschlagen wurde.[14] Die in einer trockenen Umgebung liegende Stadt wächst seit einigen Jahrzehnten rasant, die mangelnde Abwasserentsorgung ist seit Längerem ein Problem.

1987 schrieb die Stadtregierung eine eigene Abwasseraufbereitung für größere Hotelneubauten vor. Dafür kam zunächst Klärtechnik aus Europa und Japan zum Einsatz, wie sie dort in kleineren Kommunen verwendet wird. Chinesische Betriebe kopierten die Anlagen und entwickelten sie weiter. Was installiert wurde, funktionierte nicht immer gut. Doch etwas kam dadurch in Bewegung: Die Erfahrungen mit den Hotels schufen bei Ingenieurinnen, Klempnern, Unternehmen und Forschungsinstituten ein Bewusstsein für das Potenzial. Als die Stadtverwaltung 2003 anordnete, in neu angelegten Stadtvierteln in jedem Keller eine Kläranlage zu installieren, brachte das der Branche einen enormen Schub. Inzwischen ist in Peking eine eigene Industrie dafür ansässig, allen voran die Firma Beijing OriginWater Technology, gegründet von international ausgebildeten Ingenieuren.

Trotzdem hat Peking seine Vorreiterrolle verloren. »Technik allein genügt nicht, vielfach mangelt es an der Wartung«, nennt Binz als einen Grund dafür. Für noch wesentlicher für die abgebremste Entwicklung aber hält er den Entschluss der Zentralregierung, eine Idee von Mao aus den 1950er-Jahren umzusetzen, nämlich den Bau einer riesigen Wasserleitung aus dem feuchten Süden Chinas in den trockenen Norden. Sie nimmt der Stadt den Druck, aufbereitetes Wasser wieder und immer wieder zu verwenden.

Bei dem 2002 beschlossenen, gigantomanischen Projekt wird das Wasser durch autobahnbreite Rinnen aus dem Gebiet des 1.500 Kilometer entfernten Jangtse-Flusses immer weiter gepumpt, bis es nach 15 Tagen in Peking ankommt. Der Energieaufwand ist enorm, und mehr als 300.000 Menschen wurden umgesiedelt. Die Unternehmung passt zur Öffnung des chinesischen Wasser- und Abwassersystems für internationale Investoren seit Beginn des Jahrtausends, die von der Weltbank und anderen internationalen Finanzinstitutionen massiv gefördert wurde.[15]

In welcher Weltstadt aber wird dann die Schwemmkanalisation überwunden? Inzwischen tippt Binz auf San Francisco oder Bangalore. In beiden Metropolen sind in den vergangenen Jahren auf ganz unterschiedliche Weise Alternativen gewachsen.

San Francisco: Systematisches Recycling

Auch San Francisco liegt in einer trockenen Region. Die Bevölkerung wächst, es fällt immer seltener Regen. Jedes Jahr brennen in Kalifornien Wälder, zugleich verbraucht die Hochertragslandwirtschaft mehr Wasser, als aus den östlich gelegenen Gebirgsregionen kommt. Der Grundwasserspiegel sinkt, weil es zu viele Brunnen gibt.

Die Stadt am Golden Gate will nun konsequent auf Sparen und Wiederverwenden setzen – und geht dabei seit 2012 sehr systematisch vor. Kopf des Vorhabens ist Paula Kahoe von der SFPUC, der Behörde, die für Wasser, Abwasser und Strom in San Francisco zuständig ist. »Die Bewältigung unserer Wasserprobleme durch innovative und kreative Lösungen erfordert den Aufbau von Partnerschaften, strategisches Denken, Kurskorrekturen, harte Arbeit und einen Sinn für Humor«, berichtet sie in einem Interview.[16] Nicht nur viele Verwaltungsebenen, sondern auch Wirtschaft und Bevölkerung sind einbezogen.

Fast das gesamte Trinkwasser für 1,8 Millionen Abnehmer in San Francisco kommt durch ein 265 Kilometer langes Rohrsystem aus der Sierra Nevada. Als die Lage Anfang des Jahrtausends immer kritischer wurde, kam die Idee auf, eine zentrale Sammel- und Verteilungsstelle für wiederverwendbares Grauwasser zu bauen. Dafür hätten jedoch nicht nur extrem viele neue Rohre verlegt, sondern aufgrund der hügeligen Topografie in der Stadt auch unzählige Pumpen installiert werden müssen. Immobilienentwickler brachten die Idee ins Spiel, dass dezentrale Systeme die bessere Lösung sein könnten, und kamen mit dem Vorschlag auf die SFPUC zu.[17] Das Kommunalunternehmen entschied, das Ganze erst einmal im eigenen Gebäude auszuprobieren.

Seither fließt dort aufbereitetes Grauwasser durch die Toiletten, und auch das Regenwasser wird auf dem Gelände aufgefangen und aufbereitet. Der Bedarf an Frischwasser hat sich um 65 Prozent reduziert. Unter den Grünanlagen rund ums Gebäude gibt es eine Drainage, durch die das mit unterschiedlichen Methoden gereinigte Wasser in den Untergrund versickert. Lediglich das Schwarzwasser aus den Toiletten gelangt weiterhin in die Kanalisation.[18]

Bald danach erließ die Stadt ein Programm, das die Wiederverwendung von Brauchwasser vor Ort fördern soll. Zuerst war der Einbau paralleler Wasser- und Abwasserleitungen freiwillig, doch seit 2015 müssen neue Immobilien ab einer bestimmten Größe damit ausgestattet sein. Wer Wasser wiederverwendet, spart Abwassergebühren und bekommt Fördergeld. Dabei akzeptiert die Stadt verschiedene Lösungen, wie Schwarzwasser aus der Toilette, Grauwasser aus Duschen und Waschmaschinen, Regen-, Drainage- und Air-Condition-Wasser aufgefangen, aufbereitet und wiederverwendet wird. Bei einer Zwischenbilanz Ende 2022 wurden 48 unterschiedliche Systeme verzeichnet.[19]

Kehoe sieht das Ganze als Prozess, bei dem auch Pleiten und Pannen zum wachsenden Erfahrungswissen beitragen. Nur durch kreatives, kollaboratives Denken können neue Wege entdeckt und beschritten werden, findet sie.[20] Wichtig sei, sich von der herrschenden Auffassung zu verabschieden, nach der Energie, Wasser und Abwasser als komplett getrennte Bereiche betrachtet werden. Vielmehr sollten Projekte immer mehrere Vorteile bieten, indem sie beispielsweise Klimaschutz, Energie- und Wasserersparnis, mehr Grün in der Stadt, bessere Lebensqualität und weniger Chemieeinsatz kombinieren. Und nicht zu vergessen: Sie sollten in der Lage sein, auf künftige Veränderungen flexibel zu reagieren.[21]

Um die Kollektivintelligenz in der Stadt anzuregen, hat sie ein Netzwerk aus staatlichen Stellen, Unternehmen, Universitäten und NGOs aufgebaut, das die Entwicklungen vorantreibt. Heute brüsten sich Investoren und Immobilienfirmen in San Francisco damit, Brauchwasser aufzubereiten. So kommt gar nicht erst der Eindruck auf, hier handele es sich um Arme-Leute-Lösungen – im Gegenteil.[22]

Noch ist vorgeschrieben, dass alle Häuser ans zentrale Wasser- und Abwassersystem angeschlossen bleiben, sodass es bei Problemen eine Rückfalloption gibt. Außerdem müssen Betreiber mit Monitorsystemen die Wasserqualitäten nachweisen. Auch die großen Tech-Konzerne Google, Facebook und Microsoft haben dezentrales Abwassermanagement in ihren neuen Gebäuden installiert und belegen damit, wohin der Trend geht.[23]

Weil das Thema so viele verschiedene städtische Verwaltungsbereiche betrifft – es geht um Bauplanung, Anlagensicherheit, Gesundheits- und Umweltschutz – bezog Paula Kehoe die Ressorts von Anfang an mit ein. Gemeinsam entwickelten sie einen Zehn-Schritte-Arbeitsplan für Architekturbüros und Immobilienfirmen, wann diese welche Anträge, Papiere und Nachweise vorlegen müssen. Baufirmen müssen nicht mühsam herausfinden, wer wofür verantwortlich ist und welche Rolle die jeweilige Stelle spielt. Mit diesem systematischen Vorgehen hat San Francisco Pionierarbeit geleistet.

Einen Haken hat die Sache jedoch: Die bisher installierten Techniken verteuern die Bauprojekte erheblich. Um dem zu begegnen, veranstalteten die SFPUC und das Nationale Wasserinstitut einen Kongress. Technologiefirmen, Berater und Wissenschaftlerinnen wurden eingeladen, um gemeinsam über billigere Lösungen nachzudenken, die dennoch jegliches gesundheitliche Risiko ausschließen. Das Ergebnis: Weil nicht an jeder Stelle und für jede Weiterverwendung gleich hohe Hygienestandards nötig sind, müssen nicht überall Keime und Verschmutzung gemessen werden. Künftig will sich San Francisco beim Umgang mit Recyclingwasser am in Australien praktizierten Modell orientieren. Dort überprüft eine Steuerung an bestimmten Kontrollpunkten, ob eine Anlage den Arbeitsschritt wie geplant durchgeführt hat. Gibt es keine Störung, wird angenommen, dass die Grenzwerte eingehalten sind. Voraussetzung dafür ist natürlich der Einsatz von Techniken, die im Normalbetrieb zuverlässig funktionieren. Bei Fehlermeldungen schaltet das System sofort in einen Sicherheitsmodus, bis das Problem behoben ist.[24]

In den ersten Jahren war es noch schwierig, vor Ort Planungsbüros und Handwerksbetriebe für die neue Haustechnik zu finden. Inzwischen bieten genügend Unternehmen Einbau und Betrieb solcher Anlagen an. Die Stadt hat die dafür notwendigen Qualifikationen definiert und außerdem Handbücher und Checklisten über zugelassene Techniken veröffentlicht. Neben Startups sind auch etablierte Firmen in den neuen Markt eingestiegen, es gibt Lehrgänge und Ausbildungen. Nicht zuletzt die extreme Trockenheit der vergangenen Jahre befeuert die Entwicklung.

Auch die Nutzung der Nährstoffe ist in San Francisco längst Thema. Die Stadt investiert drei Milliarden Dollar in die Modernisierung einer ihrer Kläranlagen, damit diese anschließend einen guten Dünger liefern soll.[25] Die Betreiber großer Geschäftsgebäude sind inzwischen verpflichtet, Schwarzwasser aufzubereiten und erneut als Toilettenwasser zu nutzen.[26] Dass Dünger daraus hergestellt und ausgebracht werden darf, ist gesetzlich erlaubt. Und nicht nur das: Es gibt auch Firmen vor Ort, die in der Lage sind, sich darum zu kümmern.[27]

Bangalore: eine neue Logik

Im Zentrum Indiens befindet sich das Silicon Valley des Subkontinents. In Bangalore residieren internationale IT- und Tech-Firmen und wirken wie ein Magnet für junge, gut ausgebildete Leute und Dienstleistungsunternehmen. Doch die Attraktivität droht der Metropole zum Verhängnis zu werden: Sie wächst extrem schnell. Längst reicht das Wasser aus dem hundert Kilometer entfernten Fluss Cauvery nicht mehr, um Bevölkerung und Industrie zu versorgen. Privatfirmen zapfen unreguliert Brunnen an und befüllen damit Tankwagen. Der Grundwasserspiegel sinkt dramatisch, der Wasserpreis steigt. Weil es in vielen neuen Wohnvierteln keine Kanalisation gibt, haben sich die einst zur Regenwasserspeicherung angelegten Seen im Stadtgebiet in stinkende, giftige Kloaken verwandelt. Vor einigen Jahren warnte das Indian Institute of Science, die Stadt könne schon bald unbewohnbar werden.[28]

2004 ordnete die Stadtregierung an, dass in allen neuen Wohnblocks dezentrale Kläranlagen eingebaut werden müssen. Damit übernimmt nicht länger ein öffentliches Unternehmen die Daseinsvorsorge, sondern Privatfirmen und Nachbarschaften. »Ein monumentaler Wandel in der Logik des städtischen Wassermanagements«, urteilt Binz, der sich gerade auf eine zweijährige Forschungsphase vor Ort vorbereitet. Durch die staatlichen Vorgaben entstand ein rasch wachsender Markt. Neue Firmen schossen wie Pilze aus dem Boden – allerdings oft ohne jede Erfahrung mit Abwasser. Die Wartung war in vielen Fällen nicht geregelt, und so arbeiteten auch hochwertige Anlagen bald nicht mehr zuverlässig.

Doch nach der etwas ruckeligen Anfangsphase steuerte die Politik mit Vorgaben und Qualitätsstandards nach. Seit 2014 darf niemand mehr Brauchwasser in Seen oder Regenwasserkanäle einleiten. Bald darauf kam die Verpflichtung, das gesamte Brauchwasser wiederzuverwenden.

In vielen Häusern fließt heute Grauwasser durch die Toilettenschüsseln, auch Autowaschanlagen, Produktionsbetriebe oder Grünanlagen in der Umgebung werden damit versorgt. Etwa ein Fünftel des Abwassers wird in Bangalore inzwischen von Kleinkläranlagen behandelt – eine weltweit einmalig hohe Quote für eine Großstadt.[29] Neue Geschäftsmodelle für Dienstleistungen sind entstanden. Einige Firmen bieten Betrieb und Wartung an, andere kümmern sich um den Grauwasserhandel.

Vonseiten der Stadtverwaltung gibt es keine Vorgaben zu Techniken oder Vertragsmodellen – Hauptsache, die vorgegebenen Ziele werden erreicht. Auch bekommt hier niemand eine finanzielle Förderung. Anders als in Kalifornien war es darum für Immobilienfirmen vor allem in der Startphase nicht einfach, einen Überblick zu gewinnen. Wer beim Bau vor allem auf den niedrigsten Preis geguckt hatte, zahlte später drauf. Inzwischen werden Techniken standardisiert und modularisiert, und viele Unternehmen bieten Einbau und Wartung im Doppelpack an. Auch gibt es Kurse für Ingeneurinnen und Kontrolleure, und die Branche organisiert Besuche bei Best-Practice-Beispielen. Zunehmend hält die Bewohnerschaft der drittgrößten Stadt Indiens es für selbstverständlich, dass Wasser recycelt und Abwasser dezentral aufbereitet wird.[30]

Heute gibt es etwa 3.000 Kleinkläranlagen in Bangalore, schätzt Binz. Manche liefern angeblich sogar Trinkwasserqualität. Gleichzeitig funktionieren jedoch nur zehn Prozent wirklich zuverlässig. Sie sollen im Fokus des Forschungsprojekts stehen, für das sich der Sozialwissenschaftler zusammen mit mehreren Eawag-Kolleginnen unterschiedlicher Fachrichtungen nach Bangalore begibt. Und natürlich wollen sie dort auch die Möglichkeiten thematisieren, menschliche Ausscheidungen in Dünger zu verwandeln. Binz wirkt gut gelaunt und energiegeladen. »Wir stehen an einem entscheidenden Punkt in der

Menschheitsgeschichte. Auf unsere Generation kommt es an – und wenn wir das hinkriegen, dann ist das cool. Wir dürfen nur nicht aufgeben.« Bei Seminaren erlebe er häufig, dass Studierende angesichts der Komplexität der Probleme mutlos und desillusioniert wirken. Um dem zu begegnen, macht er klar: Wenn wir selbst komplex und systemisch denken, dann können sich auch die Lösungen gegenseitig verstärken. Vielleicht geht manches dann sogar erstaunlich schnell.

Kapitel 14 | **Was kann ich selbst tun?**

Für die vollständige Wiederherstellung des natürlichen Nährstoffkreislaufs aus Essen, Ausscheiden und der Entstehung neuer Nahrung müssen die Weichen politisch neu gestellt werden. Aber auch für alle, die nicht mit eigenem Garten auf dem Land leben, gibt es Möglichkeiten, Schritte in diese Richtung zu gehen. Ein paar Anregungen zum Handeln an alltäglichen Orten:

Am stillen Örtchen

Mit Trockentrenntoiletten und Kompostklos lassen sich pro Sitzung mehrere Liter Trinkwasser einsparen. Sie bewahren außerdem die Kanalisation vor Stickstoff und Phosphor, die in den Kläranlagen nur mit viel Energie und Chemie und trotzdem nicht vollständig aus dem Abwasser herausgefiltert werden können. Allerdings gibt es bisher fast nirgendwo einen Service, der die flüssigen und festen Hinterlassenschaften von Zeit zu Zeit abholt. In normalen Etagenwohnungen sind solche Klos darum, auch wenn Platz dafür wäre, derzeit (Stand 2023) noch selten komfortabel einzusetzen.

Anders sieht es aus, wenn Zugang zu einem Garten besteht, wo die Kloinhalte nach etwas Weiterverarbeitung gut zu gebrauchen sind. Für Schrebergärten, die in der Regel nicht an ein Abwassersystem angeschlossen sind, sind sie sowieso eine zweckmäßige Option und werden auch in vielen Satzungen empfohlen. Manche Kleingartenkolonien schreiben vor, eine Grube zu installieren, die ein Fachunternehmen leert und deren Inhalte bei einer Kläranlage landen. Wo es die örtlichen Bestimmungen zulassen, dürfen die Hinterlassenschaften aber fachgerecht im Garten kompostiert werden. Sie in Sickergruben oder undichten Behältern zu sammeln oder unmittelbar auf Pflanzungen auszubringen, ist verboten.

- Praktische und theoretische Infos rund um Planung, Finanzierung, Genehmigung von Trockentrennklos auf der Homepage des Kollektivs für angepasste Technik (KanTe*), mit zahlreichen Materialien zum Download > *bit.ly/KanTe*

- Guter Überblick der Toilettenservicefirma Nowato, wie sich Toiletteninhalte gut kompostieren lassen > *nowato.com/faq-kompostierung*
- Die Firma Goldeimer verkauft nicht nur Bausätze für Trockentrennklos, sondern will demnächst auch Bauanleitungen zum Herunterladen gratis veröffentlichen > *goldeimer.de*
- Gute Übersicht über Vor- und Nachteile der verschiedenen Optionen (Buch) > Wolfgang Berger: *Kompost-Toiletten für Garten und Freizeit, Sanitärtechnik ohne Wasser und Chemie*, Rastede, 4. aktualisierte Auflage 2023

Am Po

Pro Popo werden in Deutschland im Schnitt 12 Kilo Toilettenpapier im Jahr verbraucht – circa 134 Rollen. Ganz klar: Weniger ist besser. Und: Für normales Klopapier wird Wald abgeholzt, manchmal enthält es umweltfeindliche Farb- und Duftstoffe. Recyclingpapiere sparen im Vergleich dazu Ressourcen, Wasser und Energie.

- Das Siegel des Blauen Engels (blauer-engel.de) garantiert, dass das Papier wirklich vollständig aus recycelten Fasern besteht.

In den Abflussrohren und im Keller

Bei Neubauten oder wo eine Strangsanierung im Haus ansteht, können ohne großen Aufwand doppelte Abwasserleitungen verlegt werden. Damit lässt sich das Grauwasser aus Duschen, Waschmaschinen und Spülen im Keller aufbereiten, sodass es dann eine zweite Runde durch die Toilette drehen kann. Vor allem in größeren Gebäuden amortisiert sich die Investition relativ schnell. Es gibt auch Möglichkeiten, die Wärme aus Spül- und Duschwasser zurückzugewinnen oder das Grauwasser in einer eigenen Pflanzenkläranlage versickern zu lassen.

- Internetseite für Bauherrinnen, um sich über Grauwasser, aber auch andere Ökofragen beim Hausbau zu informieren und Fachleute in der Region zu finden > *bit.ly/3Pjj5fa* / *oekologisch-bauen.info*

- Homepage der Firma Nolde mit einer Auswahl selbstentwickelter innovativer Abwasserkonzepte > *innovative-wasserkonzepte.de*
- Nützliches für Tüftlerinnen zu Grauwasser- und Pflanzenkläranlagen > *kante.info/download-bereich/grauwasseranlagen-co*

In den Kommunen

Auch auf lokaler Ebene können Entscheidungen getroffen werden, die in Richtung Sanitär- und Nährstoffwende führen.

- Verantwortliche in Gemeinden und Stadtverwaltungen, die sich für den Aufbau von abwasserlosen Sanitärsystemen im öffentlichen Raum interessieren und die Nährstoffkreisläufe wieder schließen wollen, finden Informationen und Unterstützung beim Projekt zirkulierbar > *zirkulierbar.de*

Im Garten, auf Balkon und Acker

In Baumärkten und Gartencentern gibt es jede Menge Fertigdüngerangebote. Worin sich der Inhalt der Plastikflaschen oder Schachteln unterscheidet und wie er sich zusammensetzt, steht – wenn überhaupt – im Kleingedruckten. Ein Großteil stammt aus der Chemiefabrik. Fertige organische, das heißt aus natürlichen Stoffen bestehende Dünger enthalten, auch wenn Bio draufsteht, oft unappetitliche Komponenten wie etwa Schlachtabfälle.

Dabei sind wir selbst hervorragende Nährstoffproduzentinnen. Von den sechs bis sieben Kilogramm Mineralien, die wir jährlich über die Nahrung aufnehmen, scheidet unser Körper Stickstoff, Phosphor und Kalium in Mengen aus, wie sie dem Gehalt von dreißig Kilogramm gutem, organischem Volldünger entsprechen. Wer einen Garten oder kleinen Acker bewirtschaftet, kann dafür aus den Kloinhalten, Grünschnitt und Küchenabfällen einen hochwertigen Kompostdünger herstellen – und damit eine Menge Geld sparen.

- Infos von Goldeimer zum Umgang mit Kloinhalten beim Kompostieren > *goldeimer.de/blogs/blog/richtig-kompostieren*
- Beratung für urbane Gemeinschaftsgärten > *urbane-gaerten.de*

Düngen mit Pipi

Die meisten Mineralien verlassen unseren Körper über die Blase. Urin eignet sich darum sehr gut als Flüssigdünger. Ein Quadratmeter Gemüse verträgt etwa ein bis zwei Liter Urin pro Jahr – etwa so viel, wie wir am Tag ausscheiden. Oder anders gesagt: Ein Liter Urin stellt fast so viele Nährstoffe bereit, wie für die Produktion eines Kilogramms essbarer Pflanzen nötig sind. Somit kann eine Person etwa 365 Quadratmeter Garten- oder Ackerfläche mit ausreichend vielen Nährstoffen versorgen. Also Achtung – nicht überdüngen!

Und es gibt Einschränkungen: Wer raucht oder Medikamente nimmt, sollte darauf verzichten, Obst- und Gemüsepflanzen mit dem eigenen Urin zu versorgen. Harn aus einer salzreichen Ernährung bekommt vielen Pflanzen ebenfalls schlecht.

Auch ohne den Elnbau einer speziellen Kloschüssel lässt sich Urin gut sammeln. Um ihn leichter auffangen zu können, gibt es für Frauen im medizinischen Fachhandel für ein paar Euro speziell geformte Flaschen zu kaufen.

Wenn das selbsterzeugte Flüssigdüngerkonzentrat nicht lange herumsteht, ist nicht mit Gestank zu rechnen. Soll es eine Weile gelagert werden, hilft ein Schuss Essig gegen Geruchsbildung. Wichtig ist, den Urin vor dem Ausbringen je nach Pflanzenart mit Wasser zu verdünnen. Vor allem Starkzehrer wie Kürbis, Gurken, Kohl, Tomaten und Rosen gedeihen sehr gut mit einem Urin-Wasser-Gemisch von 1:10. Bei mittel- und schwachzehrenden Pflanzen sollte der Urin im Verhältnis 1:20 verdünnt werden. Optimal ist die Kombination von Urin und Kompost, der dem Boden Kohlenstoff zuführt und damit zur Humusbildung beiträgt.

- Ausführliche Informationen zum Düngen mit Mitteln aus körpereigener Produktion (Buch) > Renaud de Looze: *Urin – flüssiges Gold für den Garten. Düngen mit Urin und Kompost*, Rastede, 2. Auflage 2022
- Guter Überblick über organische Dünger, ihre Funktion und Herstellung (Buch) > Katharina Adams/Andreas Steinert: *Alternative Dünger von der Natur für die Natur*, Schwarzenbek 2016

Auf kleinstem Raum

Balkongärtner wissen: Auch wenn nicht viel Platz dafür zur Verfügung steht, können Gemüse und Kräuter angebaut werden. Ein Berliner Startup hat eine per Zeitschaltuhr und Pumpe versorgbare (und nicht ganz billige) Pflanzsäule entwickelt, mit der sich der Raum in der Vertikalen ausnutzen lässt. Auf kleiner Fläche eines Din-A-4 Blatts können so Mangold, Spinat, Salat, Tomaten, Endivien, Petersilie oder Minze übereinander wachsen – ganz ohne Erde.

- Pflanzsäulen samt Bewässerungsinfrastruktur > *hydrotower.de*

Im Zukunftshaus

Wer ausprobieren will, wie es sich anfühlt, in einem Haus zu wohnen, in dem konsequent auf Wasserrecycling und Nachhaltigkeit gesetzt wird, kann sich im sogenannten Kreishaus südlich von Zürich einmieten oder dort einen Workshop belegen. Das Haus mit vierzig Quadratmetern Grundfläche ist ein Forschungsprojekt der Zürcher Hochschule für Angewandte Wissenschaften. Es macht neue Wasser- und Energietechnik erlebbar und produziert unterm Dach auch noch Gemüse.

- Hintergrundinfos zum Kreishaus und Fortbildungsangebote zu den eingesetzten Techniken auf der Homepage der ZAHW (zhaw.ch) > *bit.ly/3Lard0d*

Beim Einkaufen

Wir essen alle jeden Tag und treffen dabei wesentliche Entscheidungen. Goldstandard für eine zukunftsfähige Ernährung ist: regional, saisonal, ökologisch angebaut. Wer Lebensmittel aus der Nähe zu sich nimmt, isst automatisch saisonal: Es gibt das, was zur Jahreszeit wächst oder danach gut zu lagern ist (z.B. Äpfel und Kartoffeln).

- Was im Supermarkt mit dem Verweis regional angeboten ist, hat manchmal einige hundert Kilometer lange Wege hinter sich; der Begriff »regional« ist nicht geschützt. Ein genauerer Blick auf die tatsächliche Herkunft kann Klarheit bringen.

- Ware auf Wochenmärkten ist nicht automatisch lokaler Herkunft. Kommt sie von Bauern aus der Region, steht es in der Regel dabei.
- Der Inhalt einer sogenannten Gemüsekiste, nach Hause geliefert als Abonnement von saisonaler Ware und nicht zu verwechseln mit fertigen Kochzutatenpaketen, stammt in der Regel aus der Umgebung, kann aber mit ergänzenden Produkten von weiter weg ergänzt sein. Wie auf dem Wochenmarkt gilt: Nachfragen lohnt sich.
- Seit einigen Jahren gibt es immer mehr Genossenschaften für solidarische Landwirtschaft, abgekürzt SolaWi. Die Mitglieder bezahlen die Arbeit der Bäuerinnen und bekommen dafür einen Anteil der Ernte. Sie sind eine gute Bezugsquelle für Lebensmittel aus regionaler Produktion. Die Wege vom Feld zum Teller sind garantiert kurz, und die Mitglieder bestimmen mit, was angebaut wird. Homepage der SoLaWi-Gruppen in Deutschland, Österreich und der Schweiz > *www.solidarische-landwirtschaft.org*
- Biobetriebe düngen mit Stallmist, Klee und Leguminosen statt mit Chemiedünger. Wer so angebaute Lebensmittel kauft, unterstützt Unternehmen, die sich an den natürlichen Kreisläufen orientieren, und tut seinem Körper etwas Gutes. Um wirklich umweltfreundlich zu sein, sollten die Lebensmittel aber auch aus der Nähe kommen. Und bio ist nicht gleich bio. Demeter, Bioland und Naturland haben viel strengere Kriterien, als die EU-Öko-Verordnung vorschreibt.
- Die gesamte Menschheit kann sich gesund und ausreichend ernähren, ohne den Planeten zu ruinieren. Eine internationale Wissenschaftskommission hat ausgerechnet, wie das aussehen würde. Neben 500 Gramm Obst und Gemüse kämen pro Person und Tag vor allem Vollkorngetreide und Hülsenfrüchte auf den Tisch – und wenig tierische Produkte. Durchschnittlich 14 Gramm Rind-, Lamm- oder Schweinefleisch sowie 29 Gramm Geflügel sind okay. Natürlich benötigt ein Schwerarbeiter mehr Essen als ein Kleinkind, und die Idee ist nicht, mit der Briefwaage an den Herd zu gehen. Aber für eine grobe Orientierung ist die »Planetary Health Diet« sehr brauchbar. Hintergrundinfos und der konkrete Speiseplan der Planetary Health Diet auf der Homepage des Bundeszentrums für Ernährung (BZFE) > *bit.ly/3PhqprE*

In Gesellschaft

Im Austausch mit anderen erfahren wir oft Dinge, von denen wir gar nicht wussten, dass sie uns neu sind. Onlinecommunities bieten Gelegenheit, sich mit anderen zu vernetzen.

- Der Verein NetSan ist ein Sammelbecken für Engagierte > *www.netsan.org*
- Vertieftes Wissen und Diskussionspapiere zur Sanitär- und Nährstoffwende gibt es auf einer ebenfalls vom Verein gehosteten Seite > *naehrstoffwende.org*
- Auf der Homepage des Kollektivs für angepasste Technik KanTe* werden alle fündig, die sich für die praktische Verknüpfung von Umwelt, Technik, Mensch und Gesellschaft interessieren. KanTe* entwickelt Techniken für und mit Hausgemeinschaften und bietet Austausch und Beratung an > *kante.info*
- Die Firma Goldeimer informiert und vernetzt eine engagierte Community > *goldeimer.de*
- Das Architekturbüro GrenUP hat Erfahrungen aus der Planung und Umsetzung nachhaltiger Quartiere und Siedlungen zusammengetragen > *sdg21.eu/oekosiedlungen*
- Die Broschüre der Genossenschaft Equilibre in Genf enthält Infos und anschauliche Grafiken über Trockentoiletten und Wasserkreisläufe im Geschossbau: »Komposttoiletten in städtischen Gebieten? Das gelingt! Zusammenfassung des Merkblatts für Bauträger«, Genf o. J., bwo.admin.ch > *bit.ly/44K35sl*

Für die Sanitär- und Ernährungswende gilt das Gleiche wie für die anderen Bereiche, in denen die Dinge gerade anfangen, sich zu bewegen: Die Zukunft beginnt genau in diesem Moment. Wir sind es, die heute festlegen, welche Zukunft in einigen Jahrzehnten möglich ist. Deshalb müssen wir reden – über die Scheiße.

Die Scheiße kommt nie auf unsere Felder zurück,
Auch nie dorthin, wo das Essen herkommt.
Der Kreislauf vom Essen zur Scheiße funktioniert.
Der Kreislauf von der Scheiße zum Essen ist unterbrochen.
Jedes Mal, wenn wir die Wasserspülung betätigen, im Glauben,
Eine hygienische Handlung zu vollziehen,
Verstoßen wir gegen kosmische Gesetze,
Denn in Wahrheit ist es eine gottlose Tat,
Eine frevelhafte Geste des Todes.
Wenn wir auf die Toilette gehen,
Von innen zusperren und unsere Scheiße wegspülen,
Ziehen wir einen Schlussstrich.
Warum schämen wir uns?
Wovor haben wir Angst?
Was mit unserer Scheiße nachher geschieht,
Verdrängen wir wie den Tod.
Das Klosettloch erscheint uns wie das Tor in den Tod,
Nur rasch weg davon, nur schnell vergessen die Fäulnis und Verwesung.
Dabei ist es gerade umgekehrt.
Mit der Scheiße beginnt erst das Leben.

(Friedensreich Hundertwasser)

Fußnoten

Kapitel 1: Scheiße einst und jetzt (S. 9-29)

1 Felix Lill, »Oh-oh, A-a! In Japan wird Kot zum Ausstellungsobjekt«, in: *Der Freitag*, Nr. 27, 2019 > bit.ly/3sH8inj
2 Justin McCurry, »Lesson number two: Japan enlists Prof Poo to teach children about paying taxes«, in: *The Guardian*, 22.11.2021 > bit.ly/3qZ3kCh
3 Jack Sim, Interview, »Scheiße gilt als nicht druckbar«, in: *taz*, 22.3.2019
4 Sigmund Freud, »Über Triebumsetzungen, insbesondere der Analerotik«, in: *Internationale Zeitschrift für Ärztliche Psychoanalyse*, Bd. 4 (3), 1917, S. 125-30
5 »›Cloaca‹: Regelmäßiger Stuhlgang als Kunstwerk«, in: *Frankfurter Allgemeine Zeitung / faz.net*, 4.2.2002 > bit.ly/3Z6uZOc
6 Florian Werner, *Dunkle Materie*, München 2011, S. 10
7 Kisten Berg / Hajo Lämmle, *Die öffentliche Toilette als Zivilisationsprodukt. Über das Müssen und Können in deutschen Städten*, Kassel 1994, S. 15
8 Stephan Dittrich, *Ressourcen-orientierte Sanitärversorgung in Mehrparteienhäusern,* Masterarbeit TU Berlin 2023, S. 8
9 Shahrooz Mohajeri, *100 Jahre Berliner Wasserversorgung und Abwasserentsorgung 1840 – 1940*, Alzey 2005, S. 28
10 Jens Sethmann, »Stilles Örtchen halbe Treppe«, *berliner-mieterverein.de,* 28.10.2012 > bit.ly/45QUDs9
11 Simone Ehrenberg-Silies, *Die Toilette der Zukunft (Themenkurzprofil Nr. 45),* Büro für Technikfolgen-Abschätzung beim Deutschen Bundestag, Mai 2021, S. 5
12 Bundesministerium für wirtschaftliche Zusammenarbeit und Entwicklung, »Agenda 2030 – SDG 6, Sauberes Wasser und Sanitäreinrichtungen, Zahlen und Fakten«, *bmz.de* > bit.ly/3RfF49t
13 Daniel Furrer, *Wasserthron und Donnerbalken. Eine kleine Kulturgeschichte des stillen Örtchens,* Darmstadt 2004, S. 25ff
14 Mila Schrader, *Plumpsklo, Abort, Stilles Örtchen,* Suderburg-Hösseringen 2006, S. 24
15 Ebd., S. 15f
16 Alain Corbin, *Pesthauch und Blütenduft. Eine Geschichte des Geruchs,* Berlin 1982, S. 15 u. S. 83f
17 Werner, *Dunkle Materie,* a. a. O., S. 47
18 Furrer, *Wasserthron,* a. a. O., S. 63
19 Bettina Möllring, *Toiletten und Urinale für Frauen und Männer,* Dissertation, Berlin 2003, S. 96 > bit.ly/3ZagUiP
20 Ebd., S. 96ff
21 Werner, *Dunkle Materie,* a. a. O. S. 28f
22 Evelyn Reso, »Das Klo auf Reisen – Kulturgeschichtliche Einblicke in die Welt der Toilette«, Broschüre des Touriseum Meran, 5.6.2012 > bit.ly/3ZoQWIf
23 Schrader, *Plumpsklo,* a. a. O., S. 43
24 Sethmann, *Außenklo,* a. a. O.
25 Stadt Wien, »Mistbauer«, *geschichtewiki.wien.gv.at* > bit.ly/45YwLD8
26 Furrer, *Wasserthron*, a. a. O., S. 9

27 Fabien Esculier/Sabine Barles, »Past and Future Trajectories of Human Excreta Management Systems: Paris in the Nineteenth to Twenty-First Centuries«, in: Nicolas Flipo et al. (Hg.), *The Seine River Basin. Handbook of Environmental Chemistry,* 90/2020, S. 117-140, hier S. 123
28 Furrer, *Wasserthron*, a. a. O., S. 122
29 Zitiert in: Werner, *Dunkle Materie*, a. a. O., S. 148
30 Esculier, *Past and Future Trajectories*, a. a. O., S. 126f
31 Furrer, *Wasserthron*, a. a. O., S. 9
32 Zitiert in: Werner, *Dunkle Materie*, a. a. O. S. 148f; Werner schreibt, dass dieser »euphorische Exkurs« in den meisten deutschen Übersetzungen fehlt.
33 Noyan Dinçkal/Shahrooz Mohajeri, *Blickwechsel. Beiträge zur Geschichte der Wasserversorgung und Abwasserentsorgung in Berlin und Istanbul*, Berlin 2001, S. 154
34 F. W. Voigt, *Ausleerung der Latrinen. Anlage von Dungfabriken*, Erlangen 1859, S. 29
35 Heinrich Bernhard Herbst, *Bewertung zentraler und dezentraler Abwassersysteme*, Paderborn 2008, S. 6
36 Zitiert in: Friedrich Lenger, »Stadthygiene: Gesundheit und städtischer Raum in Europa während der zweiten Hälfte des 19. Jahrhunderts«, in: Heinz-Peter Schmiedebach, *Medizin und öffentliche Gesundheit*, 2018, S. 85-94, hier S. 88 > bit.ly/45ZhrpY
37 Mohajeri, *100 Jahre*, a. a. O., S. 35
38 World Health Organization, »Cholera – Global Situation«, *who.int*, 16.12.2022
39 Noyan, *Blickwechsel*, a. a. O., S. 187
40 Esculier, *Past and Future Trajectories*, a. a. O., S. 126
41 Noyan, *Blickwechsel*, a. a. O., S. 158-164
42 Rudolf Virchow, *Ueber Städtereinigung und die Verwendung der städtischen Unreinigkeiten: Referat sowie Verhandlung auf der zehnten Versammlung des »Deutschen Vereins für öffentliche Gesundheitspflege zu Berlin« am 17. Mai 1883*, Braunschweig 1883, S. 20
43 Ebd., S. 20
44 Berliner Wasserbetriebe, »Nachnutzungskonzept Rieselfelder Karolinenhöhe«, *bwb.de* (Stand Mai 2014) > bit.ly/3LfzdOh

Kapitel 2: Wo stehen wir heute? (S. 30-31)

1 Katherine Richardson et al., »Earth beyond six of nine planetary boundaries«, in: *Science Advances*, Nr. 9(37), 13.9.2023 > bit.ly/3EHTb0O

Kapitel 3: Unser verkanntes Organ (S. 32-49)

1 Richard Lucius, *Die Kraft unseres inneren Ökosystems. Wie das Mikrobiom die Immunantwort steuert und Entzündungen vorbeugt*, München 2022, S. 28
2 Ebd., S. 51ff
3 Ebd., S. 247
4 Ebd., S. 82ff
5 Ebd., S. 124
6 Lucius, *Kraft Ökosystem*, a. a. O., S. 74 und S. 109

7 Karin Stockert, »Allergien, Mikrobiom und weitere epigenetische Faktoren«, in: *Allergieprävention*, Berlin/Heidelberg 2020 > bit.ly/3EldC2i

8 Martin Grassberger, *Das unsichtbare Netz des Lebens. Wie Mikrobiom, Biodiversität, Umwelt und Ernährung unsere Gesundheit bestimmen*, Wien 2021, S. 192

9 Wilfried Bommert/Christina Sartori, *Stille Killer. Wie Big Food unsere Gesundheit gefährdet*, Stuttgart 2022, S. 30

10 Lucius, *Kraft Ökosystem*, a. a. O., S. 243

11 Meera Shekar/Barry Popkin (World Bank Group), »Obesity, Health and Economic Consequences of an Impending Global Challenge – Overview«, 2019, S. 1, *openknowledge.worldbank.org* > bit.ly/3PnYLe3

12 Dr. Watson – Der Food Detektiv, »E466 Carboxymethyl-Cellulose, Natrium-Carboxymethyl-Cellulose, Cellulosegummi«, in: *food-detektiv.de* > bit.ly/3sWXnGm

13 Alexander Swidsinski et al., »Bacterial Overgrowth and Inflammation of Small Intestine After Carboxymethylcellulose Ingestion in Genetically Susceptible Mice«, in: *Inflammatory Bowel Diseases*, Nr. 15(3), 2009, S. 359-364 > bit.ly/46lET0T

14 Grassberger, *Das unsichtbare Netz,* a. a. O., S. 224 und S. 229

15 Bundesinstitut für Arzneimittel und Medizinprodukte, »Fäkale Mikrobiota-Transplantation (FMT, Stuhltransplantation): Risiko für die Übertragung von multiresistenten Erregern«, in: *BfArM-Risikoinformation* > bit.ly/3YXKbwZ

16 The Microsetta Initiative, »Welcome to the world's largest citizen science microbiome project« > *microsetta.ucsd.edu*

17 Ebd.

18 Sophie Putka, »The ›disappearing‹ human microbiome – and the fraught to preserve it«, *inverse.com,* 23.11.2021 > bit.ly/45zVQ7E

19 Daniel Lingenhöhl, »Mikrobiom: Massenaussterben in unserem Darm«, *spektrum.de*, 14.5.2021 > bit.ly/481Xrof

20 Christian-Albrechts-Universität zu Kiel, »Microbiota Vault-Initiative wählt Thomas Bosch in den Vorstand«, *uni-kiel.de*, 18.1.2022 > bit.ly/3L6A4j

21 Martin Blaser, zitiert in: Putka, »The ›disappearing‹ microbiome«, a. a. O.

22 Ebd.

23 Thomas Hardtmuth, *Mikrobiom und Mensch. Die Bedeutung der Mikroorganismen und Viren in Medizin, Evolution und Ökologie. Wege zu einer systematischen Perspektive*, Berlin 2021, S. 11f

24 Lucius, *Kraft Ökosystem*, a. a. O., S. 78

25 Hardtmuth, *Mikrobiom und Mensch*, a. a. O., S. 12f

26 *Darm mit Charme. Alles über ein unterschätztes Organ*, Berlin 2016, S. 179

27 Ebd., S. 180

Trinkwasser fürs Klo (S. 50-60)

1 Umweltbundesamt, »FAQs zu Nitrat im Grund- und Trinkwasser«, *umweltbundesamt.de*, 21.10.2022 > bit.ly/3EkhyAF

2 Bundesministerium für Umwelt, Naturschutz, nukleare Sicherheit und Verbraucherschutz, »Wassersparende Toilettenspülung. Verbrauchertipp« > bit.ly/3R6w4ng

3 Dittrich, *Ressourcen-orientierte Sanitärversorgung*, a. a. O., S. 8

4 Universität Wien, »Von der Straße auf den Teller: Salat nimmt giftige Zusatzstoffe aus Reifenabrieb auf«, Pressemitteilung 4.1.2023 > bit.ly/3R3MFYE; Umweltbundesamt, *Kunststoffe in der Umwelt – Erarbeitung einer Systematik für erste Schätzungen zum Verbleib von Abfällen und anderen Produkten aus Kunststoffen in verschiedenen Umweltmedien. Abschlussbericht*, Dessau-Roßlau 2020, S. 25 > bit.ly/3szDPaV

5 Umweltbundesamt, »Wassernutzung privater Haushalte«, 14.10.2022 > bit.ly/44BnHmw

6 Ruhrverband – Wissen, Werte, Wasser, »Die Entwicklung der Abwasserreinigung«, *ruhrverband.de* > bit.ly/45BWz8h

7 »Große Engpässe bei Betriebsmitteln für die Phosphorfällung«, in: *Zeitung für Kommunale Wirtschaft*, zfk.de, 21.9.2022 > bit.ly/45RPxvV

8 Bundesverband der Energie- und Wasserwirtschaft e.V. et al. (Hg.), »Branchenbild der Deutschen Wasserwirtschaft 2011«, S. 6, *bdew.de* > bit.ly/3Ep7LJC

9 Kim Teppe im Gespräch mit Liane von Billerbeck, »Wie belastet ist das Trinkwasser?«, *Deutschlandfunk Kultur*, 12.12.2022 > bit.ly/3Pn1jJ8

10 Umweltbundesamt, »Arzneimittelrückstände in der Umwelt«, 14.6.2022 > bit.ly/45yYElf

11 Ebd.

12 Niina Vieno et al., »Pharmaceuticals in the aquatic environment of the Baltic Sea region«, 2017, UNESCO > bit.ly/3sNoUtM

13 Frauke Hoffmann et al., »Estrogens Can Disrupt Amphibian Mating Behavior«, in: *PLoS ONE*, Nr. 7(2), 2012 > bit.ly/3L7vNwv?

14 Leibniz Institut für Gewässerökologie und Binnenfischerei (IGB), »Bislang unbemerkte Geschlechtsumkehr bei Amphibien durch Pillen-Östrogen«, Pressemitteilung vom 4.4.2016 > bit.ly/3Pra19C

15 Karen Kidd et.al., »Collapse of a Fish Population After Exposure to a Synthetic Estrogen«, in: *PNAS* Nr. 104(21), 2007 > bit.ly/45BYeL3

16 »Antidepressiva in Gewässern schaden Tieren«, *Deutschlandfunk Nova*, 28.11.2018 > bit.ly/44U5uRy

17 Bundesverband der Energie- und Wasserwirtschaft, »Umweltreinigungskosten in Höhe von rund 1,5 Milliarden Euro allein durch Diclofenac«, Pressemitteilung vom 14.1.2022, *bdew.de* > bit.ly/3sP91TP

18 Thomas Hummel, »Deutschland, halbtrocken«, in: *Süddeutsche Zeitung*, 8/9/10.4.2023, S. 2

19 Stefan Lötsch, »Klärschlamm ist teurer Abfall«, in: *Märkische Oderzeitung (Eisenhüttenstadt)*, 1.7.2020, S. 13

20 Matthias Naumann, *Neue Disparitäten durch Infrastruktur? Der Wandel der Wasserwirtschaft in ländlich-peripheren Räumen*, München 2009, S. 87

21 Ebd., S. 90

22 Ebd., S. 95 und S. 99

23 Mark Oelmann et al., »Gebührenmodell-Check für Abwasserentsorger«, in: *Gwf Praxiswissen Abwassertechnik und Kläranlagen*, 2018/2019, S. 4-9, hier S. 5

24 Ebd. S. 8

25 Naumann, *Neue Disparitäten*, a. a. O., S. 103

26 DWA e.V., »Ein Viertel der Kanalisation ohne Mängel«, *umweltwirtschaft.com*, 27.11.2020 > bit.ly/3PfGA8O
27 dpa, »Mammutaufgabe Kanalsanierung: Kommunen müssen Milliarden aufbringen«, in: *Handelsblatt*, 1.5.2019 > bit.ly/3Zd59rN

Der gestörte Nährstoffkreislauf (S. 61-80)

1 »Russland steigert Einnahmen mit Düngemittelexporten«, *spiegel.de*, 15.01.2023 > bit.ly/465alQB
2 »Ohne Zustimmung. Wie die Ausbeutung der natürlichen Ressourcen die marokkanische Besatzung festigt«, Interview mit Alida Koos und Tim Sauer von Western Sahara Resource Watch, *Medico International Blog*, 27.2.2023, *medico.de* > bit.ly/3EvZ6oL
3 Bundesinformationszentrum Landwirtschaft, »Wie man der Verknappung eines wichtigen Pflanzennährstoffs entgegenwirken kann«, *praxis-agrar.de* > bit.ly/3RfBiwY
4 Aloys Oechtering, »Phosphor-Recycling ist ein essentieller Beitrag zur Welternährung«, in: *Entsorga Magazin*, 30.10.2014, S. 11-14, hier S. 11
5 Umweltbundesamt, »Düngemittel«, 1.6.2022 > bit.ly/48bHBYc
6 Ewald Schnug, »Wege aus der Bodenbelastung durch Uran und Cadmium aus der Düngung mit mineralischem Phosphordünger«, in: *28. Hamburger Kolloquium zur Abwasserwirtschaft,* Hamburg 2016, S. 69-76, hier S. 69
7 Renaud de Looze, *Urin – flüssiges Gold für den Garten, Düngen mit Urin und Kompost,* Rastede, 2. Auflage 2020, S. 19
8 Bruno Glaser, »Die schwarze Wundererde aus dem Amazonasgebiet. Terra Preta – Fakten und Mythen«, in: *Biologie in unserer Zeit*, Nr. 4/2021, S. 360-367, hier S. 360 > bit.ly/3PfJJ8C
9 Ute Scheub, Haiko Pieplow, *Terra Preta. Die schwarze Revolution aus dem Regenwald,* München 2017
10 F. H. King, *4000 Jahre Landbau in China, Korea und Japan*, Neu-Ulm 1984, S. 91ff
11 Bärbel Rott, »Alexander von Humboldt brachte Guano nach Europa – mit ungeahnten globalen Folgen«, in: Ottmar Ette, Eberhard Knobloch (Hg.), *HiN : Alexander von Humboldt im Netz, XVII (2016) 32*, Potsdam 2016, S. 84-111, hier S. 88 > bit.ly/3PtubQ5
12 Gesellschaft Deutscher Chemiker, »Historische Stätten der Chemie. Justus von Liebig«, 16.5.2003, *gdch.de* > bit.ly/3PvucmG
13 Justus von Liebig, *Die organische Chemie in ihrer Anwendung auf Agricultur und Physiologie,* Braunschweig 1840, S. 185 > bit.ly/3RbVklJ
14 Anne Preger, *Globale Überdosis Stickstoff. Die unterschätzte Gefahr für Umwelt und Gesundheit*, Köln 2022, S. 78f
15 Annette List, *Die Industrialisierung der Landwirtschaft zwischen 1850 und 1930 im Raum Hannover-Braunschweig*, Göttingen 1995, S. 129f
16 zitiert in: Frank Wittig, »Geschichte der Düngemittel«, *planet-wissen.de* > bit.ly/3Leu3kY
17 Preger, *Globale Überdosis*, a. a. O., S. 125
18 Ebd., S. 147

19 Xenia Brand, »Klima schützen und Höfe erhalten«, in: *Der kritische Agrarbericht 2022*, Hamm 2022, S. 64-68, hier S. 65
20 IPCC, »Klimawandel und Landsysteme, Zusammenfassung für politische Entscheidungsträger«, 2019, S. 8 > bit.ly/3r6KMQu
21 Preger, *Globale Überdosis*, a. a. O., S. 125
22 Martin Grassberger, *Das leise Sterben. Warum wir eine landwirtschaftliche Revolution brauchen, um eine gesunde Zukunft zu leben*, Wien 2019, S. 135
23 Heinrich Böll Stiftung et al., *Fleischatlas 2021*, Lahr 2021, S. 16f
24 Grassberger, *Das leise Sterben,* a. a. O., S. 273
25 Umweltbundesamt, »Stickstoff«, 20.12.2021 > bit.ly/45ZZFCO
26 Norbert Lehmann, »Der Bauernaufstand in den Niederlanden und seine Gründe«, *agrarheute.com*, 13.7.2022 > bit.ly/44Oq0me
27 Sarah Tekath, »Stickstoff wird zum Politikum«, *nd-aktuell.de*, 14.3.2023
28 Albrecht Macke, »Plötzlich ist Gülle gefragt wie nie«, *dlg-mitteilungen.de*, o.J. > bit.ly/3Zdv2HN
29 Rupert Ebner, Eva Rosenkranz, *Pillen vor die Säue*, München 2020
30 Umweltbundesamt, »Eintrag und Vorkommen von Tierarzneimitteln in der Umwelt«, 16.12.2021 > bit.ly/3PaLOCP
31 Hans-Peter Ewens, »Neue Entwicklungen in der Klärschlammverwertung«, in: Olaf Holm et al., *Verwertung von Klärschlamm 4*, Neuruppin 2021, S. 3-9, hier S. 3
32 Umweltbundesamt, »Wertstoffe aus Klärschlamm: Umsetzung der Klärschlammverordnung«, 27.1.2023 > bit.ly/465fF6x
33 Heiner Goldbach et al., »Klärschlamm und Recyclingphosphate aus Sicht des Bodenschutzes und der Pflanzenverfügbarkeit«, in: Holm, *Verwertung Klärschlamm*, a. a. O., S. 233-251, hier S. 237ff
34 Gea Oliveri Conti et al., »Micro- and nano-plastics in edible fruit and vegetables«, in: *Environmental Research*, Nr. 8/2022 > bit.ly/3sNaLgb
35 Annika Reketat, »Mikroplastik in Fleisch und Milch: Neue Pilotstudie legt Ausmaß offen«, *utopia.de*, 11.7.2022 > bit.ly/486gX35
36 Antonio Ragusa et al., »Plasticenta: First evidence of microplastics in human placenta«, in: *Environment International,* Nr. 146, 2021 > bit.ly/3PfA56h
37 Medizinische Universität Wien, »Erstmals Mikroplastik im Menschen nachgewiesen«, *meduniwien.ac.at*, 23.10.2018 > bit.ly/3PxMQu8
38 Sharon Lerner, »Toxic PFAS Chemicals Found in Maine Farms Fertilized With Sewage Sludge«, *theintercept.com*, 7.7.2019 > bit.ly/4630dbg
39 Portland Press Herald, »Lawmakers consider state buyback program for farms ruined by tainted sludge«, *pressherald.com*, 14.4.2023 > bit.ly/488hq4G
40 Umweltbundesamt, *Sanierungsmanagement für lokale und flächenhafte PFAS-Kontaminationen. Abschlussbericht*, Dessau-Roßlau 2020, S. 16 > bit.ly/3ZdSpRI
41 Umweltbundesamt, »Wertstoffe aus Klärschlamm«, a. a. O. > bit.ly/465fF6x
42 Tabea Knickel, »Erfahrungen mit und Herausforderungen bei dem Vollzug der AbfKlärV & DüMV aus Sicht der DDP«, in: Holm, *Verwertung Klärschlamm*, a. a. O. S. 12-22, hier S. 13
43 Ewens, *Neue Entwicklungen*, a. a. O., S. 4, und Dierk Jensen, »Zurück in den Kreislauf«, in: *VDI-Nachrichten*, 13.3.2020

44 Pascal Hugo, »Es kommt darauf an«, in: *Entsorga Magazin*, 13.12.2022, S. 71-76, hier S. 71
45 o.A., »Die Verbrennung hat Alternativen«, in: *Entsorga Magazin*, 4.11.2021 S. 42f
46 Jensen, *Zurück in den Kreislauf*, a. a. O.
47 Mark A. Anthony et al., »Enumerating soil biodiversity«, in: *PNAS*, Nr. 120(33), 7.8.2023 > bit.ly/3EyluN6
48 Ute Scheub, Stefan Schwarzer, *Die Humusrevolution. Wie wir den Boden heilen, das Klima retten und die Ernährungswende schaffen*, München 2017, S. 131
49 Hermann Fischer, *Stoffwechsel. Auf dem Weg zu einer solaren Chemie für das 21. Jahrhundert*, München 2012, S. 140
50 Ebd., S. 141
51 Grassberger, *Das leise Sterben*, a. a. O., S. 211
52 *weltagrarbericht.de,* »Bodenfruchtbarkeit und Erosion« > bit.ly/3RgAqbb
53 Ute Scheub, *Humusrevolution*, a. a. O., S. 44
54 Sophie Drexler et al., *Standorttypische Humusgehalte landwirtschaftlich genutzter Böden Deutschlands. Thünen-Report 75*, Braunschweig 2020 > bit.ly/3r6NB42
55 Bayer, »Innovationen für die Landwirtschaft, um mehr für eine wachsende Weltbevölkerung anzubauen«, *bayer.com* > bit.ly/3KmgBv3
56 IAASTD, *Weltagrarbericht Synthesebericht*, Hamburg 2009, S. 6 und S. 13

Was aus alledem folgt (S. 113-119)

1 Unicef, »Weltwassertag 2023: 10 Fakten über Wasser«, *unicef.de*, 20.3.2023 > bit.ly/48bMQXS
2 Interview Sim, »Scheiße nicht druckbar«, a. a. O.
3 Food and Agriculture Organisation of the United Nations (FAO) et al., »The State of Food Security and Nutrition in the World 2023«, *fao.org* > bit.ly/3ERKUXr
4 Christian Schwägerl, »Die Welt kriegt die Cholera nicht in den Griff«, *spektrum.de*, 23.3.2023 > bit.ly/44NRw3x
5 IAASTD, *Weltagrarbericht – Synthesebericht*, Hamburg 2009
6 Lucius, *Kraft Ökosystem*, a. a. O., S. 32
7 Fabian Scheidler, *Der Stoff aus dem wir sind. Warum wir Natur und Gesellschaft neu denken müssen*, München 2021
8 Ebd., S. 131ff
9 OECD Gesundheitsstatistik 2014, in: Verena Finkenstädt, Frank Niehaus, »Die Aussagekraft von Länderrankings im Gesundheitsbereich«, S. 118, *wip-pkv.de* > bit.ly/3RgmOwF
10 Faksimile in: Agentur für Erneuerbare Energien, *Erneuerbare Energien – Vorhersage und Wirklichkeit. Kurzgutachten*, Berlin 2009, S. 17

Neue Klos für neue Erde (S. 120-136)

1 DIN 30762:2022-06

Häuser, die Dünger erzeugen (S. 137-147)

1 Lucie Glomb, Patrick Surga, »40 Jahre Öko-Siedlung in Bergedorf. Mit dem Plumpsklo den Klimawandel stoppen?«, in: *Geschichtswettbewerb des Bundespräsidenten 2022/2023*, S. 14
2 Ebd., S. 15
3 Glomb, Surga, *40 Jahre,* a. a. O.
4 E-Mail der Pressestelle 24.7.2023
5 Hamburg Wasser, »Video Jenfelder Au«, *360-degree.education* > bit.ly/3LiDS1m
6 Eawag, ›*Tre-Rör-Ut*‹ *in Helsingborg, Sweden*, 2023 > bit.ly/3Ljv37t
7 Minwoo Park, »South Korean toilet turns excrements into power and digital currency«, 9.7.2021, *reuters.com* > bit.ly/3PwURj2
8 Equilibre, »Komposttoiletten in städtischen Gebieten? Das gelingt! Zusammenfassung des Merkblatts für Bauträger«, Genf o.J., *bwo.admin.ch* > bit.ly/44K35sl

Die Stadt als Organismus (S. 148-157)

1 Ingo Zasada et al., »Food beyond the city – Analysing foodsheds and self-sufficiency for different food system scenarios in European metropolitan regions«, in: *City, Culture and Society*, Nr. 16, 2019 > bit.ly/488x549;
2 Uwe Ritzer, »Wasser ist das neue Öl«, in: *Süddeutsche Zeitung*, 11.7.2023, S. 13
3 Umweltbundesamt, »Spree droht nach Kohleausstieg in der Lausitz verstärkter Wassermangel«, Pressemitteilung 12.6.2023 > bit.ly/3LnM14z
4 Angela Million, Grit Bürgow, Anja Steglich (Hg.), *Roof Water-Farm. Urbanes Wasser für urbane Landwirtschaft*, Berlin 2018, S. 27-32
5 Leibniz-Institut für Gewässerökologie und Binnenfischerei, »Kombinierte Fisch- und Gemüsezucht in Aquaponik kann profitabel sein«, igb-berlin.de,19.5.2020 > bit.ly/469LxHp
6 Erwin Nolde, »Das Roof Water-Farm Projekt. Energie und Stoffkreisläufe dezentral mittels Abwasserrecycling schließen«, *fbr-wasserspiegel*, 3/2014, S. 16f
7 Million, *Roof Water-Farm*, a. a. O., S. 80
8 Marta Rivera-Ferre, »The contribution of the IPCC to a change of paradigm in agriculture and food systems«, *weltagrarbericht.de* > bit.ly/48bNrsH
9 Senatsverwaltung für Umwelt, Verkehr und Klimaschutz, »Verstärkte Maßnahmen Berlins in Anerkennung der Klimanotlage«, *berlin.de*, 8.6.2021 > bit.ly/3PgElSK
10 Wolf Raber et al., »Toolbox – Praxisempfehlungen Hygiene«, in: Million, *Roof Water-Farm*, a. a. O., S. 258ff
11 Erwin Nolde et al., »Toolbox – Hinweise für Planung und Betrieb«, in: Million, *Roof Water Farm*, a. a. O., S. 243
12 Potsdam-Institut für Klimafolgenforschung (PIK), *Studie zur klimatischen Entwicklung im Land Brandenburg bis 2055*, Potsdam 2003 > bit.ly/3EAfepe
13 Techno Farm Keihanna, *technofarm.com* > bit.ly/3rcxqSL
14 Monica Nickelsburg, »Jeff Bezos-backed vertical agriculture startup Plenty ›hibernates‹ plans for Seattle farm«, *geekwire.com*, 15.1.2019 > bit.ly/3EThU1v
15 Grit Bürgow, Andreas Horn, »Mobiles Wasserrecycling und Vertical Farming«, in: *Stadtundgruen*, 4.12.2020, S. 34-39, *stadtundgruen.de* > bit.ly/3r8iCV5

Pinkeln für eine bessere Zukunft (S. 158-168)

1 Eawag, »Aus Urin wird Flüssigdünger«, *eawag.ch*, 1.3.2015 > bit.ly/3Lg4srS

2 Tove Larsen, Willi Gujer, »Separate management of anthropogenic nutrient solutions (human urine)«, in: *Water Science and Technology*, Nr. 34(3-4), 1996, S. 87-94 > bit.ly/44MsWzY

3 Robert Klatt, »Mikrobielle Brennstoffzelle erzeugt Strom aus Urin«, *forschung-und-wissen.de*, 30.11.2019 > bit.ly/48aQeCj

4 Universität Stuttgart, »Biobeton – Grundlagen und Verfahrensprinzipien für die Herstellung CO_2-neutraler und ressourceneffizienter Bauteile« > bit.ly/3r8m562

5 Zitiert in: Equilibre, »Komposttoiletten«, a. a. O., S. 2 und S. 7

6 Europäische Kommission, »Neues von RecycLoo« > bit.ly/461o8aM

Den Boden ernähren (S. 169-178)

1 IAASTD, *Weltagrarbericht Synthesebericht*, Hamburg 2009, S. 176

2 Food and Agriculture Organization of the United Nations (FAO), *Soils, Land and Water for climate change adaptation and mitigation*, 2016, S. 5 und S. 8 > bit.ly/3sUswKq

3 Umweltbundesamt, »Stickstoffeintrag aus der Landwirtschaft und Stickstoffüberschuss«, *umweltbundesamt.de*, 18.7.2022 > bit.ly/45K8FMB

4 Helmy Abouleish, »Biolandbau für Ägypten – Sekems Vision 2057 für einen weltweiten Wandel«, Vortrag an der Uni Graz am 1.3.2019 > bit.ly/3PAKx9Q

5 Ebd.

6 Anita Idel, »Grasland und die Potenziale nachhaltiger Beweidung für Bodenfruchtbarkeit, Biodiversität, Klima und (Tier-)Gesundheit«, in: Jan Plagge et al. (Hg.), *Klimapositive Landwirtschaft*, Baden-Baden 2021 > bit.ly/45DFXgt

7 Anita Idel, *Die Kuh ist kein Klima-Killer*, Marburg, 8. Auflage 2021, S. 19ff

8 Jasmin Schreiber, »Mehr Mist!« in: *PM Thema 1/2022*, S. 88-95

9 Idel, *Kuh kein Klima-Killer*, a. a. O., S. 24

10 Interview mit Ruven Hener, »Mob-Grazing in der Praxis; Kein Futter-Stress für Kühe«, bauernzeitung.de, 6.10.2022 > bit.ly/3EEyAt6

10 Idel, *Kuh kein Klima-Killer*, a. a. O., S. 37

Upgrade im System (S. 179-184)

1 Institut für Unterirdische Infrastruktur (IKT), »Länge und Wiederbeschaffungswert der Unterirdischen Infrastruktur in Deutschland und in der Europäischen Union«, *ikt.de* > bit.ly/45L3exb

2 Christian Kehrberg (greenlife), »«Die Praxis des Grauwasserrecyclings, Vortrag Veranstaltung Kubus – TU Berlin, 23.3.2023

3 Karin Heinrich, Steffen Heinrich, *Vom Abfall zum Gartengold. Klärschlammveredelung mit Pyrolyse*, Niederfrohna 2022, S. 130

4 Daniel Steckenmesser et al., »Phosphorrecycling mittels Kombination von Nieder-Temperatur-Konvertierung und thermochemischem Aufschluss von biogenen Reststoffen«, Justus-Liebig-Universität Gießen 2016, orgprints.org > bit.ly/48cxxhW

5 Umweltbundesamt, *Chancen und Risiken des Einsatzes von Biokohle und anderer »veränderter« Biomasse als Bodenhilfsstoffe oder für die C-Sequestrierung in Böden*, Dessau-Roßlau 2016

6 Karin Heinrich et al., »Ökologischer Fußabdruck von Klärschlamm-Karbonisat und Klärschlamm-Asche im Vergleich«, in: *Korrespondenz Abwasser, Abfall*, 2020 (67), S. 185-193, hier S. 192f > bit.ly/3r8pemm

7 Heinrich, *Abfall zum Gartengold,* a. a. O., S. 296

8 Andreas Eichenseher et al., »Klimaschutz durch Klärschlamm – jetzt!«, gescheiterte Petition zum Klärschlamm-Moratorium, eingereicht am 21.9.2022, *openpetition.de* > bit.ly/44KemJb

9 IPCC, *Special Report Global Warming of 1.5 °C*, 2018, Kapitel 4, S. 345, ipcc.ch > bit.ly/3Eyx7of

10 Umweltbundesamt, *Arzneimittelrückstände in Rezyklaten der Phosphorrückgewinnung aus Klärschlämmen. Abschlussbericht*, Dessau-Roßlau 2019, S. 11 und S. 34

11 E-Mail der Sprecherin des Bundesministeriums für Ernährung und Landwirtschaft vom 14.6.2023

Blick in die Welt und in die Zukunft (S. 185-199)

1 Unicef, »Weltwassertag 2023«, a. a. O.

2 Tove Larsen et al., »Emerging solutions to the water challenges of an urbanizing world«, *sciencemag.org*, 20.5.2016, S. 928-933, hier S. 929 > bit.ly/489cXPp

3 Ariane Krause, »Mit Kreislaufwirtschaft aus der Nährstoffkrise«, unveröffentlichtes Manuskript

4 Das bestätigt auch die Forschung: R.H. Rugalema et al., »The homegarden agroforestry system of Bukoba district, North-Western Tanzania«, in: *Agroforestry Systems*, 26/1994, S. 53-64

5 Ariane Krause et al., »Organic wastes from bioenergy and ecological sanitation as a soil fertility improver: a field experiment in a tropical Andosol«, in: *SOIL*, Nr. 2, 2016, S. 147-162, hier S. 147 > bit.ly/44KqkT3

6 Potsdam Institute for Climate Impact Research (PIK), »Soil and Water Integrated Model (SWIM)«, *pik-potsdam.de* > bit.ly/48cmJQz

7 Ariane Krause, »Valuing Waste – A Multi-method Analysis of the Use of Household Refuse from Cooking and Sanitation for Soil Fertility Management in Tanzanian Smallholdings«, in: Hiroshan Hettiarachchi et al. (Hg.), *Organic Waste Composting through Nexus Thinking*, Cham 2020, S. 91-122, hier S. 102f

8 *researchgate.net/profile/Ariane-Krause-2*

9 Aqua for all, »Sanergy's sustainable path to profitability«, *aquaforall.org* > bit.ly/3r15YHG

10 B. M. A. Dortmans et al. »Black Soldier Fly (Waste) Treatment«, in: Institute for Sustainable Future (ISF) et al., *Treatment technologies in practice On-the-ground experiences of faecal sludge and wastewater treatment*, Den Haag 2021, S. 48-53

11 Katz engagiert sich bei der International Platform of Insects for Food and Feed (IPIFF), *ipiff.org*

12 Linda Strande et al., *Faecal Sludge Management*, London 2014, S. 1-11, hier S. 2

13 Ebd.

14 Christian Binz et al., »Path Creation as a Process of Resource Alignment and Anchoring: Industry Formation for On-Site Water Recycling in Beijing«, in: *Economic Geography*, Nr. 92(2), 2016, S. 172-200 > bit.ly/3sXPgJv

15 Ge Yun, Hu Yujiao, *Wasser auf Abwegen. Die Privatisierung der Wasserversorgung in China auf dem Prüfstand*, Essen 2009, S. 25 > bit.ly/3LnWq09

16 Paula Kehoe, »Environmentalist at Heart« (im Interview mit Agency for Plumbing, Heating, Cooling, Piping), 25.7.2018, *phcppros.com* > bit.ly/44MQoNr

19 Nof Afghani et al., »Onsite Water Reuse Systems in San Francisco, United States«, *eawag.ch* > bit.ly/3sRwlQN

20 SFPUC, »The Living Machine at SFPUC Headquarters (2023)«, *watereuse.org* > bit.ly/3Lnk5Ob

21 Afghani, »*Onsite Water*«, a. a. O.

22 Paula Kehoe, »OneWaterSF: An integrated approach for long-term water resiliency and reliability«, 7.2.2023, *iwa-network.org* > bit.ly/3Zhpl6r

23 Ebd.

24 Water World, »San Francisco's first approved onsite greywater reuse system operational«, *waterworld.com,* 4.11.2022 > bit.ly/45Majxx

25 Afghani, »Onsite Water«, a. a. O., S. 3 und S. 7

26 Ebd., S. 4

27 SFPUC communication, »SFPUC selects Cambi Thermal Hydrolysis Technology for New Biosolids Digester Facilities at Southeast Treatment Plant«, *sfpuc.org*, 7.11.2022 > bit.ly/466JTpO

28 SFPUC, »Onsite Water Reuse«, *sfpuc.org* > bit.ly/3sRZz1S

29 Joe Rosato jr., »San Francisco Building Gives Water and Human Waste a Second Life«, *nbcbayarea.com*, 15.1.2020 > bit.ly/44NZycl

30 Samaranth Subramanian, »India's Silicon Valley Is Dying of Thirst«, *wired.com*, 2.5.2017 > bit.ly/3EW0cKN

31 Johan Miörner et al., »On-site Water Reuse Systems in Bangaluru, India«, 2023, S. 2-4, *eawag.ch* > bit.ly/3EFztSt

32 Ebd. S. 7

Dank

Ein großer Dank geht an alle, die mir durch Informationen und ihre Zeit geholfen haben, das Buch zu recherchieren und zu schreiben. Insbesondere danken möchte ich Ariane Krause und den Menschen von NetSan für vielfältige Unterstützung, Bastian Etter, Danya Stasius und öKlo für die Beherbergung, Haiko Pieplow (†) und Pjotr Thomas für erste Impulse zum Thema, dem Filmemacher Rubén Abruña und dem Filmproduzenten Valentin Thurn für die Idee zum Buch und Unterstützung bei der Umsetzung sowie der Hans Sauer-Stiftung und Riff freie Medien gGmbH für die finanzielle Förderung. Ein besonderer Dank geht an meine Verlegerin Undine Löhfelm für das sehr engagierte und konstruktive Lektorat und an Uli Anders für Geduld, kritische Begleitung und zahlreiche Honigbrote als Nervennahrung.

Bildnachweis

Cover © Farbfilm Verleih
S. 88/89 © Alan Toth
S. 81, 90-95 (u.), 98 (u.), 101 (u.), 102/103, 104, 105 (o.), 106 (u.) © Annette Jensen
S. 106 (o.) © Dycle
S. 107 © Fabian Schmid
S. 99 © Finizio – Future Sanitation
S. 105 © Johannes Graupner/IGB
S. 100 © Nowato/Kazuba
S. 101 (o.) © öKlo
S. 98 (o.) © Thurn Film/Chris Rowe
S. 84 © Thurn Film/Colin Hinkle
S. 86, 93 (o.), 95 (o.), 96/97, 108, 110 (alle) © Thurn Film/Hajo Schomerus
S. 85, 87, 93 (u.), 109, 111 © Thurn Film/Ralf Weber

Die zweite Chance

Lui weigerte sich, aufs Töpfchen zu gehen. Er widersetzte sich dem Klogang mit aller Kraft, die sein kleiner Körper aufbringen konnte. Sein Vater Peter Kotova war verzweifelt. Seit Wochen behielt Lui seine Kacke bei sich, als sei sie sein wertvollster Schatz. Dass alle anderen ihre ohne weitere Bedenken einfach so abgaben, war deren Problem. Seine hatte er in eine alte Plastikbox gefüllt und im Spielzeugschrank versteckt, bis sie durchgetrocknet war. Für die Mitglieder der Hausgemeinschaft nahm sein Verhalten beunruhigende Ausmaße an.

—

Nova Janson begann mit ihren Fingern im Kreis auf den Daumen zu trippeln, so wie sie es immer machte, bei Nervosität und in Momenten überschwänglicher Begeisterung. Es war ihre persönliche Methode, sich zu erden. Sie war eine begnadete Forscherin und nun schon im sechsten Jahr hier in der kleinen Station in der Einöde im nördlichen Teil Norwegens, obwohl ihr die Fakultäten der ganzen Welt offengestanden hatten. Neben ihrer Forschungsarbeit buchte sie auch mal Flugtickets für ihre Kollegen, schrieb Tweets im Namen des Labors oder kümmerte sich um die Getränkebestellungen. Alles nur, um ganz nah dran zu sein, wenn es so weit war. Und jetzt war es so weit.

Sie starrte auf die Displays über sich und sah, wie die Hormonwerte nach und nach auftauchten. Durch die Enzymimmunolyse, die Hochleistungsflüssigchromatografie und die Tandem-Massenspektromien kamen nun auch Hormoninformationen hier zusammen. Nova fühlte sich wie in einer NASA-Station, wo alle gebannt auf die Bildschirme blickten, beim Start der Rakete, beim Andocken, in den kritischen Momenten. Nur: Ihre Kollegen hier hatten keine Ahnung, dass die Rakete nun startete. Und so konnte die Mikrobiologin es kaum erwarten, heute Abend mit den anderen, in der *psi*-Videokonferenz, darüber zu sprechen. Offiziell arbeitete Nova beim EFSS, dem europäischen Frühwarnsystem für Seuchenschutz, einer staatenübergreifenden Organisation zur Überwachung der Abwassersysteme. Die Kanalisation war ein riesiger Flickenteppich, ein wenig beachtetes Stück kritischer Infrastruktur. Durch Pandemie und Starkregen war sie etwas mehr in den Fokus der Aufmerksamkeit gerückt. Dennoch lagen die alten Rohre tief in der Erde, und nicht jede Kommune war so schnell in der Lage gewesen, die Sensoren einzubauen und zu pflegen. Entgegen aller Dringlichkeit ging es nur langsam voran; um das Gesamtbild des kontinentalen Infektionsgeschehens zu vervollständigen, brauchte die EFSS Messgeräte überall in der Kanalisation. Zwar wurden angesichts der politischen Brisanz seit Kurzem keine Kosten und Mühen mehr gescheut; trotzdem würde es noch Jahre dauern, die Hardware europaweit zu implementieren.

Auf der großen Europakarte leuchteten knapp 1.000 der 2.600 geplanten PCR-Meta-Genom-Messstellen. Der Kontrollraum war voller Bildschirme, auf denen in Diagrammen, Graphen und Karten verschiedene Auswertungen angezeigt wurden; neben Biomarkern und pathogenen Keimen auch Drogendaten, wie die Kokainqualität und Konzentration und eine sich daraus ergebende vermutete Anzahl der Konsumenten in der jeweiligen Region. Ein junger Neurologe mit ergänzendem Bachelor in Soziologie hatte daraus mit einem von ihm entwickelten Koeffizienten gar die Zurechnungsfähigkeit der Menschen in den Landkreisen abgeleitet. Zu Novas wachsendem Unbehagen wurden Doktorandenprojekte, die für die Regierung irgendwie nützlich sein könnten, besonders gefördert in den letzten Jahren.

Sie verließ das Institut heute früher als sonst, um ihren besten Freund Peter zu besuchen. Nova betrat sein Haus, es war eines ihrer ersten Modellhäuser, in denen das Abwasser smart ausgewertet wurde. Der Urin wurde bei jeder Benutzung analysiert, und die Bewohner konnten festlegen, welche Werte permanent überprüft wurden und erhielten Auswertungen dazu. Die Baustoffe waren wohlig und modern: Lehm und Strohelemente, viel Holz und Pilzfädenmaterial des *Schizophyllum commune* zur Dämmung.

Obwohl das Gebäude jetzt schon sieben Jahre alt war, roch es neu, frisch und sauber. Das Haus war für gesundheitsbewusste

Gemeinschaftsmenschen konzipiert. Nova stieg die Treppe zu Peters Wohnung im ersten Stock hoch und klopfte an die gewachste Holztür. Jacky öffnete und umarmte Nova. Jacky Perlinger war fast so groß wie Peter. Beide Mitte ihrer Vierziger. Sie gingen durch den Flur in die Wohnküche mit der schönen Aussicht auf den Garten. Es roch nach Butter und Zwiebeln.

„Es gibt: Rote-Beete-Risotto, dauert aber noch ein Weilchen."

„Ich möchte eigentlich etwas mit Peter besprechen. Ist er in seinem Arbeitszimmer?" Jacky hatte sich wieder dem Herd zugewandt.

„Er spielt gerade mit Lui."

Nova fand die beiden versunken an Luis kleinem Basteltisch, wo Lui mit Buntstiften Sonne, Berge und Strichmenschlein malte. Peter saß ihm gegenüber auf dem Boden und war mit dicken Pastellkreiden in grün und blau zugange. Sie pirschte sich krabbelnd an die beiden heran.

„Hallo Nova!" Peter umarmte sie im Sitzen, „wie schön ..."

Lui warf sich auf die beiden und gab der unerwarteten Besucherin einen Kuss.

„Hey, ihr Zwei," sagte sie und knuddelte den Kleinen.

„Er hat kaum geschlafen heute Mittag und ist etwas drüber", erklärte sein Vater. Nova küsste Lui nochmal und setzte ihn wieder vor seine Stifte an den Tisch.

„Peter, können wir spazieren gehen? Ich will mit dir reden."

„Oh. Was ist denn los?" Peter wirkte etwas matt. Nova schaute ernst.

„Na gut, klar, dann lass uns noch kurz rausgehen."

Es war Mitte August, doch in Tromsø erträglich kühl. Sie liefen vorbei an den anderen Modellhäusern. Als sie die Weide erreichten, die weit hinten in den Wald überging, hielt Nova unvermittelt an.

„Was ich dir jetzt erzähle, muss erstmal unter uns bleiben."

Peters dunkle Augen waren glasig vor Erschöpfung.

„Es geht um meine Arbeit."

„Nova, hör mal, ich bin ganz schön fertig. Lui weigert sich aufs Klo zu gehen ..."

„Peter? Das ist doch bestimmt eine normale Phase. Bitte! Es ist wichtig!"

Peter lächelte sie etwas angestrengt an.

„Ok, ok, ich bin für dich da."

Wegen ihrer scheuen Art wurde Nova von vielen unterschätzt, doch er kannte ihre Brillanz. Und war sich nicht sicher, ob er ihr folgen oder irgendwie verstehen würde können, was sie auf dem Herzen hatte. Sie liefen eine Weile weiter.

„Ich habe noch eine geheime Forschungsgruppe, *psi*. Wir verfolgen eine Vision und haben aus den Abwasserdaten der halben Welt, also mit Bakterien, Protozoen, Pilze, Helminthen, metabolischen Markern … Es wird ja alles geprüft – mit diesen und anderen Datenmengen haben wir über Jahre einen neuartig lernenden Autoencoder trainiert. Als Team aus unterschiedlichsten Instituten …"

Peter unterbrach sie.

„Nova, ich komme jetzt schon nicht mehr mit. Was ist passiert?"

„Also, wir haben sie KIOT genannt, Peter, es ist eine Art KI. Die Exkremente eines großen Teils der Menschheit sind eine Intelligenz geworden. Seit 15 Jahren entwickeln wir sie."

„Mal langsam. Das heißt, was ihr bei uns macht, mit den Analysen, diesem sozialen Mikrobiom, läuft irgendwie bei allen, und viel krasser noch?"

„So ähnlich. Nur sind wir nicht der Staat! Und kein Konzern. Und wir gingen bei *psi* in eine andere Richtung als der Rest der Forschung. Wir haben die Frage des Mikrobioms vergrößert statt sie zu verkleinern."

„Klar, wieso einfach, wenn's auch kompliziert geht?"

„Nein, eher: Wenn es kompliziert ist, muss man es manchmal noch etwas komplizierter machen, dann wird's wieder einfach."

„Aha. Das verstehe ich ja, nur …"

Während Peter zögerte, blieb Nova wieder stehen und schaute einem Vogel nach, der Richtung Wald flog. Peter ging weiter, blieb einen Meter vor ihr stehen.

„Nova!" sagte er. „Ich bin nur überrascht. Seit 15 Jahren?"

„Wir haben vieles anders gemacht, dezentrale Server, gemeinsame

Werte, Vertrauen, Unabhängigkeit, uns verbündet. Forschung versucht zu isolieren, konzentriert sich aufs Einzelne, den Einzelmenschen. Wir bauten die KIOT aber in umgekehrter Richtung – eine KI, eine kreatürliche Intelligenz, auf Basis mikrobischer Interaktionen. Kein neuronales Netz, sondern ein mikrobiotisches. Neuronen haben sich vermutlich zunächst auch nur entwickelt, um mit Mikroben kommunizieren zu können."

Sie starrte mit zusammengekniffenen Augen an ihm vorbei in die Ferne.

„Ach, Peter", seufzte sie. Und die zwei gingen in den Wald hinein.

„Mal wieder das Gehirn zur Schablone zu machen, uns so weiter zu krönen, schien uns nicht eben hilfreich für die realen Probleme", fuhr sie fort, „wir wollten Komplexität integrieren, statt zu zerteilen, was sich einer konventionellen Modellierung entzieht, das Unordentliche."

„Chaos?"

„Das Chaos? Oder bloß eine höhere Form der Komplexität? Das binäre System, die Grundlage des Computers, entstand ja selbst aus einer Fehlannahme von Leibniz, der es entwickelte. Er hielt das *I Ging*, das älteste Buch Chinas, für eine mathematische Vorhersagelogik, nicht eine mystische, was ihn so inspirierte, ja ermutigte, dass er das binäre Zahlensystem entwarf."

Nova war wieder stehen geblieben, der Wald war urwüchsig, einer der wenig verbliebenen, sie berührte einen Baumstamm und setzte sich darunter ins Moos. Peter war amüsiert.

„Fast alles, was es heute so gibt, was funktioniert, baut auf einem Missverständnis auf?" Er setzte sich zu ihr und fahndete in ihrem Gesicht nach einer Resonanz für das sich in ihm anbahnende Gelächter. Doch da war nichts.

„Also gut", riss er sich zusammen, „und was hat das nun mit euch zu tun?"

„Emergenz. Es kommt darauf an, wie wir agieren, wenn wir meinen, das Ganze zu sehen. Weder das Mystische noch das Mathematische wollten wir verteufeln. Auch nicht überhöhen, sondern einfach aufgeklärt damit arbeiten."

„Holy Shit! Wie malen nach Zahlen …"

Peter grinste, aber Nova zeigte nicht den Hauch eines Lächelns, was ihn nun zu beunruhigen begann. Sie hatte ihm mal erzählt, Humor sei aktiver Geist, der darüber stolperte, doch Körper zu sein. Und jetzt baute sie einen Biocomputer?

„Wir glichen alles, was wir über Interaktion wissen, aus historischen Daten, mithilfe der KIOT mit den mikrobiologischen, also auch Nervensystemdaten in Echtzeit ab. Sie errechnete Kommendes, und wir prüften, ob es mit unserem intuitiven, also Erfahrungswissen und realen Ereignissen übereinstimmte. So verbesserten wir die KIOT dann kontinuierlich."

„Was heißt das? Ihr meint der Darm oder dieses Mikrobiom bildet irgendwie die Gesellschaft ab, oder umgekehrt?"

„Ja, sozusagen, wir sind unsere Umwelt. Und sobald die KIOT ein Risiko für die Population erkennt, zeigt sie uns neue Kooperationsoptionen. Wir können damit ein ökosoziales Immunsystem aufbauen. Und uns schneller anpassen, unsere eigene Evolution beeinflussen. Durch künstlich veränderte Mikrobiome, auch Gerüche oder Klänge, die dann sehr gezielt die Nervensysteme regulieren."

„Das klingt doch toll. Was besorgt dich denn so?"

Nova zögerte.

„Naja, die KIOT kann Gesundheitszustände viel früher vorhersagen und hat jetzt Hinweise auf einen neuen, sich rasant verbreitenden Pilzerreger gefunden, der *Candida Auris* ähnelt. Doch das ist leider nicht das Einzige. Einige unserer mikrobischen Sensoren, die selbstständig im Abwasser unterwegs sind, benehmen sich merkwürdig. Es ist möglich, dass sie sich mit organoiden Hirnzellen, die bei einem Laborunfall ins Abwasser gerieten, verbunden haben, sie senden nur noch weirdes Zeug. Und seit ein paar Monaten gibt es Todesfälle mit *Candidis* immer dort, wo diese drei KIOT-Sensoren gerade sind."

„Und du denkst jetzt, eure KIOT hat damit was zu tun?"

„Vielleicht. Die KIOT ist ja quasi nur eine Schnittstelle, um mit dem Metaorganismus, unserer Biomasse, sprechen zu können. Aber ja, ich frage mich, ob die KIOT eine eigene Agenda entwickelt hat."

„Ok, das klingt nicht mehr lustig."

„Es kann auch sein, dass die KIOT dort versucht, den Pilz zu bekämpfen oder besser zu verstehen und ihn gar nicht selbst verbreitet. Das Myzelium hat immerhin gelernt, sich von Mensch zu Mensch zu übertragen. Manche können mit ihm leben, bis es von selbst wieder verschwindet, doch viele Menschen sterben an ihm, gerade geschwächte. Fast fünfunddreißig Prozent der Population, hat die KIOT berechnet."

„Nova, fünfunddreißig Prozent? Es steht uns ein gewaltiger Ausbruch bevor?"

„Das ist nicht sicher, und du musst dir noch keine Sorgen machen. Aber ja, es wird wohl zur Abschottung kommen. Frühestens in drei Wochen, schätze ich."

Beide wurden still. Nach einer Weile warf Peter ein Stück Rinde zu Nova. „Na, komm, lass uns zurück gehen."

—

Jacky hatte bereits den Tisch gedeckt, als sie herein kamen. Lui saß mit seinem Display und Kopfhörern auf dem Sitzsack im Wohnzimmer und guckte ein Video.

„Lass ihn einfach weiter schauen, er ist total müde."

„Hat er gegessen?", fragte Peter, „Gott sei Dank."

Doch Jacky schüttelte betrübt und diskret den Kopf in seine Richtung. Lui hatte mittlerweile seit Tagen kaum noch was gegessen, weil er partout nicht aufs Klo wollte. Sie hatten ihm erklärt, dass es wichtig sei und alle ihre Exkremente weggeben würden, da sie Informationen enthielten, die zum Wohle aller gebraucht wurden, es für ihn aber nicht gesund sei, damit zu spielen oder sie zu behalten. Jacky trug die Pfanne zum Tisch.

„Wir haben einen guten Weißwein von Peters Vater bekommen. So schön, Nova, dass du da bist. Erzähl! Wie läuft's?"

„Jack, bitte", unterbrach Peter. „Wir müssen doch jetzt nicht so tun, als wäre nichts. Nova ist quasi Luis Patentante."

„Naja, Peter, wir müssen halt jetzt mit ihm zur Psychologin und zum Kinderarzt, was soll Nova da denn jetzt tun, noch mitmischen?"

„Na, wir könnten mit ihr drüber reden, einfach, da es uns beschäftigt?“

„Lass uns mal den Wein aufmachen und etwas essen.“

Jacky drückte ihm die Flasche und den Korkenzieher in die Hand, gab ihm einen Kuss auf die Schläfe und wandte sich wieder Nova zu, die in den Garten starrte. Jacky erzählte munter, wie ihr Arbeitstag in der Rettungsstelle verlaufen war. Peter saß still da, und der Abend plätscherte dahin. Nova ging bald nach Hause, erleichtert, sich Peter anvertraut zu haben. In der Nacht sprach sie noch mit ihrer Gruppe über die neuen Hormondaten, wie kritisch die Lage war, wer was zu tun hatte, und *psi* einigte sich darauf, ihre Informationen zum Pilz und die KIOT öffentlich zu machen, nachdem die KI die neuen Daten vollständig integriert hätte.

—

Als Jacky am Abend darauf von der Arbeit kam, fand sie die Wohnung leer vor. Auf der Küchentheke lag ein Stück Aquarellpapier: „Lieber Jacques, wir sind nach Barcelona zu Ella unterwegs – es ist gerade etwas eng und vielleicht gut, wenn wir einfach mal ein bisschen hier rauskommen. Bis bald. Dein Peter.“

Und darunter eine kleine Zeichnung, die ein bisschen aussah wie E.T. auf dem Rad, unterwegs zum Mond.

—

Peter stieg nachts mit Lui in Barcelona aus dem Zug, es waren noch immer 39 Grad und Lui so erschöpft, dass er ihn tragen musste. Heute Morgen hatte er nur das Nötigste in einen kleinen Rucksack gepackt, und sie waren mit drei Schnellstzügen den ganzen Tag unterwegs gewesen. Ella konnte sie nicht abholen, sowieso kam ihr der spontane Besuch nicht gerade gelegen, da sie eine große Ausstellung vorbereitete. Peter stieg mit dem Jungen in ein Taxi, sie fuhren direkt zu Ellas Atelier. Peter lief neugierig herum: Eine Loftetage mit mindestens hundert Quadratmetern. Lui war auf seinem Arm eingeschlafen, Peter legte ihn behutsam auf ein Sofa und deckte ihn mit einem dünnen Schal zu. Ella holte einen Aschenbecher, machte ihnen zwei Drinks an der kleinen Bar und setzte sich zu ihm auf den Balkon.

„Peter, ich freue mich wahnsinnig dich endlich mal wieder zu sehen. Aber so spontan? So kenn ich dich gar nicht, erzähl, was ist denn los?“

„Lui kackt nicht mehr, und ich auch nicht.“

Ella prustete ihren Wodka in feinen Partikeln über den Balkon, bis in die Blumen vor ihnen, und lachte ihre ungezügelte Lache, noch lauter, als er es in Erinnerung hatte.

„Ok, ok, Peter – das ist gut“, sie konnte kaum aufhören, zu lachen. „Und wie lange schon?“

„Lui seit sieben Tagen und ich seit drei.“

„Peter, Peter. Also, ernsthaft, du kreuzt nach sieben Jahren Village-Spießi-Life hier auf, und dann mit sowas … Wie geht denn das überhaupt?“

„Das ist es ja! Erst wollte er nicht aufs Klo, überhaupt nicht, es abgeben und so, ganz normal, dauert, dann immer länger, und Jacky, die anderen im Haus unserer Community – alle machten so viel Druck. Psychologin, Kinderärztin, bla, bla.“

„Oh nee.“

„Ja. Hilft auch alles nicht, Lui will nicht, es geht nicht weiter. Als wir ihm erklärten, wie es funktioniert, und dass er die Kacki eben nicht behalten kann, weil sie nicht gesund sei, beschloss er, gar nicht mehr zu machen. Und dann auch nichts mehr zu essen. Er zieht das durch.“

„Aber der Schließmuskel hat doch Grenzen.“

„Ich weiß es doch auch nicht. Aber langsam mache ich mir Sorgen.“

„Lass mich mal überlegen“, sie ging auf dem Balkon auf und ab. „Also ich habe da eine ziemlich besondere Bekannte, sie lebt in den Bergen in einer Höhle, da bringe ich euch morgen hin.“

„Was?“ fragte Peter.

„Bei Mira seid ihr am richtigen Ort.“

Ella lernte so schnell so viele Menschen kennen, dass Peter sie anfänglich für oberflächlich gehalten hatte.

„Ich dachte halt auch, etwas Stadt und Kunterbuntes täte uns beiden gut …“

„Vertrau mir, Peter! Und bei mir könnt ihr gerade echt nicht bleiben. Ich hab noch so viel zu tun."

„Verdammt, Ella, du und deine Eingebungen – aber gut, ich bin todmüde, dann lass uns jetzt schlafen gehen."

—

Um sieben Uhr morgens fuhren sie bereits los, aus der Stadt raus. Lui schien zufrieden, er liebte Autofahrten, schaute aus dem Fenster, und als er unruhig wurde, spielten sie, ich sehe was, was du nicht siehst. Dann schwiegen sie, langsam die trockenen Berge hinauf.

Luis entschlossene Verweigerung ging Peter nah. Er nahm eigene Widerstände wahr, die er sich kaum erklären konnte. Nur langsam tauchte er aus seinen Gedanken auf. Hoch in den Bergen stiegen sie aus, um sie herum die Weite und Ruhe der Pyrenäenausläufer.

Ella klingelte Mira mit der großen Glocke, die vor dem Eingang hing, heraus, und sie begrüßten sich innig. Mira hatte fein definierte Muskeln an Ober- und Unterarmen, wie Bergkletterer sie haben. Sie wirkte wenig erfreut über den unerwarteten Besuch. Offenbar gab es nicht viele Menschen, die ihren Rückzugsort hier kannten.

Nach einer aufbrausenden Unterhaltung, die Peter nicht verstand, kamen Mira mit Ella zu ihnen rüber. Peter und Lui hatten sich ein paar Meter weiter auf einem kleinen Bänkchen niedergelassen.

„Gut, ihr könnt bleiben – es ist ja eine Notlage. Aber macht es euch nicht zu gemütlich."

Ella steckte Peter noch die Anschrift eines privaten Krankenhauses in der Nähe zu, dann fuhr sie los. Peter und Lui verschwanden mit Mira in der Höhle.

Der Eingang war nicht groß, doch nach einigen Schritten öffnete sich nach links und weit nach hinten ein mächtiger Raum. Rechts war eine Art Küchenzeile mit einem großen Tisch, dahinter trennte ein Sofa einen wohnlicheren Bereich ab. Rechts wurde es verwinkelt, Regale und Schreibtische, geradezu ein Techniklager. Alles war einfach. Peter fühlte sich sofort wohl.

Der Rest des Tages verging damit, dass Lui und Peter die Gegend erkundeten, während Mira sich um ihr Gemüse im Garten und irgendwas am Computer kümmerte. Am Nachmittag kamen ein paar junge Menschen und diskutierten stundenlang mit Mira an dem großen Tisch hinter den Bildschirmen. In *catalá*, aber einer der Jungen sprach auch Deutsch. Peter bot sich an, für alle zu kochen. Es war ein turbulenter Abend, von dem Peter wegen der Sprachgrenzen vor allem die lebendige Stimmung in Erinnerung blieb. Und wie viel Spaß Lui mit den jungen Besuchern hatte, sie schenkten dem Vierjährigen viel Aufmerksamkeit. Lui dreht immer weiter auf und lief aufgeregt und glücklich in der Höhle hin und her.

„Und jetzt gleich kommt dieser Moment der Übermüdung, in dem er mit dem Kopf an die Tischkante stößt."

Mira hatte Recht.

Peter beruhigte Lui und machte ihn bettfertig, damit er sich auf der Matratze in der Ecke etwas ausruhen konnte. Als die Truppe vor Einbruch der Dunkelheit verschwand, konnte Peter endlich mit Mira reden. Sie erzählte ihm von ihrer Ausbildung zur Elektrikerin, ihrem abgebrochenen Informatikstudium, ihrer Zeit bei den Hackern, ihren Erfahrungen in der sogenannten Entwicklungshilfe in Ghana und dem Toiletten-Kollektiv *Tellu*, dem sie danach ihre ganze Energie widmete.

„Alles war ja Scheiße. Und wenn man erst streitet, sich einigt, ob diese Scheiße nun Scheiße ist, machen die einen weiter Scheiße und die anderen machen sie weg. Scheiße ist Scheiße, und doch gehört sie zu uns. Wir haben die Menschen durch diese Kloarbeit mit ihrer Menschlichkeit konfrontiert, auch mit dem Dunklen, wenn du so willst: mit dem Tod."

Mira erinnerte sich auch, vieles wäre damals so anstrengend normativ oder moralisch gewesen, ausschließend, oben, unten, gut und böse. Und glaubte, *Tellu*-Toiletten waren da wie eine Befreiung, weil so unterschiedliche Menschen zusammen etwas bewirkten. Konflikt sei wie ein Eisberg. Viel von ihm über Wasser gar nicht sichtbar. Nur die Spitze.

„Wir haben dieses Tellu-System ganz groß aufgezogen, ohne Genehmigungskäse. Die von den Regierungen bereitgestellte Infrastruktur verfiel sowieso immer mehr oder wurde an Unternehmen verkauft. Wie da irgendwas in Zukunft funktionieren sollte, schien niemanden zu interessieren."

„Ihr habt öffentliche Toiletten gebaut?"

„Ja, für alle. Und der Dung ging direkt an die Bauern. Wir brachen kein Tabu, klagten nicht an, was eingespieltes Verhalten oft eher verfestigt, wir stellten uns dem Material und kümmerten uns einfach darum. Und das inspirierte sogar, auch andere Probleme an der Wurzel anzugehen. Da war dann ja zum Beispiel der Shitstorm der Pfleger."

„... und Pflegerinnen!"

Mira schaffte es, nicht mal genervt die Augen zu rollen, und fuhr fort. Metadiskussionen vermeiden zu lernen, war eine ihrer größten Herausforderungen gewesen. Ohne Meister Tau, ihren Kung-Fu-Lehrer, würde sie heute noch über jedes Stöckchen springen, statt ihr Ziel im Blick zu behalten.

„Das Pflegepersonal hatte europaweit protestiert."

„Wie? Wogegen?"

„Hast du denn damals nichts davon mitbekommen?!"

„Was denn?"

„In den Krankenhäusern und Heimen war alles und alle kaputt – die, die dort arbeiteten, und die, die von ihnen versorgt wurden. Also jedenfalls die, die nicht das Geld hatten, sich bessere Versorgung zu kaufen. Sie streikten europaweit, und zwar richtig. Und immer wieder. Sie hatten gute und klare Forderungen. Vergesellschaftung, höhere Löhne, zumindest Teile der Pharmagewinne sollten zurück in die Staats- oder Krankenkasse. Die Politik befand diese Forderungen für unmöglich, und unter den Streiks litten die Falschen. Doch andere fürsorgende Berufe, auch die Klimabewegung, schlossen sich an und haben woanders angesetzt."

„Ja ...?"

„Solidarische Einsatzkräfte setzten nach der Waldbrandsaison ihre Löschflugzeuge ein und schütteten Unmengen Kot aus Pflegeeinrichtungen über dem Reichstag und anderen europäischen Parlamenten aus. Parallel wurden die Ministerien vom Boden aus mit schnell aufbaubaren Katapulten mit Scheiße beworfen."

Sie hielt kurz inne. „Das war der Shitstorm!"

Peter dachte an Luis, der friedlich auf seiner Matte am Boden lag, und seinen Trotz. Und fragte sich, wieso Jack sich gar nicht an sowas beteiligt hatte.

„Der Shitstorm war der Wendepunkt", fuhr Mira fort, „wir wurden verdächtigt, dass der Kot für die Aktion von uns gekommen sei. Und ab da gab es dann offene Repression gegen unsere bis dahin belächelte Klobewegung. Unsere Lager und Schuppen wurden durchsucht, viele von uns überwacht, ein massiver Schlag. Die Kommunen, die bisher mit uns kooperierten, bekamen Verträge mit Werbeflächenfirmen, die dann für Steuergelder ein paar öffentliche Toiletten bereitstellten, als Ersatz. Unsere stationären Klos wurden nicht mehr geduldet. Manche Städte und Kreise beharrten auf ihrer Autonomie und hielten an der guten Arbeit mit uns, also den Leuten vor Ort, fest. Doch viele Kreise beugten sich dem Druck von oben. So ging es in ganz Europa. Wir rüsteten auf mobile Klos um, die man per App finden konnte und die wir schnell umzogen, wenn es irgendwo Stress gab. Doch von da an galten wir als Gefahr."

Peter erzählte Mira dann von der Rebellion seines Sohnes, und wie sie ihn berührte.

„Du weißt, dass das mit Autonomie zu tun hat? Dass Kinder es so lernen, die Lust und ihren Körper zu kontrollieren, passend für die Gesellschaft zu werden?", antwortete Mira ihm.

„Ja, aber er übertreibt doch!"

„Ach, wer weiß das denn schon?" lächelte Mira ihn an.

Vier Tage war er nicht auf dem Klo gewesen, sein Sohn über eine Woche nicht mehr. Er war mit ihm über den halben Kontinent gefahren und saß nun in einer modernen Höhle von einer als Terrororganisation eingestuften Bande von Kackaktivisten. Vielleicht sollte er sich erstmal entspannen.

Sein Sohn lag im Schummerlicht auf der Matte hinten in der Höhle und schaute gebannt auf seinen kleinen Screen. Peter bewunderte seine Tapferkeit und wollte ihm irgendwie helfen, wusste aber nicht wie. Er kuschelte sich an ihn, sah kurz die beiden Comicmäuse auf dem Display fangen spielen und fiel in einen tiefen Schlaf.

Peter erwachte erst wieder, als Mira ihn schüttelte.

„Wo ist denn Lui? Wir müssen zu unserer Schicht, ihr könnt nicht alleine hier bleiben.“ Sie fanden ihn in einer Ecke hinter den Schreibtischen, wo er in einer Kiste mit alten Mobiltelefonen kramte und auf Tasten herumdrückte.

„Guten Morgen.“ Mira streichelte über seine Mähne. Er ließ es über sich ergehen.

„Guten Morgen“, murmelte er.

Dann stürzte er auf Peter zu, klammerte sich an seine Beine. Peter hob ihn hoch.

„Ach, Großer, da habe ich aber tief geschlafen! Wie ein altes Ungeheuer in einer Höhle, verzeih.“ Lui lächelte.

„Ich mache Kaffee“, hörte Peter Mira hinter sich an der Küchenzeile, „und dann müssen wir los. Es ist schon zehn Uhr, um elf beginnt meine Schicht.“

Die drei kletterten in eine Karre, die Mira rasch von einem Solarpanel trennte, und fuhren etwa eine dreiviertel Stunde aus den Bergen hinaus. Am Rande eines kleinen Ortes erreichten sie den Geräte-Hub.

„Wir sind immer in Zweierteams mit Einsatzradels unterwegs, heute fünf Tellus, ich habe meinem Partner gesagt, dass ich heute eure Hilfe habe“, erklärte Mira. „Wir holen jetzt nur die Sachen und machen erstmal unsere Schicht.“

Mira parkte neben einem Garten, in dem Gemüse und Obst angebaut wurde. Aus einem geräumigen Schuppen holte sie eine große Plastiktonne und montierte sie auf eine Art Transportrad, das wie eine Kreuzung aus einer Rikscha und einem kleinen Müllauto aussah. Die Pedale auf der Fahrerseite erinnerten Peter an ein Tretboot, ansonsten sah es eher aus wie ein Golfauto. Mira überprüfte die Batterie, holte noch zwei Eimer und kleinere Kanister Putzzeug aus dem Schuppen und sperrte ihn ab.

„Vamos! Los!“, rief Mira, schob das Einsatzfahrzeug durch das Tor auf die Straße und sprang hinein. Auf einem antiquierten Bildschirm war eine Karte der Umgebung mit großen roten Punkten. Sie erreichten das erste öffentliche Klo auf Miras Liste nach zehn

Minuten. Es war auf einem kleinen Platz, mit einem Bäcker und einer Bar, die dauerhaft geschlossen schien, am hinteren Ende versteckt, eine Holzbude. Sie parkten direkt neben dem Häuschen.

„Hier sind wir!“

Mira öffnete die Holztür, Peter folgte ihr die zwei Stufen hoch in den Raum. Es schien etwas gedämpftes Tageslicht durch drei bunte Glasteller, die oben in den Wänden eingebaut waren. Und eine LED-Lampe über dem Spiegel schaltete sich ein, als sie eintraten. In der Mitte war eine Kloschüssel aus Beton in pink. Sonst war alles aus Holz, und es roch noch danach, frisch verarbeitet. Neben dem Klo war ein Behälter mit Sägespänen, die ihren Duft in dem kleinen Raum verteilten, eine Schaufel und ein Wickeltisch zum Herunterklappen. Fließendes Wasser gab es nicht, dafür einen Desinfizier-Spender. An den Wänden hingen Sticker, *Unkorrumpiert kompostiert*, stand auf einem, *POetisiert Euch!* auf einem anderen, an dem Peters Blick hängen blieb.

„Hier, wir haben Baumwollhandschuhe mit Silberpartikeln produzieren lassen, die wir regelmäßig auskochen. Dieses Plastik kann doch kein Mensch auf Dauer auf der Haut ertragen.“

Sie reichte ihm die Handschuhe, Lappen und eine Glasflasche mit Sprühaufsatz.

„Das ist Essig. Aber lass mich mal drunter sehen, sieht ja ganz gut aus.“

Peter entdeckte Buchsen an dem kleinen Regal.

„Ah. Eine Ladestation.“

„Ja, auf dem Dach sind Solarzellen, fürs Licht und die Steckdosen, außerdem haben alle Klos eigenes W-Lan, also autonomes Satelliteninternet.“

„Und das Display? ‚Zehn besetzte Häuser in Zürich‘?“

„Das ist für die Statistiken. Ein gutes Reporting hilft uns, zu fokussieren. Und es gibt auch Meldungen von anderen Aktivisten.“

„Wieso nennt ihr die Klos eigentlich Tellus?“ Er begann zu putzen. Mira stand in der geöffneten Tür.

„Es gibt ein Märchen, das uns inspiriert hat. Darin erbt der dritte Sohn des Königs weder Ländereien noch Schlösser, sondern nur den Misthaufen, und rettet am Ende damit allen das Leben. Es spielt in Tellurien. ‚Tellus' bedeutet Erde! Du, ich leere mal hinten den Container."

„Kann ich mit?" fragte Lui, der gerade alle Gerätschaften auf dem Einsatzgefährt untersuchte.

„Klar, komm." Sie fuhren zur Rückseite des Tellus, wo Mira den unteren Teil der Rückwand öffnete und den Behälter kippte, sodass der Inhalt in die mitgebrachte Tonne fiel. „Und das war's schon. Bei dem hier fallen Pipi und Kacki zusammen, in den anderen Tellus ist es getrennt."

Mira vermied es eigentlich, mit Kindern in einer Kindersprache zu sprechen, diese Verniedlichung musste mit Luis Zustand zusammenhängen. Doch der wirkte gar nicht, als hätte er irgendein Problem, und war sehr interessiert an dem ganzen Prozedere.

„Da oben geht es rein? Wo Papa ist? Das von allen Leuten? Und das nehmen wir jetzt alles mit?"

„Ja, wir sind das Team Scheiße und machen daraus gute Erde, sodass daraus wieder was wächst."

„Echt? Und hier das Stroh, das nehmen wir auch mit?"

„Ja, es sind aber Sägespänne, und das bleibt schön alles da drin!" Sie holte Lui vom Wagen runter und schraubte den Deckel auf die große Tonne.

„Papa, Papa, wir haben das ganze Kacka." Lui rannte zu Peter, der gerade seine Handschuhe auszog.

„Na, fantastisch! Dann geht's also weiter?" Auf dem Weg zur nächsten Toilette, die Fahrt zog sich eine Viertelstunde bis zum Rande einer kleinen Stadt, fragte Peter Mira:

„Und diese *Tellu*-Klos gibt es noch überall? Wie viele?"

„In Deutschland hatten wir vor zehn Jahren mit 84.000 begonnen, grob für tausend Einwohner wollten wir ein Klo, öffentlich, für alle."

„Wie habt ihr das gemacht?"

„Spenden. Ansonsten sind wir viele Ehrenamtliche aus ganz unterschiedlichen Zusammenhängen – lokal, wie bei der Freiwilligen Feuerwehr, und in etwa wie die Wikimedia organisiert."

„Wikipipi quasi?"

Mira lachte.

„Oder, Pipimedia, ja."

Im nächsten Tellu übernahm Peter den Kompost und Mira das Putzen.

—

Am Mittag kamen sie zum Geräte-Hub mit dem Nachbarschaftsgarten zurück, wo sie den Kompost ausleerten und zwischenlagerten. Mira erklärte, was es mit den Displays auf sich hatte.

„Jeder von uns kann hierauf sehen, wie viele Klos im Netzwerk geöffnet sind, europaweit immer noch knapp 90.000. Die fünf, die wir entleert haben, gebe ich jetzt ein, schau mal: Heute wurden schon 7.300 Tellus geleert. Und hier siehst du auch Daten aus der Kompostierung, wie viel Dünger wir produzieren, welcher schon verteilt werden kann, solche Sachen."

Lui wurde quengelig, und so machten sie sich auf den Rückweg. Dann wollte er etwas trinken, und sie hielten bei einer kleinen Bar, mit Blick in ein bergiges Panorama. Mira holte Orangensaft und Kaffee, drängte aber schon bald zum Aufbruch.

„Ich will nachher noch an einer Videokonferenz teilnehmen. *Tellu* hat eine seltsame Anfrage bekommen, da wollen Leute sensible Sachen von uns, und wir müssen entscheiden, wie wir damit umgehen wollen."

„Und wie macht ihr das?"

„Heute Abend erfahren wir erst mal, worum es genau geht, da sind wir nur ein paar Leute. Aber entscheiden werden alle *Tellu*-Beteiligten."

„Klingt kompliziert."

„Dauert mitunter etwas, doch wir haben eine gute Struktur dafür und treffen bessere Entscheidungen so. Anders ginge es auch gar nicht. Müssen schon alle mittragen. In Ghana nannten sie es Palaver, schon Familien sprechen so lange, bis alle einverstanden sind."

„Was für ein Horror."

Lui schob vergnügt die Stühle auf der leeren Terrasse hin und her.

„Kommt, wir fahren weiter!" drängte Mira.

Als sie bei Miras abhörsicherer Höhle ankamen, blieb Lui draußen im Garten, er durfte die kleinen Tomaten ernten. An der Videokonferenz nahmen neben Mira noch zwei weitere Mitglieder von *Tellu* aus Berlin und Luxemburg teil. Peter hielt sich im Hintergrund.

Als erster sprach Filippe, der sich als Teil von *psi* vorstellte.

„Dürfen wir direkt zur Sache kommen?“ fragte er und sprach direkt weiter. „Es ist ein Pilzerreger, eine Formvariante des schwarzen Pilzes. Manchmal koexistiert er im Wirt, im menschlichen Körper, und verschwindet dann von selbst wieder. Für andere, auch gesunde Menschen, ist er tödlich. Durch die Hitze konnte er sich offenbar anpassen, er hat die 37,6-Grad-Schutzbarriere des Menschen durchbrochen. Jetzt kann er sich von Mensch zu Mensch übertragen – sehr schnell.“ Filippes Worte überschlugen sich fast. Peter war nicht überrascht, als er plötzlich Nova im Bild sah.

„Langsam, Filippe, wir kennen *Tellu*, aber sie kennen uns ja gar nicht“, sagte sie.

„Allerdings! Wer seid ihr eigentlich? Was habt ihr damit zu tun? Und wie kommt ihr darauf, dass wir etwas haben, was ihr braucht?“

„Na, weil ihr unsere Datengrundlage ganz schön unterwandert habt, mit eurem megalomanischen Trockentoilettenkomplott.“

Nova erklärte ausführlich, wie lang sie schon als feste Gruppe zusammenarbeiteten. Warum sie das taten, was die KIOT war und welche Ergebnisse sie berechnet hatte.

„Bestimmte Menschen sind resilienter, ihr Mikrobiom harmoniert anders mit dem Pilz. Der KIOT sind zwei Gemeinsamkeiten bei ihnen aufgefallen: Erstens kommen sie viel mit organischen Substanzen in Berührung, zweitens kooperieren sie häufig in sehr diversen Gruppen oder co-regulieren ihr Nervensystem auf vielfältigere Weise. Diese These würden wir gern überprüfen, um ein schützendes Probiotikum für alle zu entwickeln. Und jetzt ratet, wie wir da auf euch kommen …“

Die *Tellu*-Leute erfragten Details und fanden, vielleicht sei es ja der so „gewollte Lauf der Dinge“, wenn diese andern „Unkooperativeren“ dann eben sterben. Nur Mira sah es anders.

„Wenn wir helfen können, sollten wir helfen."

„Es geht nicht nur darum, dass 35 Prozent unserer Population wohl am Pilz sterben werden", erklärte Nova, „viele Spezies durchleben durch den Klimawandel einen hohen sogenannten Evolutionsdruck. Bei manchen löst das schnelle Veränderungen aus. Wie bei dem Pilz. Unsere DNA braucht allerdings zwanzig Generationen, um sich anzupassen, also zum Beispiel so, dass wir erst jetzt alle das Gehirn und Herz von Jesus haben, wenn wir ihn mal als Mutation betrachten."

Peter wurde es zu viel, er ging raus zu Lui.

Seine Welt schien ihm attraktiver als dieses Gerede hier. Sie spielten Fußball, ernteten Möhren, Bohnen und Salat und begannen dann zu kochen. Peter zeigte Lui, wie man den Salat wusch und Reis kochte.

„Mittlerweile wissen wir", erklärte Nova weiter, „es gibt auch eine achronische Evolution, das heißt: DNA kann auch ohne generationale Fortpflanzung zwischen Organismen direkt weitergegeben werden. Mit unserem Wissen über das Epigenom, den jetzt bekannten Wechselwirkungen mit dem Mikrobiom, dessen Metaboliten und Hilfe der KIOT können wir unsere Menschheitsentwicklung selbst weitreichend beeinflussen. Komplexe, von ihr kombinierte Metaorganismen können dies beschleunigen."

„Wer soll das denn kapieren? Wie Genmanipulation?"

„Ok. Jein. Sanfter, anders, wir aktivieren eher, was schon da ist oder war. Als Beispiel: Wir haben nun schon das Gehirn von Jesus, Buddha und Co. – könnten also in friedlicher Co-Existenz schön erleuchtet miteinander leben, doch die traumatischen Erfahrungen der Kriege und Gewalt funken uns immer wieder dazwischen. Jetzt müssen wir aber gerade mal klarkommen, um nicht wegen unseres eigenen Heckmecks auszusterben. Und hier kommt nun die KIOT ins Spiel, um unsere Amygdala mal auf den Stand der Dinge zu bringen. Neben Flucht, Kampf und Starre wird eine vierte Angstreaktion möglich: Kooperation unter hohem Druck. Und das wird gottverdammt nochmal nötig sein, bei dem, was gerade alles auf uns zukommt."

Nach eineinhalb Stunden beendete Mira das Gespräch, bedankte sich für das Vertrauen und erklärte, sie würden sich bemühen, einen schnellen Beschluss herbeizuführen.

„Bis Ende der Woche."

Filippe schüttelte hilflos den Kopf.

„Ernsthaft jetzt?", fragte Nova.

„Wir brauchen die Zeit", sagte Mira.

Die *psi*-Gesichter verschwanden vom Bildschirm.

Peter hatte das alles nur noch als gedämpftes Murmeln erreicht, er verschwand in der Ecke. Die Dusche war eiskalt.

„Brrr", schnaubte er hinter dem Vorhang. Wieder, wie das Ungeheuer, dachte Mira und sank ins Sofa.

„Guck mal, Mira, guck mal", kam Lui strahlend angelaufen und hielt ihr eine kleine braune Wurst in einem Kochtopf entgegen.